中国对冲基金报告（2016）

张　维　严伟祥　李志斌　陶　可　编著

经济科学出版社

图书在版编目（CIP）数据

中国对冲基金报告 . 2016/张维等编著 . —北京：经济科学
出版社，2016.5
ISBN 978 - 7 - 5141 - 6953 - 9

Ⅰ.①中… Ⅱ.①张… Ⅲ.①对冲基金 - 研究报告 -
中国 - 2016 Ⅳ.①F832.48

中国版本图书馆 CIP 数据核字（2016）第 114548 号

责任编辑：王长廷 刘 莎
责任校对：王肖楠
责任印制：邱 天

中国对冲基金报告（2016）

张 维 严伟祥 李志斌 陶 可 编著
经济科学出版社出版、发行 新华书店经销
社址：北京市海淀区阜成路甲 28 号 邮编：100142
总编部电话：010 - 88191217 发行部电话：010 - 88191522
网址：www. esp. com. cn
电子邮件：esp@ esp. com. cn
天猫网店：经济科学出版社旗舰店
网址：http：//jjkxcbs. tmall. com
北京密兴印刷有限公司印装
710 × 1000 16 开 14 · 75 印张 260000 字
2016 年 5 月第 1 版 2016 年 5 月第 1 次印刷
ISBN 978 - 7 - 5141 - 6953 - 9 定价：58.00 元
（图书出现印装问题，本社负责调换。电话：010 - 88191502）
（版权所有 侵权必究 举报电话：010 - 88191586
电子邮箱：dbts@ esp. com. cn）

致　　谢

　　本报告得到南京审计大学金融工程省级重点实验室、应用经济学省级优势学科、金融学省级品牌专业、投资学品牌专业、教育部大学生校外实践教育基地、江苏高校哲学社会科学研究一般项目（创业板上市公司高管离职动因、经济后果与监管框架研究，2015SJB195）等项目的支持，在此一并致谢！

序：从巴菲特与对冲基金的赌局说起

在 2016 年 4 月 30 日的伯克谢尔·哈撒韦（Berkshire Hashaway）公司年会上，巴菲特（Warren Buffett）向股东展示了他与纽约对冲基金 Protege Partners 之间十年赌局的最新进展。这一赌局始于 2008 年，是由 Protege Partners 公司共同创办人塞德斯（Ted Seides）挑起的，声称在十年内其挑选的五只组合型基金（FOF）的累积回报率将跑赢标普 500 指数，目前距离赌局结束还有不到两年时间。巴菲特展示的图表显示，自 2008 年至 2015 年底，标普 500 指数的累积回报率为 65.7%，而 Protege Partners 挑选的基金回报率只有 21.9%。

巴菲特"老头"很看不起对冲基金这个"坏孩子"，他对对冲基金收取管理费和提成的 2－20 模式（2% 的资产管理费和 20% 的盈利提成）进行了批评，并认为被动投资比起对冲基金的"过度"投资会做得更好。尽管这一赌局还没有结束，但目前的表现似乎让人看到了巴菲特投资理念的优势，对冲基金的投资理念似乎不占上风。而且，今年的年会在哈撒韦公司历史上首次采用网络直播的方式进行，巴菲特再次成为全球投资界的焦点。

2016 年 1 月，戴米恩·刘易斯（Damian Lewis）和保罗·吉亚玛提（Paul Giamatti）联合主演的对冲基金题材电视剧《亿万》（Billions）创下了 Showtime 美国电视网历史上的收视率历史纪录。看来，美国人民对腐败、财富及其影响力的题材电视剧仍充满窥探的欲望，他们的非理性程度也不亚于其他"地球人"。

根据媒体报道，在电视剧《亿万》中的对冲基金大佬原型，是美国 SAC 基金（SAC Capital Advisors）的创始人史蒂夫·科恩，其在 1992 年创立的 SAC 对冲基金增被誉为美国最成功基金之一，过去 20 多年的平均年化收益高达 25%。SAC 基金在 1998 年和 1999 年连续两年的年收益都高达 70%，即使在 2013 年同类仅有平均 9% 的收益时也跑出了 40.5% 的惊人增长。可是在 2013 年末，这只过超 150 亿美元的传奇基金却涉嫌通过内幕交易做空其他公司被起诉而终结，相关经理人都获得了处罚，公司并归还了外部资金。

对冲基金到底问题在哪里？中国对冲基金的发展还很难对此给出满意的回答，毕竟我们的时间还太短，不过，有一点可以肯定，不管大家是否喜欢对冲基金，全球金融市场已经离不开对冲基金了。这其中根本的原因在于，人类对最优风险管理目标的追求，导致必须有对冲基金这个超级投机者来承担金融市场风险，这是金融市场和对冲基金的"宿命"。

事实上，即便是价值投资哲学客观存在，其也无法阻止经济环境的不确定性带来的市场波动，价值投资者也需要管理风险。换句话说，即使所有投资者都如同巴菲特一样聪明，但也无法形成相同的收益和风险分布，这也是金融市场和价值投资者共同的"宿命"。

因此，本人创建这个对冲基金研究团队，就希望跟踪研究中国对冲基金的发展，这是我们肩负的使命。我们所在的南京审计大学是全球唯一以审计命名的大学，我们有对中国金融安全进行研究和提供咨询的责任。我们认为，对冲基金将是影响中国金融安全的重要力量，有必要对它进行深入的研究。

自我们发布第一本《中国对冲基金报告（2013）》以来，受到了学术界和实务界的反馈。不少学者认为，中国没有真正的对冲基金；也有学者认为，中国的私募基金就是对冲基金；在北京有高校开始通过会议的方式来推动对冲基金的研究。实务界人士似乎更积极主动，在浙江等地已经有政府推动的对冲基金民间组织，在上海也有民间的媒体机构和中介机构开始打造对冲基金及其评价的平台，在深圳则出现了对冲基金评价的中介机构。可以看出，对冲基金已经成为学术界和实务界关注的热点。本报告在全面分析中国的宏观经济和金融市场环境的基础上，利用公开数据对中国对冲基金发展进行全面的分析，致力于为中国对冲基金的研究人员提供一个有价值的可参考文献。

我们认为，随着中国金融体系的进一步开放，金融衍生品市场的深入发展，关于对冲基金的研究和关注将会继续保持上升的势头，这是中国金融市场发展的大趋势。本研究团队在研究资源十分有限的情况下，开展相关的跟踪研究，上部报告和本部报告都还只能算是探索性的研究，但我们将坚持。在现在高校冲击 ESI 学术期刊排名的大背景下，我们这项工作存在相当的难度。

过去三年来，关于中国对冲基金的研究文献十分少。通过文献检索可以发现，高度相关的学术论文仅有 3 篇，其中，2014 年有 2 篇，2015 年仅有 1 篇。高兴波、郭甲蕾和胡智磊（2014）在基于融资融券的背景下，通过对房地产行业上市公司股票的统计套利分析，提出了适合中国对冲基金的统计套利策略建议[1]。陈道轮、陈强、徐信喆和陈欣（2014）通过使用"阳光私募"的数据，与传统策略的基金数据进行比较研究，最后得出中国已经具有比传统策略更优的对冲基金[2]。凌、姚和刘（Ling，Yao & Liu，2015）对中国的对冲基金业绩和风险进行了估计和分析[3]。不过，将私募基金当成对冲基金来进行研究的文献相对较多，本报告第四章将进行综述。

关于中国对冲基金相关研究还较少的原因，主要在于对冲基金在我国发展的历史太短，相关数据十分缺乏，可作为研究的行业和市场数据不但少而且难以获得，因此，现有的文献仍缺乏可信度，但是已有一些探索，为后来者提供了可参考的资料。我们认为，对冲基金的发展仍需要时间来形成稳定的连续数据，才能为学术研究提供足够的数据支持，当前的中国对冲基金数据产品尚未形成。

但是，我们应当看到过去三年来，对冲基金产品数量迅猛增长，尤其是2014 年和 2015 年，称得上真正的对冲产品已突破 2 000 只。这些产品还没有突出的业绩，行业公司在对冲策略方面也没有突出的典型，因此，我们原本计划的对冲基金经理访谈也暂时取消，我们需要给行业一些时间。

本报告为了保持独立性，我们选择代表南京审计大学独立发布。南京审计大学投资学科依托校内外专家资源，形成了一支有影响力的研究团队，团队是金融学科和金融工程实验室的重要力量，也创建了美国特许金融分析师 CFA 国际班项目，全面引进美国 CFA 课程内容，致力于培养高端的国际化金融投资人才。

在 2013 年第一部报告发布后，我们对中国对冲基金的发展一直尽心跟踪和观察。今年的报告由本人负责报告的总体计划设计和序与绪论的撰写，严伟祥博士负责第一、三、五章的撰写，是本报告的主要贡献者，李志斌博士负责第二章的撰写，陶可博士负责第四章的撰写，本人最后对报告全文进行了统稿，团队成员按照计划如期完成了报告的撰写。

---

[1] 高兴波，郭甲蕾和胡智磊. 统计套利策略在对冲基金投资中的应用研究. 中央财经大学学报，2014（6）：31 – 37.

[2] 陈道轮，陈强，徐信喆，陈欣. 融资融券和股指期货催生了中国真正的"对冲基金"了吗？. 财经研究，2014（9）：73 – 85.

[3] Ling Y.，Yao J. & Liu W. Chinese Hedge Funs – Performance and Risk Exposures. China Economy，2015，48：330 – 350.

2015 年，中国证券市场经历了历史上最剧烈的一次异常波动，其中，对冲基金是其中重要的参与者，国际对冲基金通过司度和伊斯顿等公司运作案例揭秘后，更是加重了中国金融市场对对冲基金的高度关注。2016 年，随着中国人民币成为 SDR 篮子货币的预期临近，国际对冲基金在 1 月份对人民币的"狙击"尽管失败，但引起了监管部门和市场的担忧。

随着中国致力于成为世界经济强国的大幕不断拉开，以美国为首的西方资本主义国家掀起金融战的战略意图十分明显，全球金融资源的抢夺已经开始，对冲基金无疑是这场金融战的先锋。可以预见，未来的国防安全和金融安全将相互融合，战争对人类的伤害必将被憎恨，但人类的竞争和资源的抢夺不会停止，金融战是必然选择。

那么，在金融战中对冲基金有多"坏"呢？一般的投资理念认为，金融市场与财富增长应是相关的，尽管货币供应增加带来的通货膨胀可能使财富增长是个幻觉，但是，在有限的生命周期，每个人都乐于在金融市场上去获取价值不断增长的财富，而对冲基金是使用做空工具来获取财富，它们的行为往往会使财富市值大幅下降，因此，对冲基金的行为可能造成巨额的财富损失，市场一般归罪于对冲基金本身的存在。

不仅如此，对冲基金天生使用复杂的投资组合技术，确实存在"过度"投资的嫌疑，更重要的是，随着人工智能（AI）技术的发展，对冲基金开始成为一种超过手工投资的"人死了都会自动交易的技术"，这对现有的投资管理技术也将是严峻的挑战，它将挑战金融市场的公平原则，并成为金融市场的过度投机驱动力量。

如何应对对冲基金的挑战呢？从 2015 年的司度和伊斯顿等案例看，境外对冲基金利用在岸贸易实体，以贸易公司和咨询公司的名义，利用境内代理人和经纪人从事对冲基金的投资，实现了对中国金融市场做空的目的。我们作为南京审计大学的一个研究团队，肩负国家审计赋予维护国家金融安全的光荣使命，为中国对冲基金的发展与监管献计献策是应尽职责，我们愿意也必须为中国对冲基金的发展研究做出应有贡献。

张 维

于南京审计大学浦口校区

2016 年 4 月 30 日

目　录

绪　论

随着中国经济实力的不断增强，来自各方要求中国进一步开放的要求也不断增强，而这些开放增加了经济运行的不确定性，同时，也为对冲基金提供了大量的机会，对冲基金的产生与发展必将成为加剧金融市场波动的重要力量，有必要对其进行长期跟踪研究。我们（南京审计大学对冲基金研究所）自2010年开始，对国内资本市场做空机制的发展与演化进行跟踪研究，2013年发布了第一部《中国对冲基金报告（2013）》。

2013年以来，随着私募基金的规范发展，国内对冲基金也取得了快速的发展，尤其是境外对冲基金的进入，使国内金融监管机构开始越来越重视国内金融市场对冲基金运作的监管。本部分主要对对冲基金在我国运作的宏观环境进行分析，其中包括对我国宏观经济形势、资本市场发展现状和国内金融市场波动带来的对冲套利机会进行综合评述与分析。

第一节　新常态下的中国经济

2014年，习近平总书记对我国经济的"新常态"进行了系统的阐述。新常态的主要特点表现为增长速度从高速增长转变为中高速增长、增长结构不断优化升级、增长动力从要素、投资驱动转变为创新驱动。根据目前中国经济的发展现状，我们认为中国经济的新常态将会持续较长的时期，也是中国经济发展形势的总体判断。

一、如何重新认知中国经济

2016 年 1 月，国际知名的对冲基金经理马克·哈特（Mark Hart）预测人民币在 2016 年应贬值 50%。[①] 这一判断看似非理性，但由于他本人是对冲基金经理人，看空人民币背后其实反映的是他下赌注的动机。但是，这些吸引眼球的预测也反映了国际资本对中国经济认知不足。在现在已是 2016 年的 21 世纪，仍有必要重新认知中国经济。

一国经济的发展本身具有复杂性，但人类的野心总想掌握经济运行的规律，事实证明是徒劳的。每天的财经媒体、经济学者、诺贝尔经济奖获得者、政府官员等都对世界经济进行评述和发表观点，在互联网时代和网络大数据的支持下，人类似乎仍无法使经济沿着我们预期的目标前进，而不确定性更是经济运行的显著特点。

社会公众把经济的增长目标寄托在政府的肩上，但是，政府的经济决策主要是一些官员来完成，因此，人类对自身的认知不足导致了经济的复杂性。到目前为止，以资本主义为基础的西方市场经济体制和以社会主义为基础的市场经济体制成为全球经济模式的两大主流，但人自身的认知不足是普遍的特点，这一点决定了经济运行的复杂性。

关于对经济复杂性的研究其实已经越来越科学化，随着数学、工程学、计算机等学科技术在经济学研究中的运用，诺贝尔经济学奖每年的评选似乎都在指引着经济学沿着科学的道路在不断前进，数理化的实证范式已经成为全球学者公认的路径，但是，经济学术界的努力似乎没有解决经济运行的根本问题，世界经济主体的非理性一直是经济波动的根源。

事实上，经济波动本身又为对冲基金等机构投资者提供了套利机会。至少截至目前的人类科技还没有解决经济波动问题，即便是信息技术飞速发展的今天，即便是互联网不断开放的今天，我们可以发展信息不对称的问题仍没有丝毫解决。导致这种局面出现的根本原因是人的欲望问题。当资本带着欲望进入

---

① 马克·哈特（Mark Hart）是 2001 年成为的 Corriente 顾问公司的首席投资顾问，为 Corriente 中国机会对冲基金提供顾问服务。

金融市场时，市场波动也成为必然。

以美国为首的西方资本主义国家，由于过分依赖市场对经济的引导作用，因此，市场波动恰恰成为资本角逐的动力。甚至在21世纪的今天，市场波动成为金融资本赖以生存的基础条件。从西方国家经济发展的历史看来，至少从马克思撰写《资本论》所在的时代以来，西方经济的波动和金融市场的波动已经成为常态。尽管西方国家逐步采用了凯恩斯主义主张的政府调控手段，但是，丝毫没有减弱经济周期性波动的本质，其根本原因在于人的欲望推动经济参与者的非理性行为必然出现周期性的波动。

中国是一个社会主义国家，其经济运行当然有社会主义国家的特征，但是，西方国家金融资本对中国经济的判断往往脱离不了它们固有的价值观和思维模式。以美国华尔街对冲基金为主的金融资本常常拿美国模式的金融市场运作来判断中国金融市场，他们常常忽视中国体制的政府控制力。比如华尔街从2010年开始唱空中国的房地产市场、银行信贷和经济结构调整，甚至对中国共产党领导的政治体制通过互联网政治舆论的推动来做空中国的力量。但是，西方金融资本做空中国尽管导致了中国市场的波动，像2015年的中国证券市场还出现了异常波动，但是，西方资本做空中国的图谋仍未得逞。笔者判断，这一图谋将来也难以得逞，因为中国独特的社会主义体制有超强的政府领导作为经济波动和金融波动的保障机制，而西方国家这一点恰恰是弱项。

不过，中国作为社会主义国家尽管取得了经济上的显著成就。2014年，中国GDP总额首次超过10万亿美元，成为世界经济第二大经济体，引发了西方世界的激烈争论。但是，我们的经济体制和金融体系仍具有脆弱性。我们以公有制为基础的市场经济体制，政府和市场如何协调使经济更有活力，到目前为止仍是个难题，政府的力量和市场力量的背后是不同的利益参与者，这两种力量的博弈恰恰是市场波动的根源，也为对冲基金提供了机会。

要对中国经济做出全面、准确的判断，还需要明白中国经济与美国等西方经济的差异。中国和美国两种不同的政治经济体制成为当下世界经济的典型样本，各自具有不同的运作模式和价值观，本质上两个国家是不能轻易比较的，但是，资本的本性又需要两者进行比较。这就是为什么西方金融资本敢于做空中国的理由。因为在它们看来，中国经济必须按照美国等西方国家的模式来进行运作，美国的金融资本价值观就像它们对欧洲一样，它们身上具有一种自豪感。这种自豪感使得从美国总统开始到各种层次的金融资本对中国经济和金融市场都可以指手画脚，但其根本动机还是金融市场带来的投机利益。

我们必须面对的问题是美国等资方资本进入中国金融市场时，他们会带着他们的价值观来。因此，中国在成为世界经济强国的过程中，尽管我们的态度很积极，但是，尚不能与境外金融资本公平竞争。同时，中国作为一个社会主义大国，西方资本对我们的认知还需要一个过程，这也决定中国经济的开放过程本身是一个不确定的过程，这恰恰是对冲基金等专业投机者想要的机会。

根据国家外汇管理局的统计，截至 2015 年底，中国一共批准了 279 家境外机构投资者（QFII），总投资金额 810.98 亿美元。同时，在中国香港、新加坡、美国纽约等境外金融市场，针对中国金融市场的金融工具和投资基金已经存在，同时，随着上海和全国各地自由贸易区的设立，一些境外对冲基金通过设立贸易公司等方式进入中国境外的金融市场已成为现实。可以发现，境外资本即便是对中国经济认知不足，但他们嗅到了投机套利的机会，他们已经进入我们的金融市场，这将进一步增加我国经济运行的复杂性。

二、中国经济面临的宏观背景

（一）社会主义市场经济的道路自信稳定了市场预期

党的十八大以来，社会主义市场经济体制的道路成为中国公认的道路选择，极大地稳定了市场预期。党的十八届三中全会提出，"公有制为主体、多种所有制经济共同发展的基本经济制度，是中国特色社会主义制度的重要支柱，也是社会主义市场经济体制的根基。公有制经济和非公有制经济都是社会主义市场经济的重要组成部分，都是我国经济社会发展的重要基础。必须毫不动摇巩固和发展公有制经济，坚持公有制主体地位，发挥国有经济主导作用，不断增强国有经济活力、控制力、影响力。必须毫不动摇鼓励、支持、引导非公有制经济发展，激发非公有制经济活力和创造力。"

（二）依法治国的路径选择是经济改革的有力保障

为实现社会主义市场经济的道路目标，依法治国是重要保障。长期以来，在推进经济发展的过程中，市场参与者受传统文化等因素的影响，我国的法制建设存在诸如"有的法律法规未能全面反映客观规律和人民意愿，针对性、可操作性不强，立法工作中部门化倾向、争权诿责现象较为突出；有法不依、执法不严、违法不究现象比较严重，执法体制权责脱节、多头执法、选择性执法现象仍然存在，执法司法不规范、不严格、不透明、不文明现象较为突出，群众对执法司法不公和腐败问题反映强烈；部分社会成员尊法信法守法用法、依法维权意识不强，一些国家工作人员特别是领导干部依法办事观念不强、能力不足，知法犯法、以言代法、以权压法、徇私枉法现象依然存在"①。

（三）反腐倡廉是推动经济体制的自我完善

根据《中国纪检监察》披露，国家统计局的调查结果显示，社会公众2015 年对反腐的满意度、信心度、遏制度指标均首次超过 90%，与往年相比有大幅提高。这说明，党的十八大以来，党风廉政建设和反腐败工作取得重大成效，赢得了人民群众高度肯定和衷心拥护，增强了人民群众对党的信任和信赖，巩固了党的执政基础，有利于经济体制的自我完善。

由于反腐倡廉是一项长期工作，历史的遗留问题还需要时间来消化，部分地方政府部门会出现"懒政"的可能，对经济发展产生负面影响，但是，从国家的长期发展看，反腐倡廉是中国国情的必要条件，也是当前经济面临的客观政治环境因素。

（四）产能过剩的化解仍是难题

近几年，国内钢铁、煤炭、石化、水泥等传统制造行业的产能过剩已经成为阻碍经济增长的主要障碍。这些行业由于投资规模大，拉动就业效果显著，

① 十八届四中全会．中共中央关于全面推进依法治国若干重大问题的决定．

深得地方政府的青睐，但是，部分政府部门的相关项目投资缺乏理性思考和战略规划，最终导致了全国产能的全面过剩。

如何化解上述产业的产能过剩，结构调整是一政策思路。但是，结构调整会遇到以下问题：首先是人才问题。一般来说，结构调整意味着传统制造业企业需要关停一些产品线，同时，需要提供新的产品线，不是简单的节能减耗能解决的，而新的产品线需要人才支持，这些人才的培养又需要长期的过程，短期内这一制约是无法解决的。其次是管理能力不足问题。现在，部分地方政府官员都知道结构调整，但是，他们本身不能解决这个结构调整问题，存在能力不足的问题。最后是国际市场需求下降导致出口减少的问题，我国的产能过剩还面临全球经济调整带来的需求不足问题。

（五）人口结构瓶颈和人才缺乏的挑战明显

一方面，我们曾经拥有的人口结构优势带来的人口红利已面临逐步消失。由于我国人口基数大，长期实行的"一对夫妇只生一个"计划生育政策在一定程度上减少了人口的过快增长，但是，也导致人口结构向老龄化社会快速迈进，江苏等省份更是提前进入老龄化社会。与印度等东南亚国家相比，我们的人口结构导致传统制造业的劳动力成本不断上升，境外资本被迫向东南亚国家转移，对中国经济尤其是制造业的发展造成了消极的影响。

另一方面，除了人口结构的问题，我们还面临人才缺乏的问题。过去30多年来，中国在大力推进改革开放的过程中，全面提升了国民财富的总水平，但是，在一些高精尖的领域，我们仍缺乏优秀的人才，甚至是一些涉及民生领域的技术我们仍不能有效突破，比如连圆珠笔钢珠都需要进口等。同时，在经济管理领域，我们的管理水平和管理经验都难以胜任越来越复杂的经济环境，尤其是金融市场的管理更是面临人才缺乏的挑战。

（六）环境改善的压力增加了经济改革的成本

改革开放以来的快速增长，国家 GDP 总量已达到世界总量第二，但是，粗放式的增长直接带来了环境的污染。近三年来，每年秋冬季节的雾霾天气已经成为从北到南的大气污染问题，污染面积大、影响范围广等特点使大气污染成为全社会都盼望改善环境的要求急剧增加。

除了大气污染外，水污染和土壤污染等环境污染也非常严重，同时，环境污染也给食品安全带来了隐患。环境污染反映的经济背景异常复杂，其中有地方政府为提高经济增速的 GDP 竞赛推动，也有部分政府官员对环境污染的认知不足，但现在的经济改革必须考虑如何改善环境问题，这也必将增加经济改革的成本。

（七）国际经济环境的压力对国内经济形成了制约

中国当前的经济发展也面临国际经济环境的压力。过去几年来，中国经济改革取得的显著成绩引起了西方国家尤其是美国的关注，尤其是成为第二大经济体之后，美国、日本、欧盟等国家开始一起"挤兑"中国的格局已经形成。

首先，从政治上，西方国家利用意识形态的宣传和互联网政治工具对中国进行渗透，滋长了一些境外的反华势力，尤其对中国社会制度进行无端指责和污蔑，煽动国际金融资本做空中国。

其次，以美国为首的太平洋和大西洋沿岸国家，不顾世界贸易组织（WTO）的通行规则，单独集聚成为泛太平洋贸易合作伙伴关系国（TPP）和泛大西洋直接投资关系国（TTIP）两个国际贸易伙伴圈，将中国作为新的谈判国，必须进行新的谈判才能进入，直接将中国屏蔽在主要的世界贸易圈外。

最后，西方国家在 2008 年美国次级贷金融危机后，也进入一个漫长的经济调整时期，经济下滑也直接减少了这些国家的进口消费能力，对中国出口企业是一严重的消极因素，也制约了中国出口企业的复苏。

（八）混合所有制改革仍面临诸多难题

党的十八大之后，混合所有制的改革模式成为提升我们以公有制为主体的社会主义市场经济体制活力的重要改革措施。政府提出要发挥市场活力，进一步减少政府干预的权利范围，发挥社会资本的活力，推动"大众创业、万众创新"，是中国经济改革的新趋势。

但是，混合所有制改革还需要很多创新的制度设计，尤其是在传统产权理念的基础上，如何发挥各种资本投资主体的积极性，是一个难题。政府投资的职责边界还需要界定，政府资产的定价如何确定也是一个"空白"，要发挥这一制度设计的优势还需要有很多配套的制度和措施。

（九）供给侧改革的效果还需要时间

长期以来，尤其是在 2008 年的四万亿投资后，以凯恩斯主义为主导的总需求导向的经济政策成为中国的主要经济刺激政策，消费、投资和出口成为刺激经济增长的"三驾马车"，但是，近年来凯恩斯主义在中国的实践遇到了难题，需求刺激政策有"滞涨"的趋势，在产能过剩后，又可能出现通货紧缩的局面。

建立在古典经济学基础上的供给学派理论为经济政策提供了另一个选择，这就是供给侧改革。但是，中国的供给侧改革跟西方国家还不一样，我们是一个公有制国家，市场本身的运行受制度的影响，市场对供给侧的反馈较为滞后，对政府的反馈需求较强，因此，在政府系统对供给侧改革认知不足的情况下，相关的经济政策推动还需要时间。

（十）国际做空势力增加了经济运行的不确定性

随着中国经济的调整和实体经济的下滑，金融体系的脆弱性暴露出了一些做空套利的机会，这为国际做空势力提供了机会。除了经济和金融的原因之外，西方国际金融资本本身还会带着西方价值观来参与做空中国的行动。事实上，2016 年开年以来的金融市场暴跌已经显示出做空中国势力的影响。

尽管我们有政府管理经济的制度优势，也有足够的金融储备来抗击国际做空势力，但是，毕竟我们参与的国际金融市场规则是允许做空的，这个金融资本套利提供了天然的机会，也为我们的经济运行提供了巨大的不确定性。

三、当前中国经济形势的总体判断

（一）宏观经济下滑没有出现根本好转

根据国家统计局初步披露的数据，2015 年全年国内生产总值 676 708 亿

元，按可比价格计算，比上年增长 6.9%。全年固定资产投资（不含农户）
551 590 亿元，比上年名义增长 10.0%，扣除价格因素实际增长 12.0%，实际
增速比上年回落 2.9 个百分点。其中，国有控股投资 178 933 亿元，增长
10.9%；民间投资 354 007 亿元，增长 10.1%，占全部投资的比重为 64.2%。

从增长趋势看，中国经济已经连续探底，宏观经济下滑趋势没有根本好
转。上述数据可以看出，2015 年 GDP 增长已经创下 25 年来的新低。固定资产
投资是刺激经济增长的核心要素，下降趋势也十分明显。

经过 30 多年的改革开放，中国经济在中共十八大之后进入全面深化改革
时期，宏观经济进入"新常态"，经济增长进入"换挡期"，经济结构调整进
入"阵痛期"，经济政策进入"消化期"。从目前的趋势看，宏观经济下滑的
趋势仍将持续一段时期。

（二）供给侧改革推动经济增长模式调整要求加强

当前，中国的供给侧改革正在制订具体实施方案。尽管政府已经强调了供
给侧改革实施方案的具体要求，比如在经济基础数据、改革目标、重点任务、
相关责任、具体措施等都提出了较高的要求，而且供给侧改革案涉及 5 个部
门，至少与解决化解产能过剩过程中的财政支持、降低企业经营成本、促进房
地产去库存、国有企业兼并重组等改革主要任务密切相关。

但是，中国还需要承受 2～3 年全面而深刻的去产能之痛。不仅是钢铁、
水泥等工业在全面去产能，商业地产也在去产能，而去产能的本质是去政府之
手，以"负面清单"模式削减产能过剩痼疾的行政推手。供给侧改革承担的
激发市场活力、约束政府有形之手的要求不断加强。

（三）社会矛盾凸显使政府管理成本居高不下

近年来，随着中国反腐力度的深入，社会矛盾有所缓和，但是，根据各级
纪检机关披露的违纪案件数量来看，即便是在党的十八大之后，各种新形式的
腐败案例也有所抬头。人民群众对涉及民生的诸多社会矛盾仍有不满，政府对
社会矛盾的管理要求加强。

另一方面，经济下滑带来的经济改革和企业结构调整又带来新的社会矛

盾。宏观经济面临全面的经济改革必然导致收入分配、社会保障以及财政、金融政策的相应调整，民生问题如果不能得到有效解决，经济改革带来的任何问题都可能成为触发社会矛盾的导火线，各级政府对社会矛盾的管理成本又会成为制约经济改革的因素，甚至降低经济增长的速度。

（四）国际经济复苏乏力制约我国经济增长

在 2016 年初，尽管 IMF 等国际组织对新一年的世界经济增长主要采取正面激励，但是，从学术界和实务界的普遍观点认为，国际经济增长乏力已经成为事实。在 2008 年之前，尤其是 2003～2008 年期间，世界经济的增长和世界贸易的繁荣使全球学术界和事务界没有足够的认识和反思，以至于 2008 年发生金融危机后，大家对世界经济的增长也缺乏理性的认识。

现在看来，世界经济已经进入一种"长期停滞"的状态，2016 年的世界经济仍看不到希望。美国和部分新兴经济国家的复苏在 2009 年到 2012 年让大家看到了世界经济复苏的希望，但是，2015 年拖累全球经济的因素没有丝毫改变。

尽管不少西方资本把世界经济复苏乏力的原因归结为中国，但是，世界经济增长乏力对中国经济来说也是雪上加霜，中国巨大的工业过剩产能和房地产过剩还没有消化，同时，也面临进出口增长缓慢，对宏观经济复苏带来极大的压力。

（五）金融危机压力增加了经济增长的不确定性

随着世界经济不确定形势的增加，中国经济改革又处于"三期叠加"的时期，国内宏观经济面临严峻的挑战，这给国际金融资本带来了机会。在 2016 年的瑞士达沃斯世界经济论坛上，美国著名的对冲基金管理人索罗斯明确表示已经做空亚洲国家货币。这一信息被市场理解为，索罗斯已经开始做空中国的人民币和港币，开始对中国金融体系进行金融攻击。

尽管索罗斯不仅看空中国经济，他还看空世界经济，同时，中国政府有足够的信心战胜国际对冲基金的攻击。事实上，中国也明确表示积极应战，但是，面对当前的世界经济格局，中国在 2016 年爆发金融危机的压力剧增。这种压力会使利率和汇率尤其是汇率市场面临较大的波动，对政府的金融政策会产生一定程度的干扰，从而增加了经济增长的不确定性。

第二节　中国资本市场回顾

一、中国资本市场的发展概况

（一）股票市场

近三年来，中国股票市场经历了较大的波动，以至于市场认为高波动性已经成为中国股票市场的特点。根据中国证监会和中国证券登记计算有限公司的统计，截至 2015 年 12 月，中国大陆股票市场有上市公司 2 827 家，开户投资者超过 0.99 亿户，有效证券账户 2.15 亿户，股票市场总市值达到 53.13 万亿元，上海市场平均静态市盈率为 17.63 倍，深圳市场平均静态市盈率为 52.75 倍，IPO 融资超过 2 000 亿元，再融资规模超过 6 700 亿元。

除了交易所股票市场外，场外股票市场也取得了迅猛的发展。根据北京中关村全国中小企业股份转让系统（俗称"新三板"）的统计，该系统挂牌企业超过 5 500 家，股本总数达到 3 242 亿股。此外，全国各省、直辖市的股权交易中心也快速发展，全国多层次股票市场体系基本形成。

（二）债券市场

2015 年，在股票市场大幅波动的同时，债券市场取得了快速的增长。根据中国债券信息网公布的数据，2015 年全年发行债券 9.87 万亿元，银行间市场机构开户数达到了 10 344 家，债券托管总量达到 35.41 万亿元。

此外，根据中国证监会公布的数据，2015 年交易所市场债券融资规模达到了 2. 15 万亿元，其中，可转债融资 98 亿元，企业债融资 2. 12 万亿元，中小企业私募债券融资 244. 50 万亿元。比 2014 年总规模 3 570. 58 亿元增加了近 5 倍。

（三）期货市场

中国期货市场经过多年的探索，开始进入稳定发展时期。根据中国证监会的统计，截至 2015 年 12 月，上海期货交易所交易总额达到 63. 56 万亿元，大连商品期货交易所交易总额达到 41. 09 万亿元，郑州商品期货交易所交易总额达到 30. 98 万亿元，中国金融交易所交易总额达到 417. 39 万亿元。

中国金融期货交易所目前仅有沪深 300 指数期货、上证 50 指数期货、中证 500 指数期货、5 年期国债期货、10 年期国债期货五个上市期货品种，但是，为金融风险对冲提供了较高的流动性支持。2015 年 6 月，在股票市场经历异常波动后，中国金融期货交易所开始采取股票指数期货持仓限额制度，大幅收紧投资者持仓规模，对冲基金发展受到明显的制约，在一定程度上对恶意做空起到了一定的限制作用，但是，金融期货的做空机制在中国仍有待进一步探索。

（四）证券公司

根据中国证券业协会的统计，2015 年度证券公司未经审计财务报表显示，125 家证券公司全年实现营业收入 5 751. 55 亿元，各主营业务收入分别为代理买卖证券业务净收入 2 690. 96 亿元、证券承销与保荐业务净收入 393. 52 亿元、财务顾问业务净收入 137. 93 亿元、投资咨询业务净收入 44. 78 亿元、资产管理业务净收入 274. 88 亿元、证券投资收益（含公允价值变动）1 413. 54 亿元、利息净收入 591. 25 亿元，全年实现净利润 2 447. 63 亿元，124 家公司实现盈利。

截至 2015 年 12 月 31 日，125 家证券公司总资产为 6. 42 万亿元，净资产为 1. 45 万亿元，净资本为 1. 25 万亿元，客户交易结算资金余额（含信用交易资金）2. 06 万亿元，托管证券市值 33. 63 万亿元，受托管理资金本金总额 11. 88 万亿元。

（五）公募基金

公募基金一直是资本市场的标杆，也是市场方向的引导者。根据中国证券投资基金行业协会的统计，2015 年公募产品创新不断，规模屡创新高，沪港通、内地香港互认基金等重大举措实施，基金国际化进程不断提速。截至2015 年 12 月底，98 家公募基金管理公司，管理基金规模超过 8.4 万亿元，基金及其子公司专户业务规模 12.6 万亿元。

（六）私募基金

私募基金尽管长期没有纳入官方的监管体系，但是，私募基金的市场地位和活力一直被市场投资者认可。据中国证券投资基金行业协会统计，截至2015 年 12 月，私募基金自纳入证监会监管以来，目前已登记私募基金管理人2.5 万家，基金规模 5.1 万亿元。

不过，自 2015 年 6 月以来，由于证券市场的持续下跌，私募基金投资收益也不尽如人意，加上监管层对私募基金一直处于"暧昧"状态，私募基金公司管理不规范、道德风险严重，从业人员鱼龙混杂等问题严重，所以，私募基金的发展还有较长的路要走，需要不断探索和总结发展经验。

（七）信托公司

信托公司是银行资金进入资本市场的"桥梁"，银行理财资金等借道信托，通过伞形信托等工具进入证券市场，实现了银行资金为部分机构投资提供配资的功能。根据中国信托业协会的数据，2015 年 57 家信托公司共实现营业收入 1 088.10 亿元，平均营业收入 19.09 亿元，同比增长 21.20%。

由于信托公司法定的投资渠道功能，它通常称为银行、房地产公司等机构进入资本市场的平台，实现了金融创新的目标，但是，由于信托公司的相关产品设计需要遵循相关的规定，其投资规模尚不能跟基金行业相比。但不可否认的是，随着我国金融市场的不断发展和相关法律法规的日趋完善，资产证券化已经具备了大规模发展的条件，信托业有望在资产证券化领域大有作为。

（八）保险公司

根据中国保监会披露的数据，截至 2015 年末，保险业总资产达到 12.4 万亿元，较年初增长 21.7%，全行业净资产 1.6 万亿元，较年初增长 21.4%。险企的经营效益也大幅提升，保险公司预计利润 2 823.6 亿元，同比增长 38%。保险资金运用实现收益 7 803.6 亿元，同比增长 45.6%，平均投资收益率 7.56%。

保险公司已经成为资本市场重要的机构投资者，投资连结保险和万能险的资本集聚功能，为保险公司进入资本市场提供了机会。2015 年，宝能系公司举牌万科公司给资本市场提供了一个保险公司的经典投资案例，不管结局如何，市场都可以领略到保险公司通过保险产品的资本集聚实现对资本市场的投资收益。

（九）QFII 和 QDII

QFII（合格的境外机构投资者）和 QDII（合格的境内机构投资者）是发展中国家开放资本市场的制度设计，在中国资本项目还没有完全开放的情况下，这一制度为资本流动提供了机会，同时，也为不同文化背景的投资理念交流提供了平台。

根据国家外汇管理局的统计，截至 2015 年底，中国共审批 QFII 境外机构投资者 279 家，可投资 A 股市场的配额达 810.98 亿美元；共审批 QDII 境内机构投资者 132 家，可投资境外市场配额达 899.93 亿美元。

（十）配资公司

随着中国资本市场的发展，配资公司作为一种非金融机构但为金融市场投资者提供融资服务的企业形式已经成为资本市场一支不可忽视的力量。根据估计，2015 年配资公司为证券市场提供的配资规模可能超过 5 万亿元。这些配资公司为部分投资者提高了投资杠杆，同时，也为市场波动提供了流动性的注入。

不过，由于配资公司的归口管理存在较大的难度，配资公司的定性分类存在技术困难，很多互联网金融公司实际上也开展了配资业务，使得对配资公司的监管成为一个难题。同时，由于监管成本不确定，现有金融监管机构没有监管的动力，地方政府对配资公司也没有监管经验，因此，尽管中国证监会对证券公司和期货公司有相关的监管措施，但是，脱离证券公司和期货公司的以民间借贷方式存在的配资业务仍将成为资本市场的重要资金来源，他们为资本市场发展提供了一种不确定性。

此外，银行资金通过配资渠道进入股市也成为事实。2016 年 1 月，农业银行和中信银行暴露出票据业务中的内控漏洞致使高达数十亿元的银行资金进入了股票市场，这些银行票据贴现资金通过配资进入股票市场，随着股票市场的下跌，这些资金面临技术平仓的风险，给股市形成了一定的流动性压力。

二、2015 年中国证券市场回顾专题

过去三年来，中国证券市场经历了一场"过山车"式的剧烈震荡行情，成为中国证券市场发展的典型波动周期。上证综合指数从 2014 年 3 月的 1 974.38 点，最高上涨到 2015 年 6 月的 5 178.19 点，然后又快速下跌到 2016 年 1 月的 2 500 点左右，其中，最高上涨幅度 162%，最大下跌幅度则达到了 52%。

2015 年，在国家大力支持直接融资服务实体经济的宏观政策背景下，中国证券市场自信满满地不断走高，但是，由于对市场杠杆的管理缺乏认知，监管层和市场投资者的认知偏差导致一波牛市出现"短命"的结局。由于 2015 年证券市场行情具有特殊的市场背景，也对市场监管提出了新的挑战，有必要对其进行深入的回顾。

（一）为什么上涨？

综合来看，2015 年上半年市场向好的主要原因如下：

1. 中国宏观经济的"托底"支撑作用明显

从 2015 年初开始，尽管实体经济不断下滑，市场预期也不断降低，但是，

宏观经济基本维持在 7% 左右的预测目标，股票市场在 2014 年下半年尽管有一定的涨幅，但是，处于相对低位，自 2010 年以来的长期调整积累得做多力量在宏观经济"托底"作用的支持下，最终释放出做多市场的热情。

值得一提的是，尽管境外媒体对中国经济的增长一直持悲观的态度，同时，巨大的政府债务和银行信贷、房地产市场的高库存以及不断下滑的进出口贸易，使中国宏观经济的趋势难以看好，但是，市场对中国宏观经济能保持在 7% 的增长速度做了正面的理解，成为 2015 年上半年行情的基础。

2. 融资制度和民间配资的进入为市场提供了充足的资金供给

融资融券制度尽管从 2010 年就开始实施，但由于证券市场一直处于调整状态，融资融券功能一直没有发挥出来。2015 年行情的不断走高，为融资资金提供了机会，市场投资者对融资的需求不断放大，但由于券商受资本金的限制，能提供融资的规模十分有限，最终民间配资开始粉墨登场，并成为 2015 年市场行情暴涨的助推器。

民间配资机构成分复杂，如前所述，监管部门很难对其进行监管，同时，2015 年的民间配资得到信息技术的支持，更是助长了配资资金的疯狂进入证券市场。以恒生电子等证券软件公司开发的配资系统（如 HOMS）解决了配资资金的风险管理问题，在得到证券公司允许介入交易管理系统后，配资公司可以轻松地通过配资系统管理融资者的市场，从而确定明确的平仓线，避免了配资资金的信用风险。

随着市场行情的不断上涨，在上述信息技术手段支持下，配资资金的非理性不断推动场外资金蜂拥入场，甚至银行资金也通过信托和票据承兑业务等渠道进入股票市场，推动市场行情从四月到六月上旬的非理性上涨。在上市公司基本面没有大幅改善的情况下，场外资金的进入必然推动股价上涨，这个简单的道理在监管层和证券公司等专业机构投资者的默许下，不断成为推动市场上涨的重要力量。

3. 经济结构转型为市场价值重估提供了机会

在资金推动下，市场行情不断上涨，但是，非专业投资者还需要进入市场的合理性理由。尤其是在宏观经济下滑的背景下，上市公司的基本面并无较大改善，价格上涨必然助涨泡沫，这会影响投资者的热情。

不过，2015 年上半年的市场，投资者的热情和专业人士的投机被经济结构转型带来的"故事"进一步激化。结构转型必然导致很多企业需要重组，不少上市公司就有了"乌鸡变凤凰"的机会，上市公司的股价就有了重估的可能。同时，随着整体市场行情的上涨，投资者本身也有待价而沽的心理，也给股价重估提供了市场依据。

4. 国家对外经济战略催生牛市预期

2015 年的国际经济环境并不乐观，尽管美国经济又复苏迹象，但美国经济也没有出现趋势的复苏，欧洲和日本以及其他新兴国家经济都没有出现复苏的迹象，同时，美国还通过重新组建国际经济贸易组织（如 TPP、TTIP）来排挤中国，给中国进出口贸易造成了消极的影响。

不过，中国采取了"一带一路"战略和增设自由贸易区进行反制，同时，积极筹建亚投行，争取在国际经济舞台上的话语权，这一背景催生了市场投资者对股票市场牛市预期，也成为市场上涨的理由之一。

5. 反腐败提升政治环境支持牛市预期

除了经济方面的因素，政治方面的因素也影响了市场的积极预期。党的十八大以来，随着政府坚定反腐的决心，社会公众对国内政治环境的改善充满积极的态度，也成为股票市场投资者看好市场的重要影响因素。

在股票市场不断上涨的过程中，投资者会从各种渠道去寻找看多的理由，政府反腐不断取得的成绩在中国这样一个社会主义大国，本身就是社会公众关注的重要政治生活，所以，反腐败成果成为股票市场牛市预期的因素就存在一定的合理性。

6. 实体经济发展需要牛市支持

在实体经济不断下滑的情况下，尽管监管部门不断采用积极的调控政策，必然中国人民银行采用降息和降准等措施来刺激实体经济，但是，庞大的商业银行体系在实体经济下滑的过程中，根据行业的风险管理原则，他们会自动收紧银行信贷而不是扩大信贷，货币政策宽松的结果反而容易导致"金融空转"的局面。

银行信贷不能有效支持实体经济，但融资的渠道还可以在证券市场，从实体经济本身的发展来看，企业对融资的需求较强，大家职能诉诸资本市场。从2015 年的上市融资看，至少有 600 余家企业排队等待上市融资，同时，还有场外的新三板和各地方股权交易中心的挂牌融资企业都需要证券市场的投资热情来推动企业融资。

7. 居民财富管理需求增长支持股市上涨

改革开放三十多年来，随着国家经济总量的增长，居民财富规模也不断扩大，家庭财富管理的需求不断上升。根据招商银行和贝恩公司联合发布的《2015 中国私人财富报告》显示，2014 年末中国（大陆）个人可投资资产1 000万元人民币以上的高净值人群规模已超过 126 万人，可投资资产规模超过 112 万亿元。

可以看出，巨大的家庭财富管理需求成为推动 2015 年股票市场上涨的重要因素。尽管在过去十多年来，随着房地产市场改革与开放，国内居民把家庭资产主要投向了房地产市场，这里主要受制于家庭居住刚性需求的因素，但是2008 年以后，国内房地产市场下滑趋势也开始形成，家庭投资房地产市场的需求开始降低，股票市场的上涨就成为家庭财富管理需求的主要关注目标。

8. 新一代投资者的进入推动市场上涨

随着股票市场行情的快速上涨，市场财富效应也不断放大，这种效应最终会成为一种情绪的传染机制，从而影响更多投资者加入市场。2015 年上半年，随着市场行情的不断上涨，除了老一辈股票市场投资不断加码投资，新一代投资者如 80 后、90 后投资者成为市场的新生力量。

新一代投资者成长与互联网时代的快速发展背景，他们对互联网的使用要强于老一辈投资者，同时，他们接受信息的方式也发生了重大变化，但是，他们的人性并没有变化，因此，在市场行情不断上涨过程中，新一代投资者就成了市场非理性的新一代投资者跟风进入了市场，助涨了行情的上涨。

9. 证券市场改革与创新促进市场发展

在牛市中，人们的非理性行为容易被市场环境感染，进而助长市场行情的上涨。自 2010 年的证券市场改革本来还存在一些技术问题，比如融资融券制度的完善、做空制度的完善、股指期货市场的完善，金融衍生品的创新及制度设计等难题，但是，在市场行情不断上涨过程中，大家对监管层一切政策都会持有乐观的态度。

以中证 500 指数期货为例，在沪深 300 股指期货运行时间还较短的情况下，在 2015 年 4 月行情处于高位的情况下，急于推出中证 500 股指期货，在当时的牛市背景下，市场都没有意识到这个品种强大的做空功能。此外，2015 年初上证 50ETF 期权也匆忙推出，市场都看做是利好。

10. 市场周期的力量也是市场上涨的重要因素

市场周期运行往往成为投资者进出市场的重要因素，当市场内在价值无法判断的情况下，投机者根据技术周期来决定预期在一定程度上会成为市场上涨的助推力量。从长期看，股票市场的运行存在涨涨跌跌的内在规律，尽管我们无法判断其底部与顶部，但是，这一涨跌更替的规律一直存在。

自 2008 年以来，中国证券市场在 2009 年反弹之后经历了长达 5 年的横盘调整，在 2014 年出现趋势性反转后，股票市场出现了技术性周期上涨预期。同时，新一届政府的执政周期也与股票市场的运行周期形成了高度一致，所以，2015 年上半年的行情也存在市场周期的助推因素。

（二）为什么下跌？

1. 不断膨胀的市场泡沫是市场下跌的内在动力

世界经济在发展过程中，由于风险的存在促使人们设计了金融市场的交易制度，为投资者提供转让风险的机会，从而进一步刺激更多的人从事风险投资。客观上，这种机制从欧洲诞生以后，为历史上的东印度公司和后来的大英帝国扩张提供了一种市场机制，也为欧洲国家推动工业生产的规模扩张提供了动力。

但是，金融市场的存在本质上是利用了人类本性的弱点，如投机的本性根植于人类的贪婪和行为控制的缺陷，面对未来的不确定性，参与市场的人都会采用投机的方式来处理风险，既是参与者心理的需要，也是一种技术演化的结果。不过，我们可以肯定地得出金融市场交易的资产本身是不存在确定性定价标准的客观现实。美国著名的学者威廉姆斯（Williams，1938）出版了《投资价值理论》，试图来解决股票资产的理论定价问题，提出要用未来现金流折现的方法对股票的价值进行确定。这一方法利用不确定性的未来数据解决了股票的理论定价问题，并成为西方国家在金融资产定价领域的一个标准，全球主要大学的投资学教材都使用这一方法，也是价值投资理论的核心内容。

遗憾的是，价值投资理论所依托的折现定价方法本身具有不确定性，要成为金融资产的理论价值确定方法，仍需要投资者自身的经验和投资理念。这样一来，金融市场存在不确定性导致的泡沫就在所难免。尽管金融市场的泡沫属于市场的正常现象，但是，这种泡沫还是有一个基准和尺度，这种基准和尺度一般是通过经验和共识来衡量的。

2015年上半的股票市场价格大幅上涨，尽管主要的蓝筹股市盈率还相对降低，但创业板、中小企业板和一些盈利能力较低的股票市盈率不断上涨。根据统计，深圳创业板市场的最高市盈率在6月曾超过140倍，深圳中小企业板市盈率率超过70倍，深圳主板市盈率超过40倍，上海主板市场市盈率最高也接近30倍。此外，按照巴菲特指标（市值/GDP）计算，沪深两市也超过了110。更为关键的是，进入6月之后市场行情出现了短线快速上涨的趋势，市场进入极度亢奋的状态，使市场价格泡沫不断膨胀积累了大量的风险，成为6月中旬之后暴跌的根源。

2. 监管层加强对配资的监管切断了市场资金供给

如前所述，对证券市场稍有经验的人都应该清楚，大量的场外资金通过配资甚至银行资金也通过配资渠道不断进入股市，市场价格暴涨在所难免，监管层和主要的机构投资者对这种格局的"默许"滋长了市场投机者的热情，或者是监管层对这种资金推动行情的后果难以认知，使得2015年证券市场暴涨行情最终演化成"过山车"式的走势。

进入6月之后，市场的暴涨使监管层难以承受了，而且知道市场资金推动是根源。从6月12日起，中国证监会要求券商自查信息系统外接和场外配资情况，这一信息触发了市场的暴跌。正如人体靠输血延续生命一样，证券市场当时的配资如同人体的"输血"，现在要拔掉血管，如同生命即将停止的预期。证券市场面临资金外流的格局，加之市场严重的价格泡沫产生的高额浮动盈利，使得空头力量快速集聚，成为6月中旬之后暴跌的重要推动因素。

3. 期货市场做空工具助长了做空势力

在上述两种因素推动下，证券市场在 6 月中旬积累的做空力量本身需要及时释放，同时，股指期货又是做空工具。在原有的沪深 300 股指期货之后，中国金融期货交易所还推出了上证 50 股指期货和中证 500 股指期货。这些股指期货产品本身是为市场投资者提供的风险管理工具，具有促进市场价值发现的功能，但是，由于股指期货的进入门槛和交易制度与股票现货市场存在较大差异，在市场正常调整过程中，股指期货客观上成为市场助跌的力量。

由于担心股指期货的风险对一般个人投资者影响较大，中国金融期货交易所在涉及股指期货合约的时候制定了 50 万开户的门槛，同时，股指期货本身需要逐日盯市，因此股指期货是 T + 0 结算交收，而股票现货市场是 T + 1 结算交收，这样对股票现货的个人投资者和机构投资者就存在极不公平的交易市场机制。

在市场上涨过程中，一般个人投资者通过增加入市资金可以推动股票指数上涨，但是，在下跌过程中，个人投资者缺乏对冲风险的工具，而机构投资者则有对冲套利的股指期货，这一市场格局客观上助长了机构投资者可以做空的情绪，也是 6 月中旬之后暴跌的重要影响因素之一。

4. 场外批评者对上涨行情的不认同助长了市场下跌

从中国经济发展的实践来看，由于传统的计划经济体制影响，加之中国独特的社会主义市场经济体制，经济问题通常是政治的反映。股票市场本身只是国家市场经济体系的组成部分，但是，其对资本的集聚功能是一般市场不能比拟的。此外，证券市场还具备财富转移功能，使得证券市场的涨跌通常也成为一个经济环境的风险标。

2015 年上半年的行情尽管有各种利好因素的支持，但是，由于中国宏观经济的下滑和国内政治经济改革还没有落定，改革对相关利益的协调也存在较大的差异，场外对证券市场牛市的看法也存在较大分歧。随着市场的不断上涨，场外批评者对市场调整的要求也不断增强，在监管层引导市场调整的情况下，这种批评推动了市场空头的情绪，使得市场出现了异常的暴跌行情。

（三）为什么救市?

1. 市场做空对宏观经济改革大局造成冲击

从 2015 年 6 月 15 日开始，上证指数从 5 178.19 点开始下跌，一周之内最低下跌到 4 264.77 点，下跌幅度达到 17.67%，连续多日出现千股跌停的局面，同时，股指期货领先跌停，形成了短期异常波动的格局。从 6 月 15 日开始，单边下跌一直到 7 月 9 日，最低跌到了 3 373.54 点，下跌幅度达到 34.85%。

短期连续快速下跌，宣泄了市场空头的市场力量和情绪。但是，股票市场和期货市场的异常波动违背了市场运行的正常状态特征，需要进行纠正。尽管在中国，还不能完全验证"股市是国民经济晴雨表"的结论，但是，股票市场总体走势与国民经济是相关的。股票市场的异常波动与宏观经济改革的要求相违背。

在市场下跌过程中，投资者会把情绪转移到批评经济改革的目标上来，不利于宏观经济的发展。市场异常波动对投资者和整个国家对经济的未来信心形成冲击，这种冲击会加剧对宏观经济趋势的悲观预期，也需要对异常波动进行纠正。

2. 股票市场异常下跌形成诱发系统性金融风险

股票市场异常波动表面上看似乎是投机者的损失，跟实体经济和其他市场无关。加之，中国社会对投机的认知和文化背景的深远影响，整个社会对投机的认同并不高，甚至是一种仇恨。但事实上，投机者是市场风险的承担者。金融市场为参与者提供风险转移和保值的机会，但风险本身是客观存在的，金融市场只是提供了一种转移和交换的平台。

2015 年上半年的股票市场行情火爆，推动了跨市场资金向股票市场转移。如前所述，银行等金融机构的资金和民间配资的资金都进入了股票市场，股票市场的异常暴跌对跨市场的资金形成了风险，尤其是银行等行业的资金本身有避险条款，这些条款在异常暴跌过程中会引发强行平仓等措施，反过来又会加剧市场的进一步暴跌。

在没有做空机制和融资机制的时代，这一可能性还较小。但是，自 2010

年以来，中国股票市场开始实施融资融券，并推出了股票指数期货，这就为投资者提高投资杠杆提供了机会，同时，也为市场波动幅度提供了乘数效应。因此，股票市场的异常暴跌可能引发股票市场和信贷市场联动的系统性金融风险。

3. 宏观经济发展需要尽快恢复证券市场功能

股票市场长期发展的经验表明，股票市场的异常暴跌对股票市场的融资功能一定会产生影响。当市场连续暴跌，投资者信心受到打击，公司上市融资的价格和规模都会受到极大的影响。从中国的经验来看，监管层通常采取暂停新股发行的方式来缓解市场的下跌压力，这就使证券市场的基本功能丧失。

证券市场融资功能的丧失尽管对企业融资的影响不会太大，因为中国银行信贷长期是中国企业融资的重要来源。但是，随着实体经济下滑，银行融资本身也面临越来越大的风险累积，股票市场为主的直接融资是缓解企业融资矛盾的主要渠道，宏观经济发展急需尽快恢复证券市场的融资功能。

2015年，中国宏观经济仍是下滑的趋势，从政府推动企业对直接融资的需求来看，需要证券市场保持健康的运行态势来支持实体经济的发展。6月股票市场暴跌之后，当融资功能再次丧失时，整个市场都期盼股票市场运行尽快回归的常态，因此，政府出手救市就显得十分必要。

（四）为什么救市后仍下跌？

1. 宏观经济的下滑成为首要原因

从2015年7月9日开始，上证综合指数从3 373.54点，到7月24日最高上涨到4 184.45点，上涨幅度达到24.00%。这一波行情是政府组织救市的第一次多头反攻，暂时缓解了股票市场的持续异常暴跌。经历短线的震荡之后，股票市场维持了横向整理一直持续到8月18日。但是，8月18日之后，市场开始了第二波异常暴跌，上证指数从4 006.34点开始持续暴跌至8月26日的2 850.71点，两周之内下跌28.85%。在此之后，股票市场开始进入缓慢恢复上涨的行情，市场融资功能在改革新股申购的制度后重新恢复。但是，进入2016年1月，上证指数再次暴跌，最大跌幅超过20%。

是什么原因在政府救市后又出现三次异常暴跌的行情呢？如前所述，在2015年6月中下旬异常暴跌后，政府确实有救市的必要，但是，市场客观上存在下跌的动力。形成这种动力的首要因素还是宏观经济的下滑导致市场价值被高估，使空头有了足够的做空理由。

事实上，市场估值本身具有不确定性特征，同时，对于可以做空的资本来说，不需要任何理由就可以做空。因为在做空机制存在的情况下，资本做空是可以获利的。但是，2015年上半年的资金推动牛市客观上助长了市场泡沫，在上市公司盈利能力不能提升的情况下，市场价值高估成为空头做空的主要理由。

2. 市场仍需要时间消化市场制度的缺陷

我们在谈论中国证券市场的时候，通常喜欢用证券市场本身的特性来分析，但是，中国证券市场受经济体制的影响，它具有西方国家证券市场部具备的特征却往往被市场忽视，就是监管层在涉及制度时也难以考虑周全。

从投资者结构来看，从中国证券登记结算公司的统计来看，从中国投资者开户的类型来看，自然人投资者占绝大多数，非自然人不足1%，因此，官方和学术界不少人认为中国证券市场是散户市场，市场异常波动是散户所为。这一判断显然缺乏足够的说服力，自然人开户并不一定是自然人使用，况且非自然人手中持有的市值一直是占据市场主要份额，这一点是客观事实。笔者认为，中国证券市场本质上应是机构主导的市场。

机构为主的市场，当然要加强对机构的监管。但是，机构投资者为规避监管，他们的资金可能化整为零，这也是客观的事实。在中国，机构投资者包括公募基金、私募基金、证券公司、保险公司、上市公司、QFII、信托公司、各种投资公司、超级大户、境外法人等，存在形式多样，信息收集优势明显，是主导市场方向的主要力量。

上述机构投资者手中持有大量的筹码，尤其是上市公司大股东，他们手中的做空筹码是市场长期的发行上市制度造成的。中国一直采用的是增量发行上市，客观上形成了巨大的非流通股和延期上市股，这些股票背后是各种复杂的利益集团，同时，也是市场最大的空头。

3. 做空工具被境内外势力过度利用

除了我们宏观经济下滑和证券制度缺陷的影响外，境内外以中国证券市场和中国经济为目标的做空工具被境内外做空势力过度利用，也是证券市场出现异常暴跌的主要原因。随着中国经济和金融体系的开放，境外资金进入中国证券市场已不是问题，即便是中国采取更为严格的金融管制，在现有的互联网经济时代，中国企业间复杂的财务运作为境内外做空势力的合谋提供了机会。

同时，如前所述，境外机构投资者可以使用中国境内个人投资者无法使用的股指期货等做空工具。在中国香港、新加坡、美国纽约等国际金融市场，针对中国证券市场的做空工具和对冲基金产品不断涌现，境内股指期货一般自然人更是认知不足，所以，中国证券市场形成了做空工具的不均衡市场。

此外，在互联网时代，境内外做空势力通过互联网发布相关信息来影响市场信心也不是难题。境内媒体尽管有所管制，但是，互联网存在大量的非主流媒体，对非官方的利空信息传播速度是传统媒体所不能比拟的，机构投资者利用媒体和言论来影响一般投资者心理的做法也早已存在，这些都助长境内外做空势力在中国的过度做空。

三、中国资本市场面临的形势

随着中国经济的深入发展，市场经济体制的活力不断涌现，中国资本市场仍有较大的发展空间。从宏观经济的资本化率和中国金融总资产的规模来看，中国资本市场还处于起步阶段，同时，随着中国金融体系的进一步开放，中国资本市场还将面临国际化的目标。但从短期来看，中国资本市场面临的形势不容乐观。

（一）宏观经济下滑态势对资本市场发展形成压力

经过30多年的高速发展，中国经济确实到了"转变发展方式、调整经济结构、推动产业转型"的关键时期。这一时期，经济增长的速度会放缓，尽管政府已做好进一步下滑的准备，但是，如何保持新常态的增长仍是一个难题。对证券市场来说，宏观经济下滑的背景直接影响上市公司的盈利能力和信用水平。

宏观经济下滑的背景直接给证券市场的价值重估形成压力，这种价值重估必然导致部分上市公司价值不足以支撑目前的市场价格，证券市场价格的结构调整已是必然，对投资者的投资将形成压力，尤其是个人投资者缺乏风险对冲工具，市场价值重估必然带来持仓价格损失。

（二）2015 年的高杠杆资金安全退出还需要时间来消化

尽管从市场对证券市场直接融资需求的角度看，需要证券保持较好的走势，刺激投资者积极入场。但是，2015 年上半年的行情在配资资金的推动下，形成了高杠杆资金主导市场行情的趋势，这一市场格局隐藏极大的金融风险，监管层必然会严加控制。

从目前的形势看，通过禁止民间配资系统接入券商的做法，短期内可以缓解高杠杆资金形成的风险压力，但是，由于 2015 年入市的资金规模较大，降杠杆本身也意味着这些资金面临强行平仓的压力，或者出现部分投资资金链条断裂，进而对市场形成更大的下跌压力。

（三）做空机制被市场利用套利的影响越来越大

随着中国金融体系日趋开放，中国作为一个发展中国家在金融市场发展方面存在亟待完善的制度，这给境内外做空势力提供了做空的机会。尤其是现有的金融衍生工具对机构投资有利，同时，外资进出的便利给做空套利提供了更多的机会。

到目前为止，从中国人民银行发布的信息看，监管层对监控国内外资金流动存在盲目自信。事实上，通过企业的虚假交易来实现金融套利的案例已不少见，但是，这些资金流动确实存在监管成本过高的难题，致使监管存在漏洞，是境内外资金利用做空来实现套利变得可能，也是中国资本市场新的时期面临的难题。

（四）市场监管层对市场方向选择存在严重分歧

一方面，市场价格存在一定的泡沫致使市场价值需要被重估，使市场下行压力较大。另一方面，实体经济的发展需要证券提供直接融资的支持，这种支持又需要证券市场走势保持牛市的状态，这样一来，就给市场监管层提出了一个"不可能监管"选择难题。

从即将推行的注册制来看，市场肯定担心对市场资金的分流导致二级市场价格进一步下跌，但是，中国证监会又强力推进这一举措，如果二级市场没有足够的资金供给，这一制度对中国证券市场的影响将带来极大的不确定性。

（五）市场本身的供求不平衡仍是主要制约力量

从长期来看，中国证券市场仍长期面临资金不足的格局。随着新股发行的推进和注册制的推行，以及场外证券交易市场的兴起，机构投资者将以寻找风险更低的一级市场股票作为投资目标，包括公募基金在内的机构投资者，都将自然的选择避险投资策略。

上市机构投资者的选择和原有上市公司解禁股的逐步上市，给中国证券市场的二级市场形成一个非均衡的市场结构，这种结构将会给市场牛市形成长期的压力。如果市场没有形成共识，市场方向将以下跌为主。此外，这种非均衡的供给格局也是中国证券市场不能成为一个价值投资市场的根源。

第三节　中国金融安全与对冲基金

一、当前中国金融安全形势

（一）金融安全的含义

金融安全属于国家安全的范畴，是经济安全的核心。从世界经济发展的经验看，金融危机是金融安全的最大威胁，金融危机同时也是经济危机的主要表现形式。金融危机爆发后，银行信贷体系、金融市场崩溃直接威胁到一国经济的正常运行，引发经济危机和社会动荡，进而威胁国家安全。

如何准确界定金融安全的含义呢？现有的文献没有一个统一的说法。但是，从世界各国的具体做法上看，只要与金融体系运作相关的行为直接导致国家重大损失的，都可以看做是威胁金融安全的行为，具体包括金融舞弊行为导致的各种行为都可能威胁国家金融安全。

因此，从金融体系运作的形式和威胁金融安全的行为特征来看。金融安全可以从狭义和广义的范畴来进行定义。狭义的金融安全是指金融体系能够健康、规范运行，对一个经济运行可以提供充足的金融支持，无爆发金融危机的可能；广义的金融安全是指金融体系既无爆发金融危机的可能，也不存在导致金融市场异常波动的潜在因素。

（二）影响中国金融安全的主要因素

根据目前中国经济体系的实际情况，结合中国金融体系的运作实践，影响中国金融安全的主要因素包括：

1. 经济体系的市场化程度

根据我们对金融安全的定义，金融安全本身是建立在金融市场的健康运行基础上，金融市场是一国市场体系的重要组成部分，因此，经济体系的市场程度决定了金融体系的自我调节功能和金融体系的运行效率。

2. 银行体系的信贷资产状况

中国银行体系是中国金融体系的命脉，直接影响金融安全程度。根据中国银监会的统计，目前拥有近200万亿元的资产，其中主要以信贷资产的形式存在，因此，银行体系的信贷资产质量直接影响金融安全。

3. 金融市场的波动状况

金融市场的波动不仅是投资者的损失影响因素，更重要的是金融市场波动尤其是异常波动通常容易传染悲观情绪，从而引发跨金融市场的异常波动。中国目前的金融市场主要包括资本市场和货币市场，其中，资本市场的波动直接威胁金融安全。

4. 金融体系的开放程度

随着一国经济实力的增强，金融体系随着经济体系的开放而开放，对一国经济的增长将起到促进作用。但是，金融体系开放就意味着更多的国际资本可以自由进出，对一国金融体系的抗风险能力提出了较高的要求。从发展中国家的经验来看，金融体系越开放，对金融安全的威胁越大。

5. 金融舞弊的监管状况

金融舞弊是金融体系中有关人的行为风险，其中，有客观的风险也有主观的道德风险，金融舞弊的监管难度较大，尤其是道德风险的监管一直缺乏有效的对策。根据过去十多年来的经验，中国金融舞弊涉及的损失和相关人员的层级越来越高。如果对金融舞弊行为缺乏有效的监管，金融安全也将受到严重的威胁。

（三）当前中国金融安全的主要特征

1. 政府仍是中国金融安全的直接保障

中国会出现金融安全问题吗？这个问题存在严重分歧。笔者对部分金融业内专家和学术界专家进行访谈的结果表明，正反观点基本上是一半对一半。认为中国不存在金融安全问题的专家认为，中国是一个金融管制还没有解除的发展中国家，同时，也是一个社会主义国家，政府对金融的控制能力足以保障金融安全。

但是，认为金融安全在中国确实存在严重威胁的专家认为，随着中国在世界经济体系中的话语权不断增长，中国金融体系将逐步完全开放，同时，中国金融体系发展时间较短，市场化水平不高，法规体系不健全，投资者也不成熟，如果境外资本自由进出中国金融市场必将助长金融安全问题的发生。

笔者尽管赞成后者的观点，但是，笔者认为即便是发生金融安全威胁，金融安全问题即使是以金融市场危机的方式发生，中国政府仍是最终的保障力量。这是中国跟西方资本主义国家本质区别的地方，中国是以公有制度为基础的社会主义国家，政府具有调动全国资源的能力，有能力保障金融安全。

2. 金融市场波动是威胁金融安全的主要因素

如上所述，中国作为一个社会主义国家，政府对金融运作有超强的领导能力和控制能力。但是，随着中国社会主义市场经济体制建设的深入，金融市场作为配置资金资源的重要机制，是金融体系运作的核心。

中国的金融市场并不是一个市场自发推动产生的市场体系，传统的计划经济体制催生了金融市场。以股票市场为例，中国是在国有企业改革的过程中，由于扩大社会融资的需求推动了引入股票市场的模式，这种模式是一种植入的模式，而中国的"土壤"对这种市场模式还需要一个适应的过程。

此外，由于金融市场在配资资金资源的同时，还有财富转移的效应。因此，金融市场波动的控制权就可能成为财富转移和套利的工具。从参与金融市场的主体来看，不管是国有资本投资者，还是私有的机构和个人投资者，进入金融市场后，如何盈利都是共同的目标，这种目标成为助长金融市场波动的力量，从而威胁金融安全。

3. 金融舞弊成为金融安全的道德风险源头

金融舞弊的本质是在信息不对称的情况下，金融参与者采取不利于其他参与者的行动，这种行为是金融舞弊。促使金融舞弊行为产生的根本动力是参与者采取不利于其他参与者的行为可以为舞弊者带来违规的回报。

中国金融市场受制于经济体制的影响，金融监管机构、金融机构的管理人员由于掌握政策和资金的控制权，具有信息优势和专业优势，他们往往是金融舞弊发生主要群体，这些金融舞弊行为一旦发生直接导致市场的不公平和低效，甚至是巨额的国家损失，进而威胁金融安全。

此外，由于金融舞弊通常以合谋、串通、泄密等道德风险行为发生，具有较强的隐蔽性，容易给舞弊者以侥幸心理，使这些舞弊行为具有一定的隐秘特征，滋长了金融舞弊行为的发生，成为威胁中国金融安全的一股"暗流"。

二、中国金融安全面临的主要威胁

（一）人民币加入 SDR 成为金融市场不确定的主要因素

2014 年，中国经济成为超过 10 万亿美元的经济主体，仅次于美国。这样的世界经济地位需要国家承担更多的国际义务，这些义务的成本权衡需要中国政府有更多的国际话语权，所以，基本是中国金融体系仍不成熟的情况下，中国政府大力推进人民币加入 SDR 是中国经济实力发展的必然选择。

不过，中国人民币加入 SDR 在很大程度上具有较强的不确定性。尽管加入 SDR 后，中国政府和企业有更便利的国际融资机会，可以降低融资成本，从而进一步吸引更多的国际资本进入中国经济，但是，这些资本的流动性会增加金融体系的不确定性，人民币的吸引力还需要国际金融市场检验。

（二）实体经济下滑导致资本市场做空力量不断增强

实体经济下滑在很大程度上是中国经济体制改革过程中，企业对市场的敏感性不足造成的后果。从目前产能过剩的钢铁、煤炭、化工等传统制造业现状看，这些行业的投资项目资金规模大，对地方 GDP 的贡献明显，因此，政府对这些行业的项目开工动力较强，而市场对这些行业产品的需求变化，往往容易被忽视。

现有产能过剩的传统制造业要化解需要投融资体制、企业兼并重组、技术创新等机制及时配套，这些配置机制中最难的是技术革新，这需要对科学研究进行投资促进，而科学研究的成果是建立在对高等教育的投资基础上，这种投资短期见效慢，地方政府没有投资的动力，因此，要建立真正支持产能过剩的技术支持机制还需要时间。因此，实体经济下滑引发资本市场做空的短期形势难以改变。

（三）境外对冲基金做空中国的资本力量不断增强

做空中国的境外对冲基金对中国经济的看法一般出现两种情形，一种是对中国体制的不认可，对中国经济的成就不予认可，凡是中国的都是要反对的，对冲基金异化为一种反华势力，他们本身是带着反对中国的意识形态和价值观的，这些基金本身跟美国等西方国家政府中反华利益集团挂钩的，成为威胁中国金融安全的做空力量。

另一种是对中国经济发展形成误判，他们从美国等西方国家的经济运行经验看，中国经济下滑、银行信贷规模大、房地产存货难以消化、金融舞弊行为严重、进出口下滑、外汇储备不断减少等成为他们做空中国的原因，这些对冲基金即便不能真正成功，但是，他们往往成为做空的力量，并容易从金融市场套利成功。

（四）金融体系的开放预期为国内外做空机构提供了机会

以美国对冲基金管理人索罗斯为例，他在过去十多年来，一直游说中国政府开放金融体系，其基本理由是通过开放中国金融体系，实现金融市场的自我完善功能，从而实现利率和汇率的自由浮动。表面上看，他的建议具有专业水准，但是，深知中国作为一个发展中国家开放金融体系的后果，他恰恰是要这种后果带来的做空机会。

在中国，从金融监管部门和金融机构管理层群体的态度，也存在进一步开放金融体系的推动力量。上述两个群体尽管都有肩负保障国家金融安全使命的责任和义务，但是，金融市场的创新带来的诱惑往往令人难以抗拒，西方发达金融市场的创新工具和自由程度往往成为他们推动金融体系开放的外在动力。但是，中国金融的不成熟在开放之后带来的不确定性，也是做空机会。

（五）外汇储备的支撑作用面临巨大考验

外汇储备是一国拥有外汇资产，其主要形式包括国际证券、黄金等大宗商品和其他外汇投资形成的资产，其主要功能是满足一国国际支付的需要。中国外汇储备规模从 2015 年开始出现下降，2016 年 1 月由于人民币汇率的大幅贬值，市场预期外汇储备将进一步下滑，这种形势加剧了国际金融资本看空人民币的预期。

尽管从 2009 年开始，中国外汇储备一直居于世界第一的位置，但是，中国作为一个发展中国家，汇率稳定需要一定外汇储备作为支撑。当前，中国外汇政策仍存在很大的不确定性。随着外汇储备下降，市场担心中国可能会收紧资本管制，以便为国内政策创造空间，在一定程度上影响了市场情绪。

（六）国际石油等大宗商品价格下跌引发的金融危机传染

国际石油价格波动一直被认为是美国对付俄罗斯的经济武器，美国通过掌握页岩油开采技术，增加国际石油供应，彻底改变了国际石油市场的供求格局，国际石油价格不断下跌，进入 2016 年，国际石油价格最低已经跌破 27 美元/每桶。尽管国际石油价格作为一种大宗商品，其价格波动属于市场的正常现象，但是，由于石油本身的特殊性，国际石油价格下跌给国际金融市场投资总能制造紧张情绪。

从理论上讲，国际石油价格下降对中国是绝对的利好，尽管中国石油和中国石化"两桶油"盈利会受影响，但是，我们的外汇储备可以购买更便宜的石油。不过，由于国际石油持续下跌，可能导致西方部分商业银行与石油相关的信贷链条断裂，从而出现新一轮的国际金融危机，从而引发中国金融危机，这种可能在 2016 年是大概率事件。

（七）具有良好职业道德的高级金融专业人才缺乏

从 20 世纪 90 年代以来，尽管中国高校开始全面引进西方的金融学专业培养计划，从本科生到研究生，中国高校的课程体系和教学方案基本与西方国家没有太大的差异，同时，随着中国高等教育的开放，中国学生出国学习金融专业的数量也不断上升，中国境内的金融专业人才已具备一定的规模。

但是，由于金融行业具有天然的诱惑，不同层次的信息就能实现无风险套利，同时，金融市场本身就是国际化的，即便是有金融管制，但是，跟金融市场相关的商品尤其是大宗商品，其价格就是国际化的。跟中国金融行业发展的需求相比，能精通外语、通晓国际金融市场规则和技术、又具有良好职业道德的高级金融人才，在中国仍十分紧缺。

三、对冲基金对中国金融安全的影响

（一）对冲基金影响中国金融安全的主要方式

1. 场内做空

从目前中国内地、中国香港和新加坡的市场现状看，内地对冲基金可以在内地和香港交易所股票市场和期货市场直接进行做空，内地对冲基金可以通过申请 QDII 配额实现进入香港市场做空的目标；境外对冲基金可以通过申请 QFII 和通过进入自由贸易区注册贸易类"空壳"公司进入中国内地股票市场和期货市场，同时，境外对冲基金还可以通过新加坡市场做空中国股票市场。

2. 跨市场套利

即便是不能申请到进入中国大陆交易所市场的对冲基金人可以通过设立在岸贸易实体和民间"互换"的方式，做空中国市场并实现不同市场的跨市场的套利。目前，境外对冲基金可以利用中国境内已经很方便的民间融资平台包括股票抵押融资工具实现融资融券的目标，然后利用境外商业银行提供的投资工具实现"互换"结算，从而实现跨市场对冲套利的目的。

3. 信息技术套利

对冲基金作为专业的机构投资者，与一般的机构投资者和个人投资者相比，他们在信息技术的使用上更具有先进性。近年来，程序化交易（Program Trading）在全球开始兴起，中国的证券交易软件公司也开始开发这种计算机交易软件，它具有人工交易的执行优势，同时，具有速度的优势，并能实现高频交易。对冲基金使用相关的信息技术工具来实现套利已变成现实。即便是监管层对这种工具进行管制，但相关的技术创新仍会被对冲基金利用。

【专栏 0 - 1】伊世顿公司违规交易

2015 年 11 月，根据公安部披露，公安机关打击证券期货领域违法犯罪有新突破：经过三个多月的缜密侦查，公安部指挥上海公安机关成功侦破一起以贸易公司为掩护、境外遥控指挥、境内实施交易，作案手段隐蔽、非法获利巨大的涉嫌操纵期货市场犯罪案件。伊世顿国际贸易有限公司总经理高燕、业务拓展经理梁泽中以及华鑫期货公司技术总监金文献等犯罪嫌疑人已被依法批准逮捕，涉案资金已被公安机关依法冻结。

伊世顿国际贸易有限公司是注册在张家港保税区的一家贸易公司，由两家香港的投资公司 Vulkan Capital Advisers Limited 和 Quantstellation Investment Management (HK) Limited 出资，成立于 2012 年 9 月 12 日，主要从事有色金属原材料及产品、矿产品等业务，工商登记的注册地址是张家港保税区纺织原料市场室 1405A。

两名实际控制人 Georgy Zarya 和 Anton Murashov 系俄罗斯籍。职场社交网站 Linkedin 显示，Georgy Zarya 目前任职俄罗斯金融市场最大的经纪商之一 BCS 集团旗下 Prime Brokerage，该公司在 2013 年曾开发出降低交易延迟的技术系统，将伦敦—莫斯科的数据传输延迟降至 39 毫秒，占据业界鳌头。QUANTSTELLATION INVESTMENT MANAGEMENT (HK) LIMITED 显示该人员最早在俄罗斯 OTP Bank 任职外汇和利率期货交易员，从 2010 年 6 月到现在，他担任 Quantstellation 公司的董事总经理。此前一年多的时间，他在 Innovation 科技公司担任商业开发总裁，负责开发高频交易的解决方案。

根据伊世顿在张家港保税区填报的年报数据，这家公司最近两年都存在营业收入低于净利润的现象——该公司 2013 年营业总收入为 32 万元，但净利润则高达 1 696 万元；2014 年营业收入为 5 303 万元，净利润为 9 886 万元。据媒体获得的一份伊世顿今年的财务报表显示，截至 6 月底，伊世顿累计所得税费为 843.95 万元；2015 年 7 月之后没有更新。保税区税务局人士查询后表示，伊世顿缴纳税费在贸易公司中算是比较高的，但奇怪的是今年以来伊世顿所缴纳的增值税为零。但对贸易企业而言，有增值税才有所得税，"说明这家公司不是以贸易为主。"

伊世顿有三大神器：一是开立了 31 个金融交易的关联账户并且以无关联方式出现；二是华鑫证券的高频软件；三是通过内线将服务器直接挂靠到金融交易所。

据伊世顿国际贸易总经理高燕（女，34 岁，江苏南通人）等人交待：受扎亚（Georgy Zarya）和穆拉索夫（Anton Murashov）指使，为规避中国金融期货交易所相关规定的限制，其先后向亲友借来个人或特殊法人期货账户 31 个，供伊世顿公司组成账户组进行交易。伊世顿公司以贸易公司为名，隐瞒实际控制的期货账户数量，以 50 万美元注册资本金以及他人出借的 360 万元人民币作为初始资金，在中国参与股指期货交易。

　　2015 年 1 月，高燕受扎亚指使，给予华鑫期货公司技术总监金文献（男，47 岁，浙江义乌人）100 多万元人民币作为好处费。金文献在全面负责伊世顿公司与交易所、期货商的对接工作中，隐瞒伊世顿公司实际控制的期货账户数量，并协助伊世顿公司对高频程序化交易软件进行技术伪装，进而违规进场交易。金文献还使用其银行账户帮助伊世顿公司转移资金。

　　穆拉索夫及其境外技术团队设计研发出一套高频程序化交易软件，远程植入伊世顿公司托管在中国金融期货交易所的服务器，以此操控、管理伊世顿账户组的交易行为。

　　2015 年 6 月初至 7 月初，证券期货市场大幅波动，伊世顿公司在交易沪深 300、中证 500、上证 50 等股指期货合约过程中，卖出开仓、买入开仓量在全市场中位居前列，该公司账户组平均下单速度达每 0.03 秒 1 笔，1 秒内最多下单 31 笔，且成交价格与市场行情的偏离度显著高于其他程序化交易者。以 6 月 26 日的中证 500 主力合约为例，该公司账户组的卖开量占市场总卖出量 30% 以上的次数达 400 余次；以秒为单位计算，伊世顿账户组的卖开成交量在全市场中位列第一的次数为 1 200 余次；其卖开成交价格与市场行情的偏离度为当日程序化交易者前 5 名平均值的 2 倍多。据统计，仅 6 月初至 7 月初，该公司账户组净盈利就达 5 亿余元人民币。伊世顿账户组通过高频程序化交易软件自动批量下单、快速下单，申报价格明显偏离市场最新价格，实现包括自买自卖（成交量达 8 110 手、113 亿元人民币）在内的大量交易，利用保证金杠杆比例等交易规则，以较小的资金投入反复开仓、平仓，使盈利在短期内快速放大，非法获利高达 20 多亿元人民币。据媒体报道，中国的金融期货交易所服务器普通交易者是无法直连的，伊世顿竟然在中金所有"托管服务器"。可能是华鑫期货帮助伊世顿旗下账户伪装，实现了交易所直连，从而取得了比市场上其他高频客户快得多的速度。

　　此外，高燕将巨额非法获利中的近 2 亿元人民币通过犯罪嫌疑人邱某（另案处理）经营的"地下钱庄"转移出境，交给安东等境外人员。

资料来源：根据互联网相关报道整理。

4. 价值观渗透

对冲基金在做空一个市场或一种资产的目标是要使这种商品和资产价格下降，最终实现套利成功。而全球金融市场的资产定价并备有一个公认的客观标准，即便是价值投资理论的一套定价体系，也并不适合全球所有市场。中国上市公司的定价如果使用价值投资理论的定价方法，本身必然被低估。因此，境内外对冲基金在做空中国市场时一般都会使用价值投资理论的定价方法，因为这套定价方法没有考虑上市公司的特许权和成长性，对中国公司极不适应。此外，由于对冲基金具有资金优势，除价值投资理论外，他们还可以通过各种主题投资理念来对市场进行投资价值观渗透，从而达到做空市场的目的。

5. 雇佣代理人

对冲基金本身作为专业的投资机构，它们的市场影响力还可以雇佣代理人的方式来进行运作。境内对冲基金通常与证券研究机构的著名分析师进行合作，通过这些分析师发布影响市场的观点，境外对冲基金通常可以通过媒体的影响力或投资一些学术结构来实现对一个市场的影响，从而达到做空的目的。

（二）对冲基金对中国金融安全的主要影响

1. 对冲基金刻意做空金融市场容易诱发金融危机

对冲基金做空本质是为了实现投机盈利，因此，其做空本身很难从道德上去加以评价，同时，从目前对冲基金操作的方式和渠道来看，它们通常使用贸易公司渠道和雇佣国内代理人，证监会等金融监管部门很难对这些对冲基金进行有效监管。从 2015 年的司度和伊世顿公司的案例看，但从外汇管理渠道是很难对这类境外对冲基金进行监管。同时，从内地对冲基金包括一些不以对冲为投资风格的各种民间机构投资者通过期货市场刻意做空市场本身也是难以监管的。但是，这类刻意做空在高杠杆市场条件下，尤其是银行资金进入股市后，容易诱发金融危机。

2. 对冲基金疏于监管必然增加整个金融体系风险

做空机制本来是为了给市场投资者提供风险管理工具而设计的一套制度体系，但是，由于价格波动风险客观存在，风险是不会消失的，因此，即便是在具有做空机制的市场内，也需要有相当数量的投机者来提供流动性，为风险管理者提供转移风险的机会。中国对冲基金的发展历史较短，监管层对对冲基金的认知不足，对对冲基金尤其是境外对冲基金的监管还存在一定的难度，为整个金融体系风险埋下隐患。

3. 对冲基金的野蛮生长客观上提高了金融监管成本

不管监管层是否喜欢，也不管大陆投资者是否适应，金融市场都杜绝不了对冲基金这个"坏孩子"的降生。对冲基金作为超级投机者，它们成为金融波动的制造者，迫使各国都必须加强对对冲基金的监管。中国作为一个发展中国家，随着金融体系的对外进一步开放，加强对冲基金监管是必然选择，但是，由于对冲基金监管存在定性和定量的技术难度，增加监管成本是必然趋势。

4. 对冲基金的积极运作将阻碍中国金融体制改革

随着中国经济不断融入世界经济，市场对中国金融体制改革提出了较高的要求。从近几年西方国家的要求来看，以美国为首的西方资本主义国家在政治上没有机会之后，它们企图从金融市场开放的角度来寻找冲击中国安全的机会。但是，对冲基金的出现和刻意做空在一定程度上会延缓中国金融体系的内部改革和对外开放，这一点估计是西方国家金融资本也不想看到但又不得不面对的结局。

5. 对冲基金的盈利模式造成金融资产错误定价

对冲基金为了实现其对冲套利的目标，面对目标资产的合理定价并不是其追求的目标，相反，价格波动才是对冲基金的目标。要实现价格波动，对冲基金通过各种方式来推动市场对资产价格的误判，从而实现其对冲套利的目标。即便是中国市场的市盈率成为全球最具有投资价值的水平，它们仍会寻找一切机会来推动市场寻找更低的价格，同时，利用各种金融工具来实现这一目标。

（三）　如何反制对冲基金对金融安全的威胁

当前，中国监管层和市场投资者已经意识到对冲基金对金融安全的威胁，但是，对冲基金的逐利本性和专业优势使其逃避监管的可能性较大，加强研究对对冲基金的反制措施具有紧迫性。

针对中国目前的金融市场现状，笔者提出以下建议——

1. 进一步完善金融监管体系，绝不放弃使用金融管制手段

从国际金融市场发展的经验看，没有任何一个国家允许金融安全受到严重威胁，政府都在金融危机等威胁国家金融安全的时候成为金融安全的最后保障。中国现有的"一行三会"金融监管体制已经运行 20 多年，随着中国金融体系的发展和金融行业的运行实际需要，进一步加强完善势在必行。但是，无论怎么完善现有金融监管体系，中国作为发展中国家，金融管制是金融安全保障的必要手段，中国绝不能放弃使用。

2. 建立符合中国金融市场规律的政府投资基金

从对冲基金在过去 30 年来发生金融危机中扮演的角色看，刻意做空一直是它们使用的看家手段，这种手段具有资本内在的动力。随着全球宏观经济的调整，对冲基金面临前所未有的机会。当对冲基金出手做空一个金融市场的时候，资本的本性也会促使专业化程度很高的对冲基金出现非理性行为，这种非理性行为是没有道德原则和社会责任感的市场"捣乱者"。对付这种刻意做空的行为，按照市场的原则就是要有与之抗衡的资本力量。中国作为一个社会主义国家，发挥公有制经济所有制的优势，应尽快组建国家级的政府投资基金，面对对冲基金可以做空的市场局面，可以为市场投资者提供一个明确的合理预期，从而挫败对冲基金的企图，维护金融安全。

3. 利用信息技术优势加强对冲基金的跟踪监控

对冲基金运作无论多么复杂，都是随着对冲基金管理人的理念在运转，因此，加强对对冲基金机构和管理的跟踪监控是反制对冲基金威胁金融安全的有效手段。在信息技术支持下，建立对冲基金的大数据系统已能够变成现实。从

目前全球金融市场的运作来看，信息技术支撑的无形市场是主流趋势，所有对冲基金交易指令都会通过计算机系统进入交易所市场进行撮合交易。因此，从技术上看，建立对冲基金的交易行为跟踪监控已变得可能。

4. 有效利用互联网信息传播优势发挥引导市场预期的宣传实效

如前所述，对冲基金做空市场不但是简单的市场行为，它们会通过媒体工具来影响市场投资者的预期。2016 年 1 月，索罗斯在瑞士达沃斯世界经济论坛公开发布他做空亚洲货币的观点，实际上就是通过媒体利用他的金融市场影响力来进一步影响投资者信心。中国新华社通过发表专门的评论文章来进行反制就是一种措施。随着互联网的深入发展，互联网政治学已经形成，其中的理念已经开始应用到金融市场。中国作为一个互联网大国，网民投资者的行为需要互联网这个媒体手段来进行正确的引导。

5. 发挥国家审计的监督力量杜绝对冲基金运作中的金融舞弊行为

从现有的"一行三会"金融监管模式看，即便今后朝着国务院统一管理的金融监管协调会的模式，金融监管部门面对的监管对象容易形成内部人效应，监管者和被监管者之间的互动往往统一形成一些监管盲区。对冲基金作为一个金融市场的"坏孩子"，由于监管成本高，监管部门容易忽视其对金融安全的重要性。

国家审计是国家治理的基石。通过引入国家审计手段，重点监控国有金融机构和金融市场相关金融运作的金融舞弊行为，进一步发挥国家审计的监督力量，使国家审计成为保障国家金融安全的专业力量。

6. 提升维护国家金融安全的意识，加强金融危机和金融战的推演研究

中国改革开放三十多年来，尽管期间发生了 1998 年东南亚金融危机和 2008 年的美国次级贷款金融危机，这两次危机由于中国金融体制没有完全开放，中国国内基本上没有经历国际金融危机的影响。即便是中国政府债务高企、房地产巨大的存量等严峻的金融形势，由于政府的控制力主导，中国居民也没有感受过金融危机的影响。因此，维护国家金融安全的意识相当淡薄。

但是，随着中国经济在世界舞台上的崛起，境外反华势力和国内投机力量

都将是威胁金融安全的重要因素，加强中国爆发金融危机和金融战的推演十分必要。根据中国金融体系的现状，构建基于保障中国金融安全的"红方"和基于境内外对冲基金利益的"蓝方"，通过相关的推演演技，来实现一些反制策略的预定，对于维护中国金融安全具有十分重要的现实意义。

第一章

对冲基金行业发展环境

对冲基金在经历 2008 年金融危机洗礼之后，虽然资产规模不断扩大，新成立的基金数量也在不断增加，但整体上看，各项发展指标越来越平稳，没有了前几年的光芒。欧美等国颁布的金融监管新法案确实在限制对冲基金再次出现爆发式增长方面，起到了不可小觑的作用。为了适应当前法律环境，对冲基金正在不断探索新的发展模式和投资策略。本章先梳理全球对冲基金行业的发展状况，再分析我国对冲基金行业发展的近况。

第一节　全球对冲基金行业发展状况

2015 年 4 月，纽约时报首先报道美联储前任主席本·伯南克将出任对冲基金 Citadel Investment Group 高级顾问，这掀开了美国最高级别高官离任之后，担任对冲基金公司的职位。Citadel 是一家规模 250 亿美元的高频交易对冲基金，而此类基金在金融市场的稳定性方面扮演着越来越重要的角色。Citadel 创始人认为伯南克在货币政策和资本市场的洞察力将会对该公司产生极大的帮助。这也显示出在全球都拥有极高知名度的伯南克十分看好对冲基金行业的未来发展前景。

一、全球对冲基金资产规模

2008 年世界金融危机之后，对冲基金行业虽然遭受巨大的冲击，资产规模损失一度高达 4 000 亿美元，但是随着全球证券市场的强劲上扬，在不到两年内，其资产规模不仅收复了失地，还屡创新高。

据美国芝加哥对冲基金研究所（HFRI）统计，截至 2015 年第一季度，全球对冲基金管理的资产已达到 29 400 亿美元，创出历史新高，但是，2016 年一季度回落至 28 600 亿美元。自 2013 年以来，对冲基金平均每年增幅达到 12%，个人以及相关机构不断投入资金，正是因为看准该行业良好的增长前景，以及较好的投资回报（见图 1 −1）。

（十亿美元）

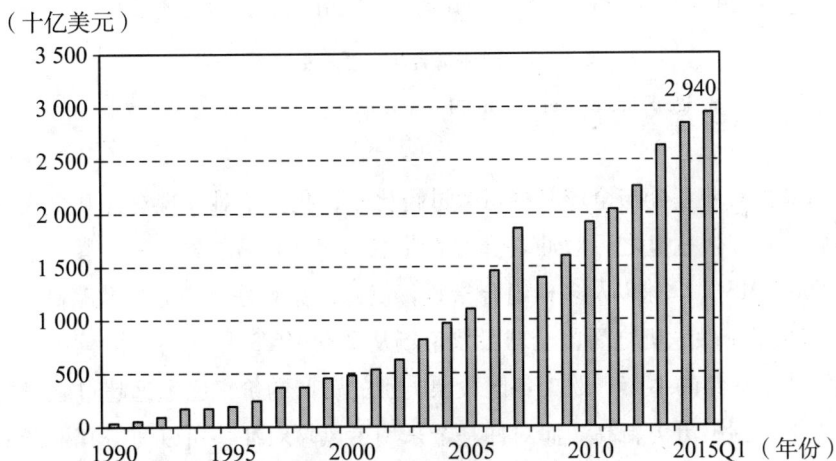

图 1 −1 全球对冲基金资产

资料来源：Hedge Fund Research, Inc.

2013 年全球共发行 1 060 只对冲基金产品，比鼎盛时期 2005 年发行 2 073 只相比，减少了近 1 000 只，但是比 2008 年金融危机期间增加了 431 只。由于金融市场波动巨大，对一些运营不善和到期的产品进行了清算，2013 年有 904 只对冲基金被清算，实际上对冲基金整个行业新增了 156 只基金。

2014 年与 2013 年相比，并无大的变化，新发行了 1 040 只对冲基金，清算了 864 只基金，净增加了 176 只。除了希腊偶尔爆出一些小冷门，全球金融市场表现比较平稳，对冲基金行业整体表现并非十分抢眼，只能说是稳中有进（见图 1-2）。

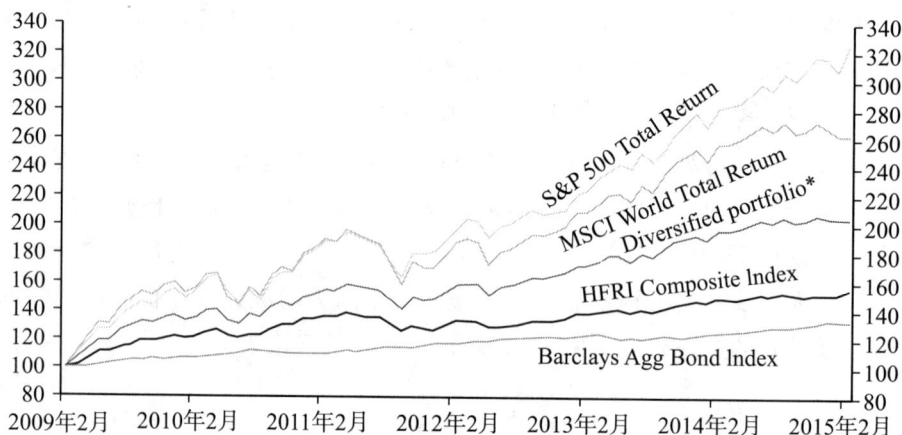

图 1-2 对冲基金与市场指数比较

资料来源：Hedge Fund Research，Inc. Bloomberg.

如果将对冲基金与全球基准指数进行比较，我们不难发现对冲基金表现非常滞后。自金融危机之后对冲基金综合指数（HFRI）的表现一直落后于标准普尔 500、MSCI 全球以及多样组合指数，仅比巴克莱综合债券指数略高一筹。

2008 年金融危机之后，全球股票市场从 2009 年 3 月开始，持续上扬，至今以维持了 6 年的牛市。欧美各国股票类别的资产的价格已远远超过金融危机前的水平，创出历史新高。而对冲基金采用了风险对冲，所以使得其资产的增速远不及股票市场，但是其风险水平应该在各类资产中处在较低的水平。

二、全球对冲基金发展格局

对冲基金作为金融市场的重要的投资者，其投资举动与全球金融市场的趋势有着紧密的关联。现在投资对冲基金的资本仍然来自北美和欧洲。据毕马威（KMPG）调查统计显示，来自北美的对冲基金投资者占 43%，调查对象认为未来还要增加的占40%，保持不变的占38%，可见大部分北美的投资者仍然坚信对冲基金存在发展空间。其次是欧洲的投资者约为17%，亚太地区的投资者达到了13%。由于亚太地区的经济增长快投资机会多，有83%的投资者认为亚太地区的对冲基金未来会增加或保持不变。

三、全球对冲基金收益与风险

2013年以来，发达资本国家证券市场长期在高位盘整，期间曾出现大跌，但随后均报以强劲反弹。大宗商品因与美元挂钩，随着美联储退出量化宽松政策，美元升值的预期越明朗，大宗商品的价格都出现大幅下挫，尤其是黄金和石油。对冲基金的投资对象主要是债券、股票和金融衍生品，其收益必然会受到重大影响。

我们跟踪近三年来的对冲基金及其各策略的收益，并将其与标准普尔500进行对比。对冲基金的数据来自芝加哥对冲基金研究所（Hedge Fund Research, Inc.），2013年、2014年和2015年各年度的收益如表1-1~表1-3所示。

表1-1　　2013年对冲基金及其策略收益

	均值	中值	最大	最小	波动率	偏度	峰度
HFR 对冲基金指数	**0.737**	**0.920**	**2.510**	**−1.470**	**1.059**	**−0.568**	**3.072**
宏观策略	−0.033	0.175	1.530	−1.570	0.943	−0.190	2.015
相对价值	0.573	0.670	1.770	−1.190	0.753	−0.842	3.770
事件驱动	0.990	1.115	2.290	−1.030	0.913	−0.892	3.229
股票多空	1.128	1.220	3.340	−1.640	1.421	−0.438	2.587
新兴市场	0.464	0.295	3.380	−4.060	2.113	−0.371	3.054
股票市场中性	0.523	0.410	1.370	−0.460	0.523	0.010	2.471
卖空策略	−1.687	−1.980	1.740	−4.260	1.774	0.629	2.525
FOF	0.722	0.950	2.130	−1.390	0.953	−0.982	3.424

	均值	中值	最大	最小	波动率	偏度	峰度
中国	1.224	1.760	5.880	-6.000	2.968	-1.002	4.228
亚洲	0.877	0.880	3.600	-1.910	1.355	0.007	3.634
北美	0.968	1.235	2.470	-0.760	0.960	-0.368	2.207
泛欧洲	1.138	1.195	2.740	-0.670	1.014	-0.339	2.389
标准普尔500	**2.213**	**2.580**	**5.040**	**-3.130**	**2.470**	**-0.928**	**3.078**

表 1-2　　　　　　　　　　2014 年对冲基金及其策略收益

	均值	中值	最大	最小	波动率	偏度	峰度
HFR 对冲基金指数	**0.249**	**-0.225**	**1.970**	**-0.920**	**0.940**	**0.491**	**1.839**
宏观策略	0.458	0.405	2.250	-0.900	0.984	0.237	2.081
相对价值	0.330	0.525	1.240	-0.660	0.602	-0.292	1.936
事件驱动	0.095	0.085	1.870	-1.670	1.033	-0.127	2.460
股票多空	0.158	-0.215	2.540	-1.970	1.340	0.308	2.096
新兴市场	-0.203	-0.095	2.130	-2.510	1.657	-0.140	1.788
股票市场中性	0.253	0.185	0.940	-0.290	0.399	0.573	2.241
卖空策略	-0.321	-0.335	1.700	-3.030	1.405	-0.267	2.231
FOF	0.280	0.085	1.620	-0.650	0.847	0.240	1.451
中国	0.483	1.205	3.530	-2.970	2.041	-0.418	1.908
亚洲	0.114	0.395	1.040	-1.140	0.720	-0.562	1.991
北美	0.302	0.075	2.370	-1.530	1.108	0.143	2.558
泛欧洲	0.147	0.350	2.200	-1.300	1.007	0.335	2.603
标准普尔500	**0.928**	**1.300**	**4.310**	**-3.560**	**2.341**	**-0.385**	**2.277**

表 1-3　　　　　　　　　　2015 年对冲基金及其策略收益

	均值	中值	最大	最小	标准差	偏度	峰度
HFR 对冲基金指数	**-0.063**	**0.065**	**1.880**	**-2.390**	**1.273**	**-0.138**	**2.238**
宏观策略	-0.099	-0.050	2.510	-2.310	1.369	0.191	2.428
相对价值	-0.017	-0.110	1.430	-1.260	0.887	0.192	1.837

续表

	均值	中值	最大	最小	标准差	偏度	峰度
事件驱动	-0.238	-0.555	2.510	-2.360	1.497	0.274	2.117
股票多空	-0.021	-0.340	2.970	-3.280	1.874	0.139	2.238
新兴市场	-0.246	-0.605	5.640	-5.120	2.854	0.421	3.057
股票市场中性	0.405	0.335	1.080	-0.380	0.445	0.041	2.176
卖空策略	-0.175	-0.045	3.420	-2.630	1.661	0.442	3.087
FOF	-0.027	0.220	1.690	-2.000	1.130	-0.489	2.273
中国	0.681	0.590	14.140	-8.570	6.014	0.479	3.516
亚洲	0.240	0.035	4.160	-1.930	1.768	0.769	3.100
北美	-0.148	-0.390	2.560	-2.210	1.437	0.461	2.484
泛欧洲	0.560	0.730	2.010	-0.840	0.935	-0.176	1.847
标准普尔 500	**0.010**	**-0.845**	**8.300**	**-6.260**	**3.943**	**0.663**	**3.024**

2013 年各类金融资产表现十分抢眼，标准普尔 500 月平均收益率高达 2.213%，与标准普尔 500 相比，对冲基金指数的收益差强人意，仅为 0.737%。各策略的收益也不如标准普尔，收益最好的是股票多空策略，为 1.128%，其次是事件驱动策略的月收益率为 0.99%，另外基金中的基金 （FOF）的收益取得了 0.722%。收益较差的策略分别是宏观策略和卖空策略，两者录得负收益。中国、亚洲、北美和泛欧洲四个区域的对冲基金收益均取得了不错的收益，其中，中国对冲基金在四个地区中的收益最高。

从波动率来看，中国对冲基金的波动率是所有市场中最高的，达到 2.968%，新兴市场策略的波动率同样比较高（2.113%）。

2014 年全球股市表现稳中有升，黄金市场波澜不惊，原油市场在上半年走势比较稳健，但从 7 月开始大幅跳水，纽约商品市场 WTI 原油从 7 月初的 105 美元跌到年末的 45 美元，跌幅之大，十分罕见。

2014 年对冲基金指数的表现仍然低于标准普尔 500，月平均收益率相差近 0.7%。各策略当中，宏观策略对冲基金取得了最好成绩，远远高于上年度的收益；相对价值的收益率排在第二位；新兴市场和卖空策略出现了亏损。按地区划分，中国对冲基金与上年一样，取得了不错的业绩。

标准普尔 500 的波动率依然是最高（2.341%），其次是中国对冲基金 （2.041%），其他策略和地区的对冲基金的波动率都比较小。

2015 年全球金融市场动荡不堪，尤其是下半年。中国股市从 6 月中旬开始暴跌，8 月人民币突然贬值，美元加息预期骤增，欧美及中国股市再次面临破位下跌。黄金市场小幅下跌，原油、铜和铝等大宗商品的期货价格持续走低。原油价格逼近 30 美元大关，回到了 10 年前的价格水平。

2015 年对冲基金指数的表现是近些年中最糟糕的一年，不仅远低于标准普尔 500，而且还出现了亏损，达到 - 0.063%。说明在动荡的市场中，对冲基金并未很好地利用各种策略完全对冲风险。在所有策略当中，仅仅股票市场中性策略取得了正收益（0.405%），其他策略都出现了不同程度的亏损。按地区划分，中国对冲基金与泛欧洲对冲基金均取得较为理想的业绩。2015 年是中国市场波动最大的一年，对冲基金较好地把握了该趋势，在多空头寸的建立时机上取得了成功。

从三年平均收益来看（见表 1 - 4），对冲基金指数及其格策略远远不及标准普尔 500 指数。这是自对冲基金数据跟踪以来，收益最差的时期。其中，中国对冲基金的收益最高，有 0.796%，说明基金经理人很好地驾驭了中国市场。

表 1 - 4　　　　　　　　　　近三年对冲基金及其策略收益

	均值	中值	最大	最小	标准差	偏度	峰度
HFR 对冲基金指数	**0.308**	**0.425**	**2.510**	**- 2.390**	**1.119**	**- 0.230**	**2.500**
宏观策略	0.108	0.130	2.510	- 2.310	1.112	0.008	2.619
相对价值	0.296	0.430	1.770	- 1.260	0.775	- 0.353	2.317
事件驱动	0.283	0.370	2.510	- 2.360	1.256	- 0.322	2.274
股票多空	0.421	0.345	3.340	- 3.280	1.602	- 0.090	2.295
新兴市场	0.005	- 0.015	5.640	- 5.120	2.221	0.110	3.298
股票市场中性	0.393	0.330	1.370	- 0.460	0.459	0.279	2.388
卖空策略	- 0.728	- 0.850	3.420	- 4.260	1.719	0.114	2.524
FOF	0.325	0.500	2.130	- 2.000	1.004	- 0.532	2.591
中国	0.796	1.205	14.140	- 8.570	3.943	0.344	5.990
亚洲	0.410	0.425	4.160	- 1.930	1.355	0.573	3.856
北美	0.374	0.215	2.560	- 2.210	1.241	- 0.100	2.317
泛欧洲	0.615	0.675	2.740	- 1.300	1.042	- 0.017	2.175
标准普尔 500	**1.050**	**1.460**	**8.300**	**- 6.260**	**3.060**	**- 0.088**	**2.837**

四、对冲基金绩效评价

对于投资者来说，通过对基金的业绩进行分析比较，一方面能够寻找到满足自身投资需求的基金产品，另一方面便于制定恰当的委托理财数量和金额，有针对性的采取委托理财策略，以提高资产配置效率。绩效分析可以为评价基金经理的投资表现提供评价基准，评价基金经理在多大程度上实现了投资目标，监测基金的投资策略，为投资者进一步的投资选择提供依据。

我们用夏普比率、特雷诺比率和索提诺比率三个指标来衡量 2013~2015 年对冲基金及其策略的绩效。三种指标的具体计算方法参照张维等（2013）[1]，无风险收益率采用美国国债 1 个月收益率，数据来自 Wind 数据库。计算结果如表 1-5 所示。

表 1-5   对冲基金绩效评价结果

	夏普比率	特雷诺比率	索提诺比率
HFR 对冲基金指数	**0.204**	**0.875**	**0.427**
宏观策略	0.056	0.581	0.105
相对价值	0.195	1.459	0.618
事件驱动	0.185	0.803	0.321
股票多空	0.287	0.848	0.435
新兴市场	-0.019	-0.054	-0.017
股票市场中性	0.267	3.629	3.111
卖空策略	-0.560	1.596	-0.453
FOF	0.216	1.143	0.487
中国	0.564	1.493	0.315
亚洲	0.280	1.705	0.553
北美	0.276	0.978	0.502
泛欧洲	0.559	2.985	1.139
标准普尔 500	**0.333**	**1.012**	**0.616**

---

① 张维，周勇，严伟祥，谷政. 中国对冲基金报告（2013）. 北京：经济科学出版社，2013.

从表 1-5 可以看出对冲基金与各策略的夏普比率、特雷诺比例和索提诺比率均低于标准普尔 500，可见基金经理人在相同风险下取得的收益明显偏低。其中，中国对冲基金和泛欧洲对冲基金的绩效比较优异。除了新兴市场和卖空策略外，指标大小依次是特雷诺比例、索提诺比率、夏普比率，这和他们调整的风险有很大关系。夏普比率衡量单位总风险下的收益，特雷诺风险衡量的是单位系统风险下的业绩，而索提诺比率是单位下行风险下的回报。尽管对冲基金构筑组合对冲风险，但是其组合中仍包含非系统性风险，所以造成夏普比率比特雷诺比率小。

五、对冲基金业绩表现趋势

生存时间越长的对冲基金的业绩是否更高，其绩效是否更有魅力呢？按理说，生存时间长的基金的经理人在市场拼杀多年，更能掌握市场动向，更容易取得好成绩，风险更能得到有效控制。但是图 1-3 给出了相反的趋势。

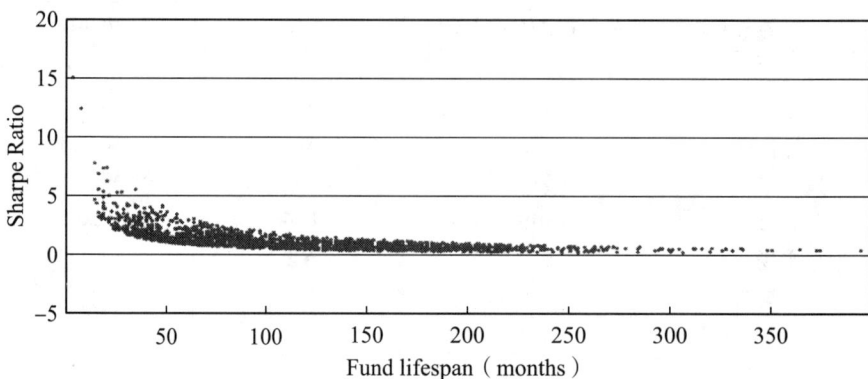

图 1-3 对冲基金表现趋势

资料来源：Eurekahedge.

随着对冲基金的生存时间增长，其夏普比率却逐渐下降。从跟踪的数据来看，在前 50 个月，对冲基金表现下降的速度非常快，50 个月以后，对冲基金的业绩表现下降开始变得缓慢。

第二节　我国对冲基金探索之路

与国外对冲基金业的欣欣向荣相比，我国对冲基金的发展相对缓慢。最大的原因是金融市场开放程度不高和金融制约多。从 90 年代初开始，对冲基金被冠以"投机资金"、"金融危机的始作俑者"等名称，导致我国金融监管部门为了保护我国尚未健全的金融体系，限制其在国内的发展。虽然对冲基金很难从正规途径冠冕堂皇地开展投资行为，但是在经济高速增长、投资机会众多的中国，它是绝对不会无动于衷。国外的对冲基金总会找到明修栈道、暗度陈仓的办法，国内对冲基金也会避开监管，小心谨慎地游走在充满机会的市场。

随着我国金融市场各种金融产品的体量不断增加，传统的先持有后卖出的交易方式存在很多的诟病，容易导致估值失真，更多的投机行为容易催生资产泡沫。允许先卖空后买进对冲是金融市场创新之举，可以在资产偏离其应有的价值时起到纠正作用，是价值发现不可或缺的交易机制。

一、积极引入对冲策略

2006 年 9 月 5 日，新加坡交易所（简称新交所）正式推出了新华富时A50 股指期货，这是全球第一个以中国 A 股指数为标的的股指期货，也是一个在异地上市的 A 股离岸股指期货。中国曾经强烈反对新交所推出中国股指期货，但终不能改变其交易趋势，它的推出，在中国资本市场产生了强烈的反响。众所周知，期货具有价格发现功能，为了掌握更大的主动权，减少外国市场对中国市场的话语权，中国加速了自己的股指期货上市的准备工作，中国金融期货交易所（简称中金所）也于 2006 年 9 月 8 日在上海提前成立。中金所宣布拟设计沪深 300 指数为标的物的股指期货合约。

二、对冲产品的面世

2009 年 9 月 18 日，中金所网站上公布了沪深 300 股指期货合约乘数，中国首只股指期货合约正式浮出水面。直到 2010 年 4 月 16 日，中金所推出的沪深 300 股票指数期货合约正式挂牌交易（见表 1－6）。

表 1－6   沪深 300 指数期货合约表

合约标的	沪深 300 指数
合约乘数	每点 300 元
报价单位	指数点
最小变动价位	0.2 点
合约月份	当月、下月及随后两个季月
交易时间	上午：9：30－11：30，下午：13：00－15：00
每日价格最大波动限制	上一个交易日结算价的 ±7%
最低交易保证金	合约价值的 8%
最后交易日	合约到期月份的第三个周五，遇国家法定假日顺延
交割日期	同最后交易日
交割方式	现金交割
交易代码	IF
上市交易所	中国金融期货交易所

在此之后，中金所加速推出多款具有对冲功能的金融产品：

（一）股指期货

自 2010 年 4 月推出沪深 300 股指期货之后，市场运行稳定。中金所在此基础上继续开发新的股指期货，上证 50 和中证 500 股指期货合约自 2015 年 4 月 16 日起上市交易，上证 50 和中证 500 股指期货的推出，将进一步提高金融衍生品市场的交易活跃度，相关期货概念股有望从中受益。

上证 50 股指期货合约仿真交易自 2014 年 3 月 21 日开始，合约的交割月份分别为交易当月起连续的两个月份，以及 3 月、6 月、9 月、12 月中两个连续的季月，共四期，同时挂牌交易。

其中上证 50 指数是根据科学客观的方法，挑选上海证券市场规模大、流动性好的最具代表性的 50 只股票组成样本股，以便综合反映上海证券市场最具市场影响力的一批龙头企业的整体状况。上证 50 指数自 2004 年 1 月 2 日起正式发布。其目标是建立一个成交活跃、规模较大、主要作为衍生金融工具基础的投资指数。

为反映市场上不同规模特征股票的整体表现，中证指数有限公司以沪深 300 指数为基础，构建了包括大盘、中盘、小盘、大中盘、中小盘和大中小盘指数在内的规模指数体系，为市场提供丰富的分析工具和业绩基准，为指数产品和其他指数的研究开发奠定基础。中证 500 指数综合反映沪深证券市场内小市值公司的整体状况。

（二）国债期货

国债作为投资和资产配置的工具，以及货币政策传导的载体，其在我国经济发展中的地位日益提高。截至 2012 年末，我国国债规模已突破 7 万亿元。当前世界主要经济体及发债国都建立了与之相匹配的国债期货市场，但我国还是空白。国债期货作为国际上成熟、简单和广泛使用的利率衍生产品，是推进我国债券市场改革发展的重要配套措施。

推出国债期货的作用主要有五个方面：第一，有助于促进国债顺利发行，完善国债管理体制，落实财政政策与宏观调控目标。第二，有助于完善债券市场体系，构建起国债一级市场发行、二级市场交易以及与之相配套的、专业的利率风险管理市场，推动债券市场长远发展。第三，国债期货具有套期保值功能，能够为债券市场乃至整个经济体提供高效率、低成本的利率风险管理工具，增强实体经济抵御利率风险的能力。第四，国债期货具有价格发现功能，有助于提高国债定价效率，推动建立完善的基准利率体系，推进利率市场化进程。第五，国债期货作为标准化、基础性的利率衍生产品，有助于完善金融机构创新机制，促进金融产品创新，增强金融机构服务实体经济的能力。

2013 年 9 月 2 日，证监会批准中金所上市 5 年期国债期货合约，于 9 月 6

日正式挂牌交易。2015年3月20日，10年期国债合约再次上市交易。10年期国债期货产品是利率风险管理的有效工具，有助于金融机构提高资产配置效率、促进产品创新和服务能力的提高。10年期国债期货产品进一步丰富了国债期货产品体系，为金融产品创新发展打开了空间。10年期国债期货有助于健全国债收益率曲线，助力利率市场化改革。10年期国债期货的推出，可以使收益率曲线的长端尽可能覆盖，进一步提升国债收益率曲线反映市场供求关系的有效性（见表1-7、表1-8）。

表1-7　　　　　　　　　　　　5年期国债期货合约表

合约标的	面值为100万元人民币、票面利率为3%的名义中期国债
可交割国债	合约到期月份首日剩余期限为4~5.25年的记账式附息国债
报价方式	百元净价报价
最小变动价位	0.005元
合约月份	最近的三个季月（3月、6月、9月、12月中的最近三个月循环）
交易时间	09：15~11：30，13：00~15：15
最后交易日交易时间	09：15~11：30
每日价格最大波动限制	上一交易日结算价的±1.2%
最低交易保证金	合约价值的1%
最后交易日	合约到期月份的第二个星期五
最后交割日	最后交易日后的第三个交易日
交割方式	实物交割
交易代码	TF
上市交易所	中国金融期货交易所

表1-8　　　　　　　　　　　　10年期国债期货合约表

合约标的	面值为100万元人民币、票面利率为3%的名义长期国债
可交割国债	合约到期月份首日剩余期限为6.5~10.25年的记账式附息国债
报价方式	百元净价报价

合约标的	面值为 100 万元人民币、票面利率为 3% 的名义长期国债
最小变动价位	0.005 元
合约月份	最近的三个季月（3 月、6 月、9 月、12 月中的最近三个月循环）
交易时间	9：15 ~ 11：30，13：00 ~ 15：15
最后交易日交易时间	9：15 ~ 11：30
每日价格最大波动限制	上一交易日结算价的 ± 2%
最低交易保证金	合约价值的 2%
最后交易日	合约到期月份的第二个星期五
最后交割日	最后交易日后的第三个交易日
交割方式	实物交割
交易代码	T
上市交易所	中国金融期货交易所

（三）融资融券

融资融券交易，是指具备融资融券业务资格的证券公司向可以开立信用账户的客户出借资金供其买入上市证券或者出借上市证券供其卖出，并收取担保物的经营活动，主要包括券商对投资者的融资融券和金融机构对券商的融资融券。融券的业务开通，为市场投资者开辟了对冲通道。

随着 2014 年 7 月股市不断上扬，两融余额也节节攀升（见图 1 - 4）。2014 年 12 月 19 日两融余额首破 1 万亿元，5 个月之后的 5 月 20 日，两融余额再一举突破 2 万亿元，而截至 2015 年 6 月 4 日，两融余额达到 21 723 亿元，其中融资余额 21 646 亿元，占比达 99.65%，而融券余额仅 77 亿元。融资和融券明显不对称，其原因一是在牛市中，投资者担心踏空行情所以不愿意做空，二是监管部门对融券设定了过多的门槛，融券成本高。融资远远高于融券容易催生股市快速上涨，泡沫易产生。只有融资融券处于相对平衡状态，才会形成慢牛行情。

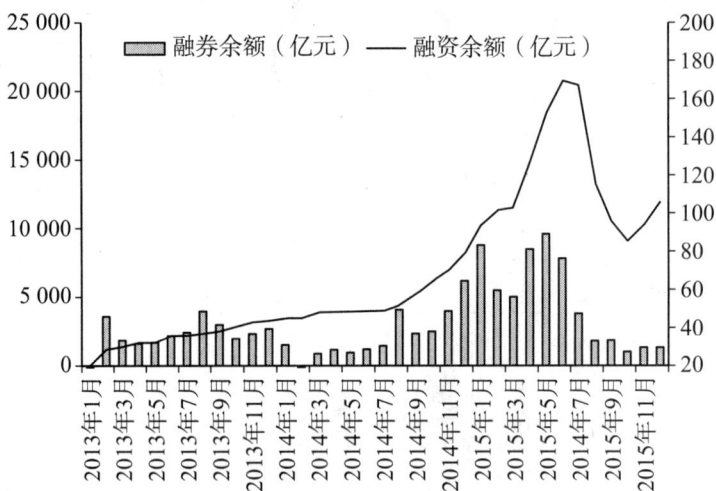

图 1 −4　深沪两市融资融券规模

资料来源：Wind 资讯。

（四）期权

2015 年 1 月，证监会批准上交所开展股票期权交易所试点，试点范围为上证 50ETF 期权，正式上市时间为 2015 年 2 月 9 日。这意味着，中国金融市场将迎来历史上首只场内期权产品，市场期待已久的"期权元年"终于在2015 年的年初"尘埃落定"。

中国股票现阶段由于期权的短腿，造成了市场的极大不稳定。我们虽然开展了期权，但期权的交易受到诸多限制，股民开具期权门槛极高，导致交易量太低，无法对市场形成有效的稳定制约作用。成熟市场下期权的作用主要体现在三个方面：（1）有权利没有义务的杠杆；（2）正确操作低买高卖，维护股市稳定；（3）股灾时，持有股票太多可以买入认沽期权对冲。但如果此时有期权，市场同时还有牛市的预期，那么就会有大量做多期权的资本了，这些资本做多期权与做多期指不一样，做多认购期权，空方是无法让他们的期权爆仓的。而且以期权套保锁定的股票，以后空方是无法买回来还券的，那么空方打压的动力和胆量就要消除很多了。期权是个权利仓位，不是义务仓位。股票运行于我有利，我可能获得巨大盈利，股票运行和我预期的反方向走，我最大损失为最初的原始投资，期权不会爆仓带有与融资融券不同的巨大好处。期权本身对融资融券是有相互作用的。

（1）备兑开仓策略。在认购期权合约价格偏高（如隐含波动率达60%以上）时，可择机卖出3月认购期权合约，以获取较高的权利金，达到增强收益的目的。

（2）保护性看跌策略。如果投资者预计上证50ETF价格将下跌，可在认沽期权合约价格偏低（如隐含波动率在30%以下）时，择机买入3月份平值或略微虚值的认沽期权合约，以规避标的资产上证50ETF价格下跌的风险。

（3）动态平仓策略。在已经备兑卖出认购期权开仓或者买入保护性认沽期权开仓的情况下，如果所持仓的认购期权或认沽期权的价格向有利自己持仓的方向变化并有达到预期浮动盈利时，可考虑平仓以获取高卖低买或低买高卖的价差收益。

（4）牛市价差策略、熊市价差策略。若投资者认为上证50ETF未来会温和上涨（或下跌），可以采用牛市（或熊市）价差策略。

第三节　沪港通对我国对冲基金行业的影响

沪港通是中国资本市场对外开放过程中，具有十分重要意义的创新举措，肩负着我国资本市场走向国际化实验的重任。沪港通是双向资本通道，既打通国际投资者进入内陆又允许内地资金投资香港，为两地资本市场的发展增添了起飞的动力。毋庸置疑，沪港通的实现将会影响到内地股票市场的资金、投资策略和资产配置理念。香港在亚洲是仅次于日本的对冲基金主要注册、投资所在地，对冲基金会不会借沪港通实现进入中国呢？就此问题，本章将展开深入的研究和分析。

一、沪港通的运作机制

2014年4月10日，中国证券监督管理委员会和香港证券及期货事务监察委员会发布联合公告，决定原则批准上海证券交易所、香港联合交易所有限公司开展沪港通试点工作。沪港通，即沪港股票市场交易互联互通机制，指两地投资者委托上交所会员或者联交所参与者，通过上交所或者联交所在对方所在地设立的证券交易服务公司，买卖规定范围内的对方交易所上市股票。沪港通包括沪股通和港股通两部分（见图1-5）。

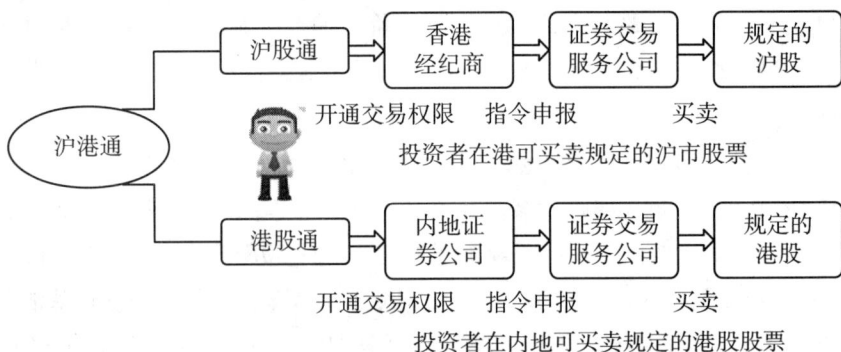

图 1-5 沪港通运行机制

资料来源：上海证券交易所。

经过半年多的试运行，各方同意于 11 月 17 日正式开通沪港通业务，开通初期，沪股通总额度为 3 000 亿元人民币，每日额度为 130 亿元人民币；港股通总额度为 2 500 亿元人民币，每日额度为 105 亿元人民币。交易额度按照下列要求进行：

（一）据净轧差计算，满额后停买不停卖

沪股通、港股通总额度，以及每日额度，均按买入卖出抵消之后的净轧差计算，这意味着沪港通支持的实际成交额可以超过额度本身。

（二）据净轧差计算，满额后停买不停卖

当沪港通总额度分别趋近于 3 000 亿元、2 500 亿元的总额度上限时，如总额度余额少于单日额度时，下一个交易日停买不停卖；当总额度余额恢复到单日额度以上时，下一个交易日恢复接受买单申报。

二、沪港通对我国金融市场的影响

外界普遍认为，沪港通将产生多重效应：为 A 股带来利好、巩固香港的国际金融中心地位、助力人民币国际化以及倒逼金融改革等，虽然可能带来国

际资本炒作等风险，但由于改革措施周密、推进审慎，其与巨大的正边际效应相比，这个风险是较小且可控的。

（一）为国内股票市场带来资金

沪港通正式启动，对国内股票市场来说，无疑是长期利好，很可能成为改变 A 股，长远也将对内地证券市场的市场结构以及公司治理带来正面影响。由于 A 股与海外市场处于隔绝状态，两者的估值体系有着显著差异。随着沪港通启动，两市实现互联互通，将有利于 A 股市场估值体系对接海外市场，改变估值结构不合理的现状，提升整个 A 股市场活力。

沪港通长远将对内地证券市场的市场结构以及公司治理带来正面影响。沪港通有利于引入海外机构投资者，逐渐改变以散户为主导的市场结构，同时，也有利于培养长期投资的理念。对于上市企业来说，吸纳国际机构投资者，也有助其提升企业治理。

（二）巩固香港国际金融中心地位

沪港通开通之后，内地 1.6 亿投资人口中，会有不少人士参与到港股市场中，香港市场将"热闹非凡"。这将有利于香港扩展金融市场宽度和深度，增强对国际资本的吸引力，进而巩固其人民币离岸中心和国际金融中心的重要地位。

香港市场有可能实现转口投资内地市场的渠道，会进一步吸引和增加境外投资者的投资资金和规模；从券商来看，可以互相提升各自对对方市场的关注度，双方的交易业务也会不断增加。沪港通在帮助内地发展的同时，也切合香港未来发展路径，即巩固香港股票市场的优势和提升流动性、建设人民币离岸中心、建设其他资产类别的交易中心和互联互通等。有理由相信，沪港通将成为香港资本市场发展新的里程碑和转折点。

（三）助力人民币国际化

长期而言，沪港通有利于内地资本账户的逐步开放，让人民币的流动性增强，进入交易环节，并有望成为人民币国际化的新加速器。中国央行行长周小川曾表示，沪港股票交易机制将进一步推动人民币的跨境使用，便利本地区贸易和投融资活动，也是人民币跨境使用中一个非常重要的内容。

（四）在金融市场重演"以开放促改革"

沪港通是国家深化经济体制改革、稳步推进资本市场双向开放的重要尝试。港交所行政总裁李小加表示，沪港通推出更主要的考量是改变市场机制，引入新的市场活力与理念，形成一个长期的制度安排，逐步实现资本市场的双向开放。沪港通最大的意义就是通过实现市场直接开放的方式，来推动并促进境内市场与境外市场的接轨。这种以开放促改革的做法，在很多领域都有成功的案例，而沪港通则有望成为资本市场上这样做的先声。

三、套利策略

沪港通自 2014 年 11 月 17 日正式开通，横亘在上海和香港市场的交易壁垒逐渐减少，按照风险中性原理，两个市场同时上市的股票，在无摩擦的情况下，很快消除套利的可能。

截止到 2015 年 12 月底，同时在香港和内地上市的中国公司共有 87 家，其中有 17 家在深圳市场交易，70 家在上海市场交易。由于深港通尚未接通，所以我们重点考察上海市场的 70 家 A 股和 H 股的价格。

（一）套利策略实现的可能

跨市套利是套利中的一种类型，是指在不同市场通过低买高卖同种商品，实现获利。沪港通实施后，跨市套利将成为可能。我们抽取 2014 年 11 月 17 日至 2015 年 12 月 31 日，70 家 A 股和 H 股的股价进行分析，相关统计见表 1-9。

1. A/H 股比价分析

表 1-9 中 A 股和 H 股的股价分别是 2015 年年末收盘价格，按照年末外汇牌价（1 人民币对 0.8349 港币的汇率）进行核算，仅有海螺水泥和福耀玻

表1-9　　A股与H股比较

名称	A股	波幅	H股	波幅	A/H	相关性	名称	A股	波幅	H股	波幅	A/H	相关性
华能国际	8.73	3.88	6.69	2.52	1.56	0.549	中国铁建	13.48	4.71	9.61	3.43	1.68	0.58
皖通高速	13.37	4.61	6.6	3.24	2.43	0.442	广汽集团	22.57	3.48	6.91	2.23	3.91	0.422
民生银行	9.64	2.92	7.68	2.38	1.50	0.488	农业银行	3.23	2.68	3.17	1.55	1.22	0.417
中海发展	9.24	3.98	5.15	2.84	2.15	0.597	中国平安	36.00	3.18	43.00	2.32	1.00	0.657
华电国际	6.80	4.1	5.05	3.24	1.61	0.497	交通银行	6.44	3.29	5.46	2.11	1.41	0.505
中国石化	4.96	2.93	4.68	2.10	1.27	0.479	广深铁路	5.01	4.09	3.87	2.91	1.55	0.566
南方航空	8.57	4.78	5.98	4.09	1.72	0.601	新华保险	52.21	3.96	32.55	3.02	1.92	0.595
中信证券	19.35	4.08	18.12	3.81	1.28	0.644	中国中铁	10.92	4.66	5.89	3.24	2.22	0.567
招商银行	17.99	2.79	18.3	2.79	1.18	0.598	工商银行	4.58	2.6	4.68	1.74	1.17	0.456
东方航空	7.61	4.73	4.41	3.65	2.07	0.301	北辰实业	5.36	4.19	2.56	4.09	2.51	0.599
兖州煤业	9.45	4.49	3.62	3.42	3.13	0.417	中国铝业	4.97	4.33	2.57	3.29	2.32	0.627
复星医药	23.49	3.3	22.5	2.96	1.25	0.613	中国太保	28.86	3.4	31.9	2.62	1.08	0.657
白云山	30.27	3.55	21.95	3.10	1.65	0.612	上海医药	19.91	3.51	16.78	3.1	1.42	0.556
江西铜业	15.74	3.94	9.19	2.57	2.05	0.498	中国中冶	6.02	4.24	2.34	3.62	3.08	0.629
宁沪高速	8.75	3.17	10.46	1.82	1.00	0.544	中国人寿	28.31	3.68	25.05	2.54	1.35	0.559
深高速	9.80	3.99	6.85	2.79	1.71	0.591	长城汽车	12.04	3.54	9.03	3.47	1.60	0.41
海螺水泥	17.10	3.01	20.85	2.22	0.98	0.757	华泰证券	19.72	4.47	18.08	3.56	1.31	0.521
青岛啤酒	33.20	2.80	35.1	1.75	1.13	0.357	郑煤机	7.52	4.36	3.59	3.03	2.51	0.668

名称	A 股	波幅	H 股	波幅	A/H	相关性	名称	A 股	波幅	H 股	波幅	A/H	相关性
福耀玻璃	15.19	3.00	18.68	2.59	0.97	0.517	上海电气	11.54	4.59	4.11	4.21	3.36	0.578
中船防务	39.69	4.89	15.68	4.89	3.03	0.575	中国中车	12.85	4.51	9.58	4.52	1.61	0.512
上海石化	6.48	4.47	3.09	4.40	2.51	0.555	中国交建	13.41	4.76	7.92	3.41	2.03	0.469
南京熊猫	19.15	4.86	7.62	4.22	3.01	0.71	中海油服	15.52	3.94	6.67	3.06	2.79	0.534
昆明机床	14.81	2.80	4.8	2.72	3.70	0.621	光大银行	4.24	3.4	3.77	2.37	1.35	0.456
马钢股份	3.15	4.34	1.66	3.55	2.27	0.586	中国石油	8.35	3.12	5.08	2.23	1.97	0.418
海通证券	15.82	4.07	13.7	4.02	1.38	0.563	中海集运	7.04	4.01	2.16	4.14	3.90	0.557
京城股份	12.91	2.46	4.58	3.18	3.38	0.488	大连港	5.96	4.54	4.0	4.2	1.78	0.541
石化油服	8.16	4.84	2.03	4.74	4.81	0.599	中煤能源	6.05	4.42	2.97	2.7	2.44	0.455
创业环保	10.55	4.45	6.03	4.18	2.10	0.583	紫金矿业	3.52	3.55	2.03	2.92	2.08	0.518
东方电气	13.63	4.39	7.89	3.39	2.07	0.647	中国远洋	9.02	4.07	3.52	3.91	3.07	0.531
洛阳玻璃	32.12	5.65	5.12	6.22	7.51	0.646	建设银行	5.78	3.04	5.31	1.74	1.30	0.498
重庆钢铁	3.29	3.93	1.2	3.79	3.28	0.688	中国银行	4.01	3	3.46	1.94	1.39	0.41
一拖股份	13.83	5.23	4.98	3.37	3.33	0.569	大唐发电	5.14	4.09	2.36	2.53	2.61	0.494
中国神华	14.97	3.42	12.18	2.29	1.47	0.647	金隅股份	9.37	4.12	5.27	3.82	2.13	0.541
四川成渝	5.97	4.18	2.77	3.12	2.58	0.647	中信银行	7.22	3.48	5.02	1.86	1.72	0.473
中国国航	8.58	4.24	6.11	3.16	1.68	0.488	洛阳钼业	4.46	4.79	1.45	3.68	3.68	0.567

资料来源：Wind 资讯。

璃的 A 股略低与 H 股，宁沪高速和中国平安两只股票在两市的价格基本相同，其余 66 只股票的 A 股价格均明显高于 H 股，沪市价格平均是香港价格的 2.16 倍。同一只股票的价格在两个市场存在这么大的差距，理论上来说，套利机会已经出现，即可在上海市场上卖出高估的股票，在香港市场买入被低估的股票，待股票价格收敛之后，再平仓实现利润。

2. 波动性比较

两地上市的股票的价格一高一低，有多方面的原因，那么同一只股票在不同市场的活跃程度是否有明显的差别呢？接下来我们看看它们的波动性（见表 1-9）。上海市场波动幅度最大的是洛阳玻璃，为 5.65%，香港市场同样也是该只股票，但波幅超过了 6%。这与该公司爆出有重大重组有密切相关，在市场游资热捧和机构投资者追逐价值洼地之下，洛阳玻璃成为市场热点。可见，上海和香港两地的投资者对资产重组等题材股都十分青睐。上海市场波幅最小的股票是京城股份，仅为 2.46%，香港市场波幅最小的是农业银行（1.55%）。银行类股票的波幅在香港市场普遍较低，绝大部分都低于 2%，银行类股票的股本均非常高，股性不活也是情理之中。

上海市场的平均波动幅度为 3.9%，相比之下，香港市场的波动幅度仍然偏低，仅为 3.2%。香港市场的波动幅度偏低，与其作为成熟资本市场是比较吻合的。标准普尔 500、富时 100 等发达国家的股指波幅也仅为 3%。

3. 相关性分析

上海和香港两市的股价与波动性都存在很大差异，那么它们的相关性如何呢？从表 1-9 可以看出 66 只股票中，除了海螺水泥和南京熊猫之外，其他 64 只股票的相关性均低于 0.7，说明相关性较弱。同一只股票在不同市场中，股价并非同涨同跌，而是各有表现。由于两个市场的投资者在资金实力、选股理念、估值预期、操作策略和题材追逐上都存在差异，必然导致股票涨跌程度和涨跌方向上出现异同。

（二）套利策略难度

从 AH 股比价、波动性以及相关性来看，要想实现两地套利，难度仍然非常大。主要原因有开放程度不够，资金额度限制，策略上限制，只有突破各方面的限制才有可能实现跨市套利。

1. 开放程度不高

虽然香港与上海市场实现了互联互通机制，但这仅是一个权宜之计的过渡性安排，离完全开放资本市场还有很大差距。沪港通的局限性首先体现在对投资范围和额度的限制上。例如，沪股通的投资范围仅包括上交所的上证 180 指数和 380 指数的成分股以及在上交所上市的 A + H 股，加起来仅占上交所上市公司的 1/2、全部 A 股上市公司的 1/5。

2. 资金额度限制

投资额度上，沪股通的总额度为 3 000 亿元人民币，每日额度为 130 亿元。港股通更低，总额度仅为 2 500 亿元、每日额度 105 亿元。这与总市值高达 20 余亿元、每日交易量动辄数千亿元的 A 股市场来说，"输血"效应相对有限。由于资金的限制，导致流动性匮乏，投资者无法在自己想要买时买入，想要卖出时卖出。没有了流动性，任何策略都是纸上谈兵，都会被市场束缚手脚。所以即使存在套利机会，由于额度限制，只能任由套利机会在眼前大摇大摆溜走。

3. 策略限制

香港和海外投资者可以通过香港离岸市场融资融券沽空 A 股，而内地投资者却不能在内地融资融券沽空港股，同时沪股通中的来自香港的投资者也不能裸卖空 A 股。这种策略的限制会促使内地投资者和香港的投资者在沪港通交易过程中，放弃积极投资策略，只能使用最传统的交易方法，即：买入—持有—卖出。

由此可见，即使实施沪港通，在现阶段仍然很难实现套利。自开通沪港通以来，A 股与 H 股之间的价差不但没有缩小，反而出现加大的趋势（依据恒生 AH 溢价指数）。尤其，2014 年 11 月开始，内地股市在"改革牛"、"互联网 +"、配资等概念催生下，A 股较 H 股溢价更加明显。即使在 2015 年 6 月中旬股灾之后，两地股市价差依然没有消除，仍然维持在高位（见图 1 - 6）。

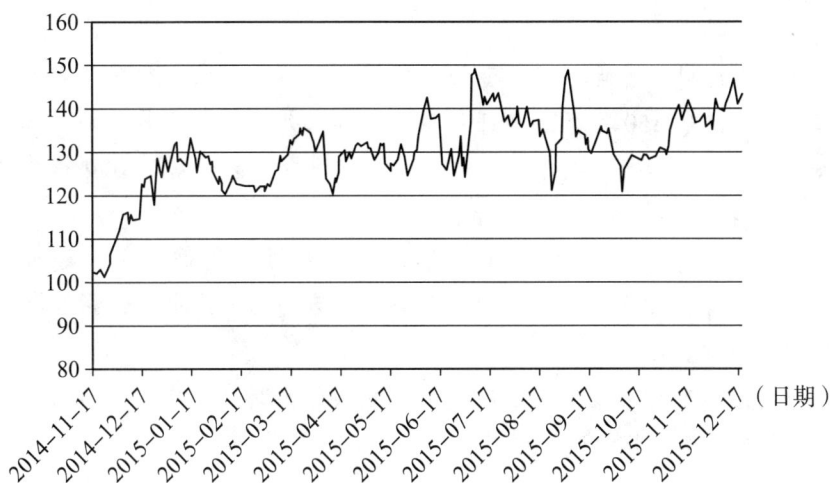

图 1-6 恒生 AH 溢价指数

资料来源：Wind 资讯。

一方面，A 股股价大幅高于 H 股股价，形成内地股市价格虚高，仍然有一定的水分，另一方面，国家救市，希望股价能够稳中有升。两者似乎相悖，在这种情况下，通过沪港通实现套利，几乎是不可能。另外，香港和上海股市之间的通道十分狭窄，这意味着很难从不同的估值中套利。

【专栏 1-1】富时 A50 期指套利机会分析

富时 A50 指数是富时指数有限公司编制的由中国 A 股市场市值最大的 50 家龙头股构成的股票指数，极具代表性。该指数在新加坡交易所上市交易，与中国国内主要股市指数相关性很高，基于 2014 年 7 月到 2015 年 2 月的数据，富时 A50 指数与沪深 300 指数相关性高达 0.956，与上证 50 指数相关性高达 0.997。富时 A50 指数期货于 2006 年 9 月 5 日上市，自去年开始，其交易量越来越大。

富时 A50 指数期货的交易策略主要包括：对冲策略、套利交易策略、相关性交易策略、资产多元化组合策略等。其投资者众多，市场参与度高，具有良好完善的生态系统。富时 A50 指数期货主要有以下几个特点。

一是交易费用低廉，门槛低，市场管制少。新加坡交易所允许投资者自由进出，并且没有交易税和资本利得税，没有外汇管制，这为投资者提供了极大的便利。

二是指数编制方法独特。上证50指数每半年审核一次，并根据审核结果调整样本股。富时A50指数综合评估多项指标，并于每年3月、6月、9月、12月对样本股进行定期调整。样本股和编制方法的不同使富时A50指数期货和上证50股指期货出现了一定差异性。

三是交易时间更长，机会更多。富时A50指数期货每日交易时间长达16.5小时，在中国国内市场闭市之后投资者仍可交易，这也让该指数期货成为高效风险管理工具。

富时A50指数期货与沪深300、上证50股指期货间存在套利机会，主要有相关性波动套利、样本股变动套利和跨时间套利。

1. 相关性波动引发套利机会

富时A50指数和沪深300指数、上证50指数的高相关性是套利的基础。富时A50指数与二者的相关性一般在0.95以上，投资者可在出现高相关性时做多二者价差，出现较低相关性时做空二者价差。

2. 样本股变动引发套利机会

样本股上，富时A50指数样本股64%以上是金融类股票、15%是消费类股票，而沪深300指数金融股仅占40%左右、消费类占比14%。当金融股波动加大时，富时A50指数比沪深300指数波动更快。例如，2014年11月到2014年12月间，沪深300指数涨幅超过40%，而富时A50指数上涨超过60%，金融股涨幅超过其他类股票，投资者可以在富时A50指数期货和沪深300股指期货两个合约间进行套利交易。

编制方法不同，每次样本股的调整都会涉及指数中百亿甚至千亿元市值的调整，这为投资者的套利交易带来了机会。

3. 交易时间不同步引发套利机会

交易时间的不同也为投资者提供了不少的套利机会。富时A50指数期货每日有16.5小时的交易时间，在每天中国市场开市前的交易时间里富时A50指数期货较上证50指数期货价差较大，在中国市场开市后的数分钟内价差将出现回归，投资者可以利用此时出现的价差进行套利交易锁定利润。此外，交割日不同也为套利交易提供了机会。

富时 A50 指数期货的交割日为合约到期月份的倒数第二个交易日，沪深 300 股指和上证 50 股指期货的交割日为合约到期月份的第三个周五。期货价格在交割日会出现显著的价格回归现象，由于交割日不一样，这也为投资者的套利提供了机会。

综上所述，新加坡国际金融中心的地位赋予了富时 A50 指数期货很多独特的属性。富时 A50 指数期货为广大投资者提供了丰富的交易策略，随着中国金融市场的持续繁荣，它越来越得到投资者的青睐和关注，结合中国上市的沪深 300 股指期货和上证 50 股指期货，其套利交易策略也将逐渐丰富。

资料来源：期货日报 . 2015 – 7 – 23.

第二章

中国基金产品业绩与创新进展

自本研究团队 2013 年发布第一步《中国对冲基金报告》后，中国对冲基金取得了迅猛的发展。但是，中国大陆仍缺乏关于对冲基金的官方权威数据，尽管民间相关的研究和行业发展机构已经产生，我们仍无法对中国对冲基金相关产品进行权威的统计。

为了对中国对冲基金产品能进行相关的揭示（本报告附录将提供相关产品的参考目录），本章将主要对我们能够获得的公募基金和私募基金权威数据进行分析，可以为对冲基金产品的相关背景提供一个可参考的框架。

第一节　公募基金规模与业绩

一、公募基金规模状况

2015 年公募基金行业延续上一年的增长态势，无论是管理资产规模还是基金数量都创出新高。截至 2015 年 12 月底，我国境内共有基金管理公司 100 家，其中中外合资公司 45 家，内资公司 55 家；取得公募基金管理资格的证券公司 9 家，保险资管公司 1 家。2015 年基金行业管理资产规模为 83 494.16 亿元，比 2014 年 44 542.55 亿元增长了 87.4%；基金总数达到 2 695 只，比 2014 年增长了 42.4%（见表 2 - 1）。

表 2 - 1 基金行业管理规模变化

年份	产品总数（个）	基金份额（亿份）	资产净值（亿元）
2006	308	6 220.79	8 564.61
2007	346	22 331.61	32 755.90
2008	439	25 741.30	19 388.67
2009	557	24 535.95	26 695.44
2010	704	24 228.41	24 972.49
2011	914	26 510.50	21 676.26
2012	1 174	31 558.97	27 969.08
2013	1 552	31 180.10	29 313.13
2014	1 892	42 153.74	44 542.55
2015	2 695	76 862.02	83 494.18

资料来源：Wind 资讯。

从基金类别看，公募基金规模增加主要来源于货币市场基金和混合型基金，而股票型基金、债券型基金和 QDII 基金由于投资者赎回，规模占比在不断下降。2015 年股票市场整体风险加大，在 10 月份经历一波反弹之后，市场持续震荡，避险资金大举涌进货币基金，推高了公募基金整体管理规模（见图 2 - 1）。

1. 股票型基金

2014 年得益于国内资本市场火热，股票型基金为投资者带来了良好的回报，无论是发行数量还是管理规模都可圈可点，虽说份额占比有所下降，但是依然维持在 10% 以上。但是 2015 年形势发生了较大变化。2015 年股票型基金总数达到 566 只，比 2014 年增长了近 70%，管理资产净值为 7 009.99 亿元，只比 2014 年增长了 23.9%。从基金整体占比看，都跌破了 10%，份额占比为 7.7%，净值占比为 8.4%。整个 2015 年股票基金业绩也经历了"过山车"，2015 年三季度，市场大幅回调，股票基金全面亏损，在统计的 115 只普通股票型

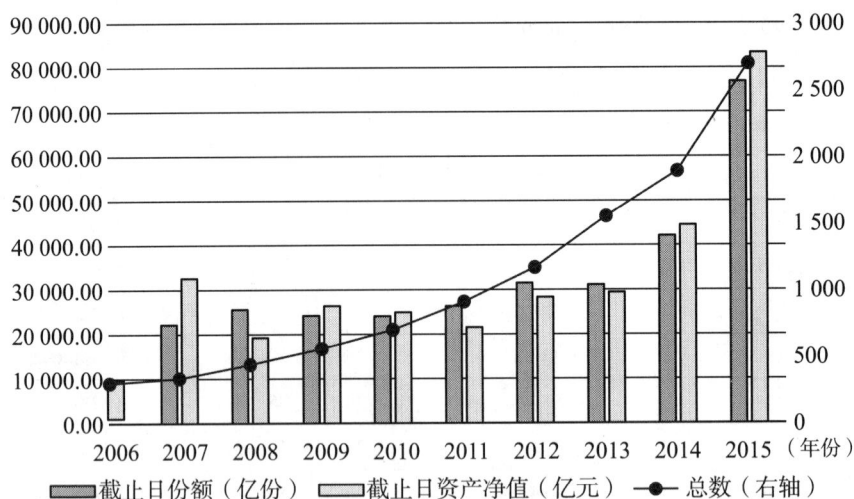

图 2-1　公募基金行业管理规模变化

资料来源：Wind 资讯。

基金中，三季度收益率为正的基金仅有 1 只，即前海开源再融资主题精选，获得 0.2% 的正收益。富国基金管理公司亏损最多，亏损额高达 624 亿元，受此拖累，该基金公司 2015 年前三个季度合计亏损 315.15 亿元。但是进入第四季度，在经历三季度一波惨跌之后，诸多股票基金整体扭亏为盈，提升了行业整体业绩（见表 2-2）。

表 2-2　　　　　　　　　　　股票型基金规模与占比

年份	产品总数		基金份额		资产净值	
	总数	占比（%）	份额（亿份）	占比（%）	净值（亿元）	占比（%）
2006	71	23.05	1 076.63	17.31	1 960.19	22.89
2007	54	15.61	2 229.22	9.98	4 745.74	14.49
2008	52	11.85	2 545.03	9.89	1 807.36	9.32
2009	82	14.72	4 212.19	17.17	4 846.18	18.15
2010	128	18.18	4 881.25	20.15	4 579.19	18.34
2011	181	19.80	5 268.53	19.87	3 743.66	17.27
2012	234	19.93	5 634.25	17.85	4 501.32	16.09

年份	产品总数		基金份额		资产净值	
	总数	占比（%）	份额（亿份）	占比（%）	净值（亿元）	占比（%）
2013	275	17.72	4 745.81	15.22	3 697.38	12.61
2014	333	17.60	4 940.66	11.72	5 656.93	12.70
2015	566	21.00	5 973.85	7.77	7 009.99	8.40

资料来源：Wind 资讯。

2. 债券型基金

2014 年债券市场牛市，但是债券型基金却增长乏力。2015 年可以说是债券型基金的丰收年，基金份额 5 873 亿份，比 2014 年的 2 983.64 亿份，增长了 98.64%，管理资产净值达到 7 039.57 亿元，比 2014 年增长了 103%，在全部基金中占比也有一定提升，只是占比都没有高于 10%。其部分原因在于，2011 年、2012 年股票市场连续下跌，在 2012 年债券市场走牛后，各基金管理公司纷纷发行债券型基金产品，但是随后 2013 年下半年债券市场下跌，严重打击了投资者对债券型基金的信心，另外再加上银行理财、货币类基金等低风险产品的竞争，债券型基金客户流失较为严重（见表 2 - 3）。

表 2 - 3　　　　　　　　　　债券型基金规模与占比

年份	产品总数		基金份额		资产净值	
	总数	占比（%）	份额（亿份）	占比（%）	净值（亿元）	占比（%）
2006	21	6.82	185.23	2.98	200.10	2.34
2007	23	6.65	553.53	2.48	648.16	1.98
2008	59	13.44	1 724.72	6.70	1 861.78	9.60
2009	79	14.18	741.63	3.02	811.13	3.04
2010	104	14.77	1 418.15	5.85	1 504.01	6.02
2011	154	16.85	1 612.93	6.08	1 634.97	7.54
2012	231	19.68	2 995.83	9.49	3 117.42	11.15
2013	397	25.58	3 319.16	10.65	3 373.47	11.51
2014	467	24.68	2 983.64	7.08	3 467.62	7.78
2015	539	20.00	5 873.00	7.64	7 039.57	8.43

资料来源：Wind 资讯。

3. 混合型基金

2015 年混合型基金迅速发展。截至 2015 年 12 月 31 日，混合基金份额共计 18 335 亿份，比 2014 年的 11 657.97 份，增长了 57.28%，管理资产净值 2 845.45 亿元，同 2014 年相比，增长了 9 853.53 亿元，增幅为 75.84%。不过在整体基金中占比延续了之前的下滑趋势，份额占比为 23.86%，资产净值占比为 7.36%。2015 年混合基金数量增加 445 只，达到 1 207 只，增幅高达 58.40%。分析其原因，一个重要因素是新的公募基金运作管理办法的实施。新办法一个重要变化是股票型基金最低仓位规定由此前的 60% 提升至 80%，这一变化带来的直接影响就是股票基金仓位灵活度的大幅下降，以及预期风险的显著提升。而此前混合型基金仓位限制的放开，使得权益类投资的天平开始向混合型基金倾斜。之后，基金公司对股票型基金的申报数量明显减少，而混合型基金由于仓位设置灵活创设大幅增加（见表 2-4）。

表 2-4　　　　　　　　　　　混合型基金规模与占比

年份	产品总数		基金份额		资产净值	
	总数	占比（%）	份额（亿份）	占比（%）	净值（亿元）	占比（%）
2006	175	56.82	4 162.08	66.91	5 609.45	65.50
2007	224	64.74	17 236.60	77.18	25 169.76	76.84
2008	278	63.33	16 485.77	64.04	11 311.72	58.34
2009	343	61.58	15 969.47	65.09	17 706.92	66.33
2010	398	56.53	15 455.70	63.79	16 627.32	66.58
2011	477	52.19	15 766.65	59.47	12 772.69	58.92
2012	548	46.68	14 978.43	47.46	12 648.48	45.22
2013	645	41.56	13 524.14	43.37	12 808.25	43.69
2014	762	40.27	11 657.97	27.66	12 991.92	29.17
2015	1 207	44.79	18 335.95	23.86	22 845.45	27.36

资料来源：Wind 资讯。

4. QDII 基金

QDII 基金产品是当前国内投资者可以合法出境投资的为数不多的渠道之

一。在 2007 年刚推出时正赶上美国次贷危机爆发，遭受巨大损失，之后元气大伤持续低迷。2014 年份额为 625.27 亿份，管理资产净值 473.39 亿元，同 2013 年相比，有较大幅度下降。尽管投资领域涵盖了全球股票、债券、商品和房地产信托等诸多投资领域，但是整体发展仍不乐观。2015 年新增了 9 只基金，发行份额、管理资产净值也都有所增长，截至 2015 年 12 月 31 日，基金份额为 733.33 亿份，资产净值 564.82 亿份，分别增长了 17.28% 和 19.31%。当是整体来看，2015 年 QDII 基金延续了之前的低迷态势，行业占比已不到 1%（见表 2-5）。

表 2-5   QDII 基金规模与占比

年份	产品总数		基金份额		资产净值	
	总数	占比（%）	份额（亿份）	占比（%）	净值（亿元）	占比（%）
2006	1	0.32	1.97	0.03	0.00	0.00
2007	5	1.45	1 201.81	5.38	1 081.79	3.30
2008	10	2.28	1 094.05	4.25	516.08	2.66
2009	10	1.80	1 017.39	4.15	735.94	2.76
2010	28	3.98	940.54	3.88	729.20	2.92
2011	51	5.58	913.45	3.45	575.99	2.66
2012	67	5.71	875.57	2.77	626.46	2.24
2013	83	5.35	764.67	2.45	575.73	1.96
2014	90	4.76	625.27	1.48	473.39	1.06
2015	99	3.67	733.33	0.95	564.82	0.68

资料来源：Wind 资讯。

5. 货币市场基金

2015 年货币市场基金继续发力。截至 2015 年 12 月 31 日，货币市场基金数量为 264 只，同 2014 年相比增幅不大，占比还跌破了 10%，仅为 9.76%，但是资产规模已占据公募基金半壁江山。2015 年货币市场型基金份额为 45 763.14 亿份，相对于 2014 年的 21 900.73 亿份，增长了 108.96%，管理资产净值为 45 793.94 亿元，比 2014 年的 21 906.10 亿元，增长了 109.05%，行业占比分别为 59.54% 和 54.84%（见表 2-6）。

表2-6　　　　　　　　　　　　　　货币市场基金规模与占比

年份	产品总数		基金份额		资产净值	
	总数	占比（％）	份额（亿份）	占比（％）	净值（亿元）	占比（％）
2006	40	12.99	794.88	12.78	794.88	9.28
2007	40	11.56	1 110.46	4.97	1 110.46	3.39
2008	40	9.11	3 891.74	15.12	3 891.74	20.07
2009	43	7.72	2 595.27	10.58	2 595.27	9.72
2010	46	6.53	1 532.77	6.33	1 532.77	6.14
2011	51	5.58	2 948.95	11.12	2 948.95	13.60
2012	95	8.09	7 074.89	22.42	7 075.41	25.30
2013	148	9.54	8 801.44	28.23	8 832.30	30.13
2014	230	12.16	21 900.73	51.95	21 906.10	49.18
2015	263	9.76	45 763.14	59.54	45 793.94	54.85

资料来源：Wind 资讯。

市场格局方面，在天弘基金与阿里巴巴联合推出余额宝之后，百度、腾讯、京东等互联网企业也都推出了类似产品。在观望过后，银行系"宝宝"军团迅速壮大。国有大型银行方面，中行的"活期宝"、工行的"薪金宝"、交行的"快溢通"、建行的"速盈"均已上线。股份制银行方面也有 7 家退出了"宝"类产品，包括民生银行的"如意宝"、中信银行的"薪金煲"、招商银行的"朝朝盈"等。此外，至少有 6 家地方性商业银行推出"宝"类产品，包括南京银行的"鑫元宝"、上海银行的"快线宝"、杭州银行的"幸福添利"等。外资银行方面有南洋商业银行（中国）的"智慧金"。这些银行系"宝"类产品大部分对接的是基金公司的货币基金产品，且在申购、赎回方面设置了"T+1"、"T+0"等便捷措施，有的产品还能实现支付消费、信用卡还款、取现等功能。

除了银行和互联网渠道，基金公司也创新地开发了场内货币 ETF，瞄准投资者证券账户中的数千元保证金。场内货币基金目前已可以实现"T+0"交易和"T+0"申购赎回，具有较高的交易效率和流动性，日益受到场内投资者欢迎。

二、公募基金业绩评价

1. 股票型基金

2015 年，上市的 594 只开放式股票型基金平均收益率为 23.23%，有 272 只股票型基金实现了正收益，收益率分布从 0.08% 到 104.5% 不等。其中，收益率超过 30% 的基金有 117 只，收益率在 30% ~ 10% 的有 90 只，有 65 只基金收益率虽为正但低于 10%。

从不同时间区间来看，股票型基金在 2015 年一季度和二季度取得正收益。其中，2015 年一季度收益率为近一年来最高水平（32.46%），三季度受股灾影响基金净值大幅亏损 25.80%。四季度反弹强劲，平均取得 27.26% 的净值增长率。股票型基金最近一年季度累积收益为 50.95%，已回升至股灾前的水平（见图 2 - 2）。

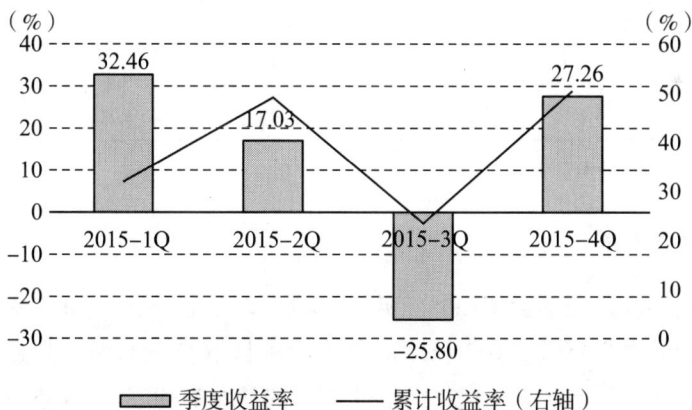

图 2 - 2　股票型基金最近一年季度及逐季累计收益率

资料来源：Wind 资讯，上海证券基金评价研究中心。

从具体基金来看，2015 年回报率最高的前 5 只基金为：富国城镇发展、景顺长城中小板创业、申万菱信量化小盘、建信中小盘和上投摩根民生需求，回报率分别为 104.58%、94.35%、87.48%、82.70% 和 81.90%。上述基金采取相对激进策略，选择重仓高成长性的股票，把握住结构性上涨机会。2015年收益率排名居后的 5 只基金为：申万菱信中证申万证券、招商中证证券公司、鹏华中证 800 证券保险、易方达沪深 300 非银 ETF 和汇添富中证能源ETF，回报率分别为 − 29.75%、 − 29.01%、 − 22.69%、 − 20.70% 和−17.98%（见表 2 −7）。

表 2 −7   股票型基金业绩排名

基金简称	单位净值	最近 3 个月回报（%）	最近 6 个月回报（%）	最近 1 年回报（%）
富国城镇发展	2.8560	40.90	7.81	104.58
景顺长城中小板创业板	1.9280	48.65	− 1.68	94.35
申万菱信量化小盘	2.5460	35.14	4.69	87.48
建信中小盘	1.7430	30.17	− 1.86	82.70
上投摩根民生需求	2.3520	26.11	9.91	81.90
汇添富中证能源 ETF	0.8885	0.51	− 36.40	− 17.98
易方达沪深 300 非银 ETF	1.8804	31.05	− 17.77	− 20.70
鹏华中证 800 证券保险	1.8300	31.63	− 18.65	− 22.69
招商中证证券公司	0.8420	39.64	− 20.77	− 29.01
申万菱信中证申万证券	2.0331	33.88	− 23.54	− 29.75

资料来源：Wind 资讯。

2. 债券型基金

2015 年同股票型基金相比，债券型基金业绩逊色不少。2015 年债券型基金平均回报率为 9.86%。860 只产品中有 664 只取得正收益，收益率分布从0.1% ~ 33.3% 不等，其中，收益率超过 20% 的基金有 48 只，收益率在 20% ~10% 的有 330 只，有 286 只基金收益率虽为正但低于 10%。此外，还有 13 只债券型基金收益下降幅度超过 10%。

从不同时间区间看，前面两个季度债券型基金连续保持正收益。其中，二季度平均收益率高达 4.59%，三季度受权益市场拖累，债券型基金平均季度净值亏损 0.82%。从最近一年季度累积收益来看，债券型基金累计收益率为17.13%（见图 2 −3）。

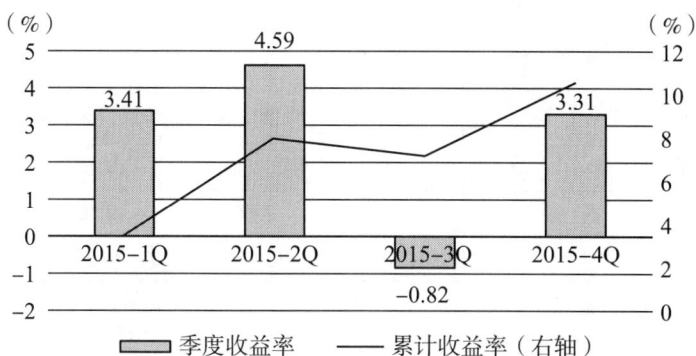

图 2-3 债券型基金最近一年季度及逐季累计收益率

资料来源：Wind 资讯，上海证券基金评价研究中心。

从具体基金来看，2015 年回报率最高的前 5 个债券型基金为：华商双债丰利 A、华商双债丰利 C、长城久盈纯债 B、广发聚鑫 C 和易方达安心回报 A，回报率分别为 33.3%、32.45%、31.51%、31.13% 和 30.79%。2015 年收益率排名居后的 5 只基金为：华宝兴业可转债、融通标普中国可转债 C、融通标普中国可转债 A、银华中证转债和东吴中证可转换债券，回报率分别为 −26.22%、−28.44%、−28.54%、−28.58% 和 −39.64%（见表 2-8）。

表 2-8 债券型基金业绩排名

基金简称	单位净值	最近 3 个月回报（%）	最近 6 个月回报（%）	最近 1 年回报（%）
华商双债丰利 A	1.6060	8.31	4.14	33.30
华商双债丰利 C	1.5860	8.13	3.77	32.45
长城久盈纯债 B	1.3230	4.01	9.70	31.51
广发聚鑫 C	1.6920	8.22	3.62	31.13
易方达安心回报 A	2.3970	13.73	8.65	30.79
华宝兴业可转债	1.1739	−0.07	−25.76	−26.22
融通标普中国可转债 C	1.1110	−0.10	−19.53	−28.44

基金简称	单位净值	最近 3 个月回报（%）	最近 6 个月回报（%）	最近 1 年回报（%）
融通标普中国可转债 A	1.1160	0.00	−19.65	−28.54
银华中证转债	1.2170	2.07	−12.83	−28.58
东吴中证可转换债券	1.0050	−2.17	−29.58	−39.64

资料来源：Wind 资讯。

3. 混合型基金

2015 年混合型基金平均回报率为 42.88%。1 401 只产品中超过半数 749 只取得正收益。收益率分布从 0.72% ~ 171.78% 不等，其中，收益率超过 100% 的基金有 19 只，收益率在 50% ~ 100% 的有 254 只，收益率在 10% ~ 50% 的有 426 只，有 82 只基金收益率虽为正但低于 10%。尽管混合型基金整体业绩优良，但是还有 10 只基金收益为负值，3 只基金亏损超过 10%。

从不同时间区间看，2015 年一季度至二季度混合型基金连续实现较高收益。与股票型一样，一季度收益率为近一年来最高水平（25.34%），三季度受股灾影响基金净值大幅亏损 12.35%，幅度低于同期股票型。四季度大幅反弹 19.74%，累积收益率回到股灾前水平。最近一年混合型基金累计收益率为 46.40%（见图 2 - 4）。

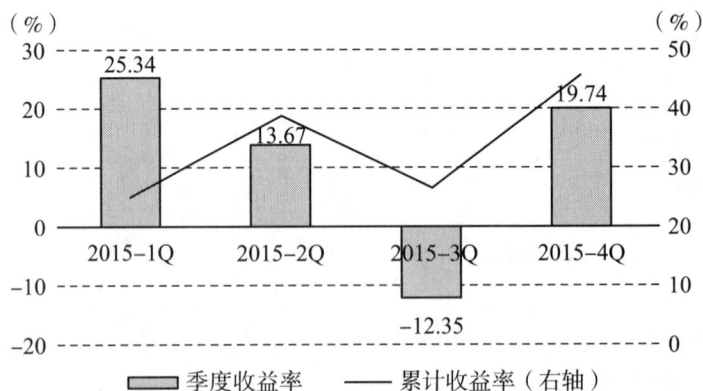

图 2 - 4　混合型基金最近一年季度及逐季累计收益率

资料来源：Wind 上海证券基金评价研究中心。

从具体基金来看，2015 年回报率最高的前 5 只债券型基金为：易方达新兴成长、富国低碳环保、新华行业轮换配置 A、长盛电子信息主题和浦银安盛战略新兴产业，回报率分别为 171.78%、163.06%、160.38%、155.40% 和 142.83%。2015 年收益率排名居后的 5 只基金为：西部利得策略优选、信达澳银精华、海富通风格优势、国联安中证股债动态和海富通国策导向，回报率分别为 -4.7%、-5.21%、-11.03%、-15.31% 和 -17.75%（见表 2 - 9）。

表 2 - 9 　　　　　　　　　　　　混合型基金业绩排名

基金简称	单位净值	最近 3 个月回报（%）	最近 6 个月回报（%）	最近 1 年回报（%）
易方达新兴成长	3.2940	54.72	10.76	171.78
富国低碳环保	3.0620	20.08	1.06	163.06
新华行业轮换配置 A	2.5420	39.08	42.04	160.38
长盛电子信息主题	2.5310	31.00	41.71	155.40
浦银安盛战略新兴产业	3.0840	55.52	23.51	142.83
西部利得策略优选	0.9120	-8.34	-34.48	-4.70
信达澳银精华	2.1110	28.50	-10.48	-5.21
海富通风格优势	1.9930	27.81	-8.56	-11.03
国联安中证股债动态	1.0730	2.68	-21.45	-15.31
海富通国策导向	1.9460	12.75	-20.70	-17.75

资料来源：Wind 资讯。

4. QDII 基金

2015 年 QDII 产品业绩暗淡，全年平均亏损 5.68%。各类型 QDII 业绩差异较大，表现较好的主要是跟踪纳斯达克 100 指数基金、债券类 QDII 等，而跟踪大宗商品的 QDII 基金损失较重。天相投顾数据统计，截至 2015 年底，纳入统计的 90 只 QDII 基金单位净值平均亏损 5.68%，在七大类基金中表现倒数第二，仅稍微好于亏损了 7.44% 的商品 ETF；QDII 下半年的亏损幅度达到了 11.45%。

具体来看，各 QDII 产品表现差异巨大，有 15 只基金收益率超过 10%，跟踪纳斯达克 100 指数的基金表现相对较好，排名前三名的为国泰 100 指数、广发纳指 100 和大成纳斯达克 100，净值增长率分别为 19.44%、19.3% 和 18.51%，此外国泰纳斯达克 100、华安纳指 100 也表现较好。

主动型基金中，工银全球精选表现较好，以 16.95% 的收益率位列第四名，其他表现较好的产品还有广发全球医疗、工银全球、国泰美国房地产、嘉实美国成长等。除了布局美股的 QDII 表现较好外，债券类 QDII 在 2015 年也收益颇丰。广发中高收益 2015 年收益率高达 15.9%，位列全部 QDII 的第六名。其他的几只债券类 QDII，如鹏华全球高收益、华夏收益债券、国泰中国企业、博时亚洲票息等也都获得超过 10% 的收益，是 QDII 中表现最为亮眼的一种。

而在 2014 年表现出色的房地产基金在 2015 年略显弱势，其中诺安全球收益以 14.73% 的收益率排名第七，广发美国房地产、嘉实全球地产等收益率分别为 7.58%、4.58%。

2015 年原油、商品等价格继续大幅下跌，相关 QDII 遭到重创。2015 年亏损超过 20% 的 QDII 产品达到 10 只，基本是跟踪大宗商品产品。天相投顾数据显示，华宝油气和国泰商品 2015 年单位净值下跌超过 30%，国富亚洲、信诚商品、中银标普全球、银华 H 股、中银全球、建信资源、银华通胀、上投全球资源等基金跌幅超 20%（见表 2 - 10）。

表 2 - 10　　　　　　　　　QDII 基金业绩排名

基金简称	单位净值	最近 3 个月回报（%）	最近 6 个月回报（%）	最近 1 年回报（%）
广发纳斯达克 100 人民币	1.6800	14.31	12.61	17.19
国泰纳斯达克 100	2.1410	11.90	12.20	17.03
广发亚太中高收益人民币	1.1560	8.24	11.37	16.30
大成纳斯达克 100	1.1560	10.73	9.78	16.30
工银瑞信全球精选	1.5210	7.11	8.33	15.58
建信全球资源	0.7280	0.14	-21.53	-24.59
银华抗通胀主题	0.4320	-8.47	-21.17	-26.41

基金简称	单位净值	最近 3 个月回报（％）	最近 6 个月回报（％）	最近 1 年回报（％）
上投摩根全球天然资源	0.4530	− 1.31	− 23.09	− 28.55
华宝兴业标普油气人民币	0.4950	− 6.78	− 29.99	− 34.78
国泰大宗商品	0.4130	− 21.63	− 38.54	− 39.62

资料来源：Wind 资讯。

5. 货币市场基金

2015 年货币市场基金整体全部实现正收益，平均回报率为 1.47%。在全部 491 只基金产品中收益超过 4% 的有 103 只，收益率在 2% ~ 3% 的有 274 只。排名靠前的 3 只基金回报率都超过 5%，分别为：嘉实理财宝 7 天 B、嘉实理财宝 7 天 A 和工银瑞信 60 天理财 B，收益率分别为 6.16%、5.86% 和 5.05%。有 4 只基金回报持平，分别是：嘉实 1 个月理财 E、银华活钱宝 A、银华活钱宝 B 和万家日日薪 R（见表 2 – 11）。

表 2 – 11　　　　　　　　　　货币市场基金业绩排名

基金简称	最近一月回报（％）	最近三月回报（％）	最近六月回报（％）	最近一年回报（％）
嘉实理财宝 7 天 B	0.35	0.61	1.06	6.16
嘉实理财宝 7 天 A	0.33	0.53	0.91	5.86
工银瑞信 60 天理财 B	0.39	1.03	2.11	5.05
易方达月月利 B	0.31	0.98	2.07	4.93
大成月月盈 B	0.45	1.04	2.17	4.91
易方达双月利 B	0.38	1.06	2.23	4.90
新华财富金 30 天	0.34	0.97	2.17	4.88
大成月添利理财 B	0.38	1.01	1.91	4.82
工银瑞信 14 天理财 B	0.32	0.90	1.91	4.77
建信双月安心 B	0.28	0.89	1.96	4.75

基金简称	最近一月回报（％）	最近三月回报（％）	最近六月回报（％）	最近一年回报（％）
银华活钱宝 E	0.00	0.00	0.00	1.97
银华活钱宝 D	0.00	0.00	0.00	0.84
华夏理财 21 天 B	0.20	0.62	0.82	0.82
银华活钱宝 C	0.00	0.00	0.00	0.13
嘉实 1 个月理财 E	0.00	0.00	0.00	0.00
银华活钱宝 A	0.00	0.00	0.00	0.00
银华活钱宝 B	0.00	0.00	0.00	0.00
万家日日薪 R	0.00	0.00	0.00	0.00

资料来源：Wind 资讯。

第二节　私募基金规模与业绩

一、私募基金规模状况

2014 年 3 月新《基金法》将私募基金纳入监管范围，私募基金备案制启动，私募基金行业进入了一个崭新发展阶段。截至 2015 年 12 月底，基金业协会已登记私募基金管理人 25 005 家，已备案私募基金 24 054 只，认缴规模 5.07 万亿元，实缴规模 4.05 万亿元。其中 19 219 只是 2014 年 8 月 21 日《私募投资基金监督管理暂行办法》发布实施后新设立基金，认缴规模 3.41 万亿元，实缴规模 2.71 万亿元。私募基金从业人员 7.94 万人。从具体公司规模看，已登记备案的私募基金管理机构中，很大部分并没有进行实质性资产管理。此外，在已运作的私募机构中，私募基金管理人按正在管理运行的基金总规模划分，管理规模在 20 亿~50 亿元的 283 家，管理规模在 50 亿~100 亿元的 99 家，管理规模 100 亿元以上的有 87 家，整体而言私募基金行业机构数量多、规模小特征明显。

2015 年我国私募产品发行量再创纪录。截至 2015 年 12 月 31 日，共发行了 16 372 只私募产品，发行规模 1 916. 35 亿元；其中股票型基金 14 227 只，债券型基金 542 只，混合型基金 387 只，包括货币市场在内的其他基金 1 139 只。

2014 年前三个季度私募基金发行整体平稳，分别发行了 724 只、924 和 1 539 只产品，发行规模分别为 146. 27 亿、167. 53 亿和 1 926. 16 亿元，第四季度数量增到 3 682 只，发行规模为 399. 22 亿元。2015 年私募基金行业经历了资本市场的冰与火，发行规模起伏很大。2015 年第一季度，尽管发行规模略有增长，但是发行数量比 2014 年四季度减少了近 300 只。进入二季度，得益于股票市场的火热，私募产品发行也就进入了爆发期，发行量激增到 7 467 只，发行规模更是突破万亿元，达到 10 543 亿元。而到了 2015 年后半年，受股灾的影响，私募基金产品也跌入了低谷，2015 年四季度仅发行了 2 436 只产品，发行规模更是跌到 95. 72 亿元（见图 2 - 5）。

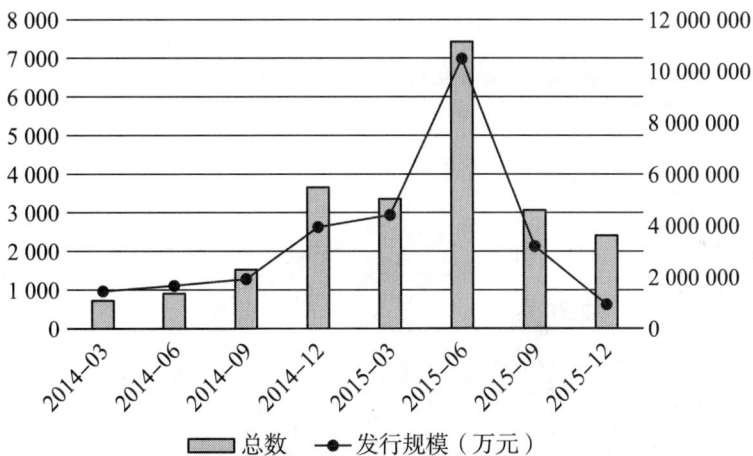

图 2 - 5 2014 ~ 2015 年私募基金发行总数变化

资料来源：Wind 资讯。

从产品类型看，2015 年股票型私募产品在产品数量上依然遥遥领先，占据绝对优势。2015 年股票型基金产品发行了 14 227 只，发行规模为 1 593. 95 亿元，占比分别为 87. 31% 和 83. 23%。债券型基金产品数量为 542 只，发行规模为 168. 12 亿元，分别占比 3. 33% 和 8. 78%（见图 2 - 6 和图 2 - 7）。除了这两类基金产品外，其他类型的基金产品也有所变化，反映出私募产品市场投资策略的多样化特征，尤其是经历了两次股灾以后，随着投资者风险意识的增强，私募产品类型也有了一定变化，收益稳健、风险可控的货币市场基金开始受到投资者关注。债券型基金平稳增长，2015 年第四季度，债券型基金发行规模为 35 亿元；新发行货币市场基金 27 只，发行规模 3.26 亿元（见表 2 – 12）。

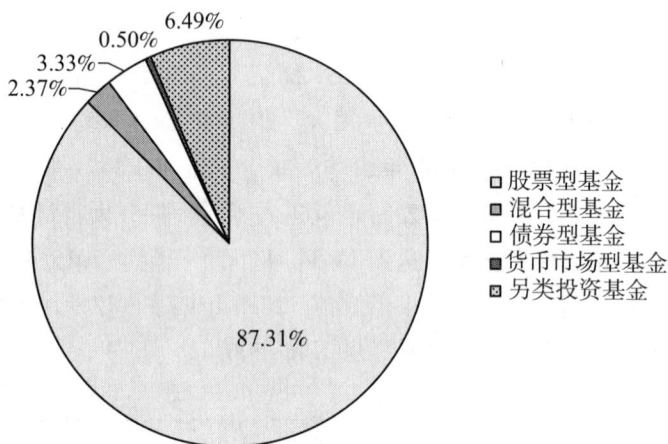

图 2 – 6　2015 年私募基金类型占比（总数）

资料来源：Wind 资讯。

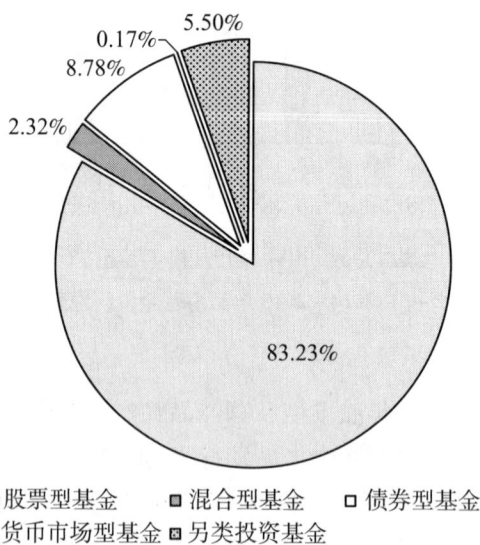

图 2 – 7　2015 年私募基金类型占比（资产规模）

资料来源：Wind 资讯。

表 2－12　　　　　　　　　　　　2015 年私募基金产品类别对比

	股票基金		混合基金		债券基金		货币市场基金		另类基金	
	总数	规模（万元）	总数	规模（万元）	总数	规模（万元）	总数	规模（万元）	总数	规模（万元）
四季度	2 022	515 351	105	2 500	157	350 066	27	32 575	112	50 807
三季度	2 505	2 311 058	94	164 130	171	343 724	24		261	417 293
二季度	6 833	9 615 508	151	247 305	117	338 557	26		317	336 658
一季度	2 867	3 497 565	37	29 885	97	648 833	4		368	248 220

资料来源：Wind 资讯。

　　从发行主体看，虽然私募基金发行平台呈现出多元化趋势，但是信托平台依然是主要依托。图 2－8 和图 2－9 为 2015 年信托公司存续私募基金产品数量与规模排名情况。产品数量排名中，各家公司差别很大，发行数量超过 1 000 只的有两家，分别是中融信托和外贸信托，外贸信托发行了 1 833 只，中融信托发行数量为 4 920 只，而排名第十位的兴业信托则只发行了 245 只产品。值得注意的是，尽管中融信托产品发行数量业内第一，但是管理资产规模却跌出了前十，这在其经营业绩方面已有反映，2015 年中融信托营业收入实现了

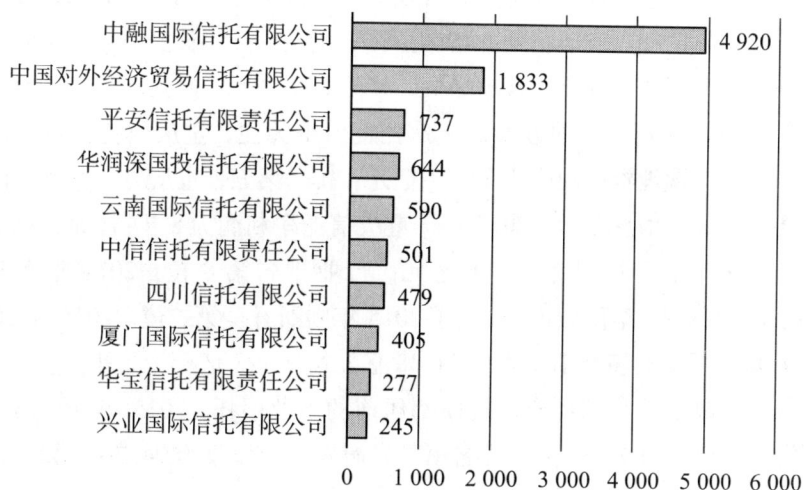

图 2－8　信托公司产品数量排名前十

资料来源：Wind 资讯。

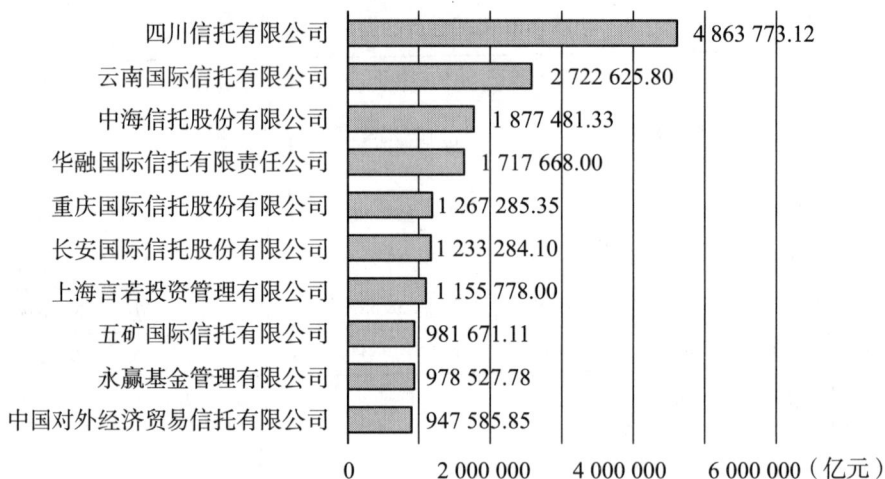

图 2-9 信托公司产品规模排名前十

资料来源：Wind 资讯。

19.45% 的增幅，与具有可比数据的信托公司平均值较为接近，但其信托业务收入与净利润增幅仅为 5.18% 和 7.93%，均明显低于行业平均水平。其增速放缓被部分归因于刚性兑付。相比 2014 年，其一般风险准备下降 1.41 亿元，资产减值损失增加 1.95 亿元。

对比各公司资产管理规模情况，管理资产规模超过百亿元的 7 家，分别是四川信托、云南信托、中海信托、华融信托、重庆信托、长安信托和上海言若投资，其中四川信托管理资产规模最高，接近 500 亿元，而其发行产品数量仅为 479 只。2015 年资产管理方面重庆信托也值得关注，重庆信托发行产品数量在十名开外，管理资产规模为 126.7 亿元，排名第五，也从另一角度反映出其高速增长。公开信息显示，2012 年，重庆信托净利润为 8.77 亿元，行业排名 16 位；2013 年净利润为 12.81 亿元，行业排名第 8 位；2014 年净利润24.02 亿元，行业排名第 3 位；而到了 2015 年则跃升至第二位。2015 年 10 月14 日，重庆信托更是将注册资本由 24.38 亿元增至 128 亿元。此外，前几年无论是发行产品数量还是管理资产规模都居前的外贸信托，2015 年排名出现了较大下滑，发行数量 1 833 只，排名第二，而发行规模仅为 94.76 亿元，位列第十。

二、私募基金业绩评价

1. 私募基金整体业绩

从沪深 300 指数看中国股票市场走势，2015 年沪深 300 指数年初以 3 566.09 点开盘，年终以 3 731 点收盘，全年上涨了 197.29 点，涨幅为 5.85%，期间最高点 5 380.43 点，最低点 2 952.01 点，区间震荡 2 428.42 点，振幅 82.26%。整个 2015 年中国股市先扬后抑，经历了从快牛到股灾的冰火两重天格局。上半年由于"改革牛"＋"杠杆牛"，中国股市形成快牛走势；然而，进入 6 月份之后，市场却风云突变。受 IPO 重启、大宗商品价格下跌、联储加息等因素的影响，股市震荡下行。受此影响，私募证券投资基金的业绩也表现出"过山车"走势，先扬后抑，但是整体业绩情况好于沪深 300 指数。以兴业信托·朝阳永续中国私募基金指数（CISI）指数[①]为例，在 2014 年大盘启动前领先于大盘走势，随后上涨速度略逊于沪深 300 指数，在市场下跌时跌幅相对较小（见图 2 - 10）。

截至 2015 年 12 月 31 日，运作满一年的私募证券投资基金的平均收益为 23.94%，最高收益为 3 172.55%，收益最低为 -99.14%。2015 年，运作满一年并且获得正收益的私募基金为 3 071 只，占比 70.78%；收益超过 100% 的基金为 162 只，占比 3.73%；收益超过 50% 的基金为 690 只，占比 15.9%；运作满一年收益为负的私募基金为 1 268 只，占比 29.22%；亏损介于 10% ~ 30% 之间的基金为 101 只，占比 2.33%；亏损超过 50% 的基金为 34 只，占比 0.78%（见图 2 - 11）。

---

① "兴业信托·朝阳永续中国私募基金指数"由兴业信托和朝阳永续联合发布，其样本基金全部来源于朝阳永续私募数据库，涵盖 1 541 只证券投资类信托产品，作为全市场样本指数，旨在反映中国私募基金市场的整体业绩水平，具备全面、及时、客观的特点。

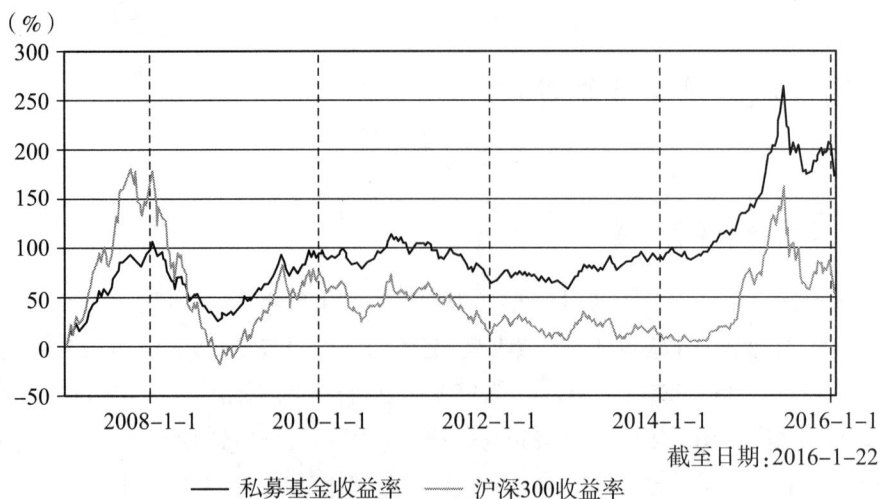

图 2 - 10　中国私募基金指数与沪深 300 指数对比

资料来源：http：//www. go-goal. com/data/trustIndex/.

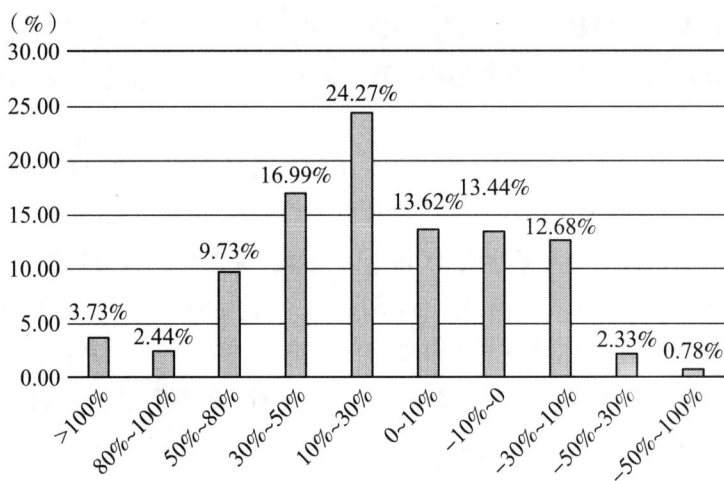

图 2 - 11　2015 年私募证券投资基金业绩分布情况

资料来源：Wind 资讯。

2. 私募基金分类业绩

阳光私募证券投资基金的主要产品形式有股票型、债券型、混合型、货币型以及宏观对冲等形式。从不同产品类型看，各基金之间存在很大差异。

股票型基金业绩情况，截至 2015 年 12 月 31 日，运作满一年的私募股票型基金共有 3 384 只，平均收益为 20.26%，最高收益为 493.15%，收益最低为 -99.14%。2015 年，运作满一年并且获得正收益的私募基金为 2 244 只，占比 66.31%；收益超过 100% 的基金 111 只，占比 3.28%；收益超过 50% 的基金 548 只，占比 16.19%；运作满一年收益为负的私募基金为 1 140 只，占比 33.69%；亏损介于 10% ~ 30% 之间的基金 510 只，占比 15.07%；亏损超过 50% 的基金 19 只，占比 0.56%（见图 2 - 12、表 2 - 13）。

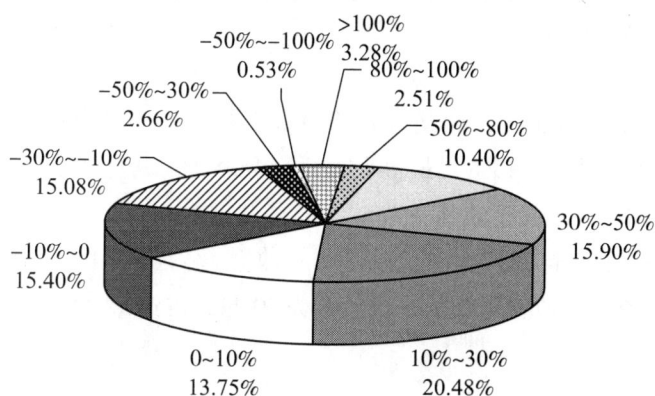

图 2 - 12 2015 年股票型私募证券投资基金业绩分布情况

资料来源：Wind 资讯。

表 2 - 13 2015 年股票型私募证券投资基金业绩排名前十五

基金名称	净值（元）	收益率（%）	成立日期
信诺 1 号	5.1401	493.15	2014 - 11 - 21
785 号	7.4176	480.68	2013 - 11 - 28
泽熙 3 期	4.1603	382.07	2010 - 7 - 7
泽熙 3 期（山东）	4.1394	379.37	2011 - 12 - 13
汇富 173 号	4.4132	360.24	2014 - 12 - 4
海通伞形宝 1 号第 14 期	10.5098	342.98	2013 - 8 - 16
融赢华泰 3 号第 11 期	5.1455	335.73	2014 - 3 - 26
虑远 1 号	5.0929	328.08	2012 - 6 - 7
泽熙 1 期（华润）	4.4686	323.16	2010 - 3 - 5

基金名称	净值（元）	收益率（%）	成立日期
紫晶石稳优 T－6501	1.0000	286.78	2013－6－4
兴云都来 1 期	3.8747	281.03	2014－12－22
久富大泽 1 号	3.4967	278.72	2014－8－14
泽然 5 号	3.5940	265.24	2014－11－3
汇金聚富 9 期	3.9904	254.45	2013－5－30
融盛稳健 1 号增强 15 号	4.0857	253.07	2012－3－23

资料来源：Wind 资讯。

债券型基金业绩情况，截至 2015 年 12 月 31 日，运作满一年的私募债券型基金平均收益为 11.43%，最高收益为 146.54%，收益最低为－9.23%。2015 年，运作满一年并且获得正收益的私募基金为 69 只，占比 87.34%；收益超过 100% 的基金 1 只，占比 1.27%；收益超过 50% 的基金 2 只，占比 2.53%；运作满一年收益为负的私募基金为 10 只，占比 12.66%（见图 2－13、表 2－14）。

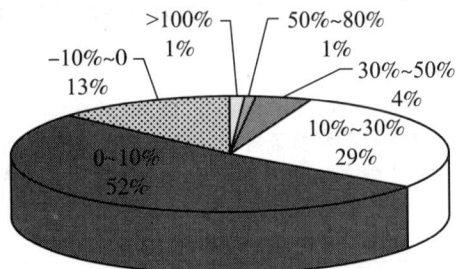

图 2－13　2015 年债券型私募证券投资基金业绩分布情况

资料来源：Wind 资讯。

表 2－14　　　　　2015 年债券型私募证券投资基金业绩排名前十五

基金名称	净值（元）	收益率（%）	成立日期
芙蓉聚金	1.0206	－9.23	2014－11－6
证大定向债券	140.2300	－7.24	2012－6－6

基金名称	净值（元）	收益率（%）	成立日期
汇鑫 37 号	0.9618	- 5.19	2014 - 11 - 3
光大泰悦 1 期	0.9618	- 5.19	2014 - 11 - 3
鹏扬 3 期（续）	1.0657	- 4.86	2013 - 11 - 6
毅扬 3 期	0.9927	- 2.64	2014 - 10 - 10
嵩宁 3 期	1.0519	- 0.84	2014 - 7 - 4
中融景诚 3 号	1.0040	- 0.48	2014 - 11 - 5
现金汇裕（0401 号）	1.0002	- 0.36	2013 - 6 - 19
汇鑫 58 号（江海添利 1 号）	0.9999	- 0.26	2013 - 3 - 6
融信力通 1 号	1.0248	- 0.21	2014 - 8 - 29
汇鑫 54 号（长城证券富利 2 号）	1.0011	- 0.03	2013 - 1 - 11
现金汇裕（0403 号）	1.0031	0.17	2013 - 7 - 3
汇鑫 82 号（中融景诚 6 号）	1.0248	0.52	2014 - 3 - 18
赢在稳固 5 号	1.0294	0.64	2014 - 4 - 24

资料来源：Wind 资讯。

混合型基金业绩情况，截至 2015 年 12 月 31 日，运作满一年的私募混合型基金共有 24 只，平均收益为 42.2%，最高收益为 251.5%，收益最低为 - 22.69%。2015 年，运作满一年并且获得正收益的私募基金为 23 只，占比 95.83%；收益超过 100% 的基金 3 只，占比 12.5%；收益超过 50% 的基金 5 只，占比 41.67%；运作满一年收益为负的私募基金有 1 只，占比 4.17%（见图 2 - 14、表 2 - 15）。

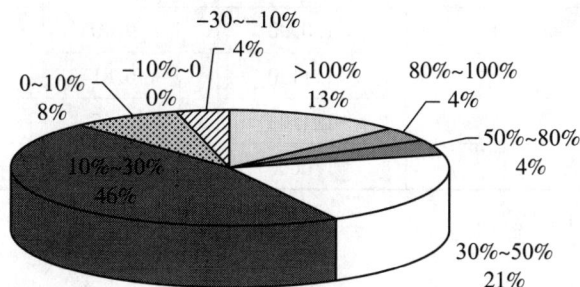

图 2 - 14　2015 年混合型私募证券投资基金业绩分布情况

资料来源：Wind 资讯。

表 2 - 15　　　　　　　　　2015 年混合型私募证券投资基金业绩排名

基金名称	净值（元）	收益率（%）	成立日期
泽泉景渤财富	396.1800	251.50	2013 - 12 - 2
泽泉涨停板 1 号	3.0120	116.53	2012 - 5 - 7
和熙混合型 1 号	2.4110	108.74	2014 - 8 - 4
泽泉财富管家 1 号	1.9742	87.54	2013 - 11 - 6
永赢混合 6 期	1.6880	74.02	2014 - 9 - 29
星动力	1.8168	47.49	2014 - 5 - 28
星动力富享 A 期	1.5768	47.31	2014 - 10 - 31
凯石至尊 7 号	1.4155	41.48	2010 - 7 - 9
清研睿合混合成长	1.4550	41.37	2014 - 8 - 4
搏股通金（泓湖）宏观对冲 6 号	1.3240	32.14	2014 - 10 - 22
国联安泓湖重域对冲 1 号	1.5390	26.98	2013 - 4 - 9
恒信盈创成长 6 期	1.2490	25.09	2014 - 12 - 11
领航弘哲亿信言起 1 号	1.2520	24.95	2014 - 12 - 23
盛冠达聚富同德	1.3700	24.43	2014 - 8 - 21
融智孵化苦行僧 1 号	1.2390	23.90	2014 - 12 - 17
泓倍 1 号	1.2779	22.60	2014 - 9 - 12
金融种子 1 号	1.4480	22.53	2014 - 3 - 27
国联安泓湖重域对冲 2 号	1.2660	17.22	2014 - 4 - 1
蓝海 1 号	1.3670	14.49	2014 - 7 - 16
稳增 2 期	1.1599	11.83	2014 - 7 - 14
招商和致量化对冲	1.1139	10.52	2014 - 9 - 22
友山银麒 2 号	1.0990	9.90	2014 - 12 - 25
兰权稳进 1 期	1.1130	6.81	2014 - 9 - 18
凯纳阳光私募混合	1.1103	- 11.65	2014 - 8 - 26
沃富良田卓越配置	1.0600	- 22.69	2014 - 9 - 26

资料来源：Wind 资讯。

货币市场基金业绩情况，截至 2015 年 12 月 31 日，运作满一年的私募混合型基金共有 14 只，平均收益为 4.88%，最高收益为 5.26%，收益最低为

4. 21%。其中，有 5 只基金收益超过 5%（见表 2-16）。

表 2-16　　　　　2015 年货币市场私募证券投资基金业绩排名

基金名称	净值（元）	收益率（%）	成立日期
红宝石 H-7001	1	5. 26	2012/10/31
天玑聚富	1	5. 24	2013/4/9
兴业元丰现金管理 1 号 B 类	1	5. 24	2014/12/18
现金聚利 1 期	1	5. 18	2013/10/30
兴业元丰现金管理 1 号 A 类	1	5. 03	2014/12/18
现金丰利（A）	1	4. 84	2006/1/28
信惠现金 1201 期 B 类	1	4. 77	2013/4/25
信惠现金 1201 期 A 类	1	4. 61	2013/4/25
现金增利 1 期	1	4. 44	2012/4/12
现金管理 1 号	1. 1552	4. 21	2013/1/31
长安宝现金管理	1		2015/2/10
民生财富开源	1		2015/5/25
现金丰利（C）	1		2015/8/7
华侨汇利 1 号	1		2015/4/30

　　资料来源：Wind 资讯。

　　宏观对冲基金业绩情况，截至 2015 年 12 月 31 日，运作满一年的私募宏观对冲基金共有 227 只，平均收益为 59.09%，最高收益为 3 172.55%，收益最低为 -98.2951%。2015 年，运作满一年并且获得正收益的私募基金为 168 只，占比 74.01%；收益超过 100% 的基金 27 只，占比 11.89%；收益超过 50% 的基金 66 只，占比 29.07%；运作满一年收益为负的私募基金为 81 只，占比 25.99%；亏损介于 10% 和 30% 之间基金 20 只，占比 8.81%；亏损超过 50% 的基金 12 只，占比 5.29%（见图 2-15、表 2-17）。

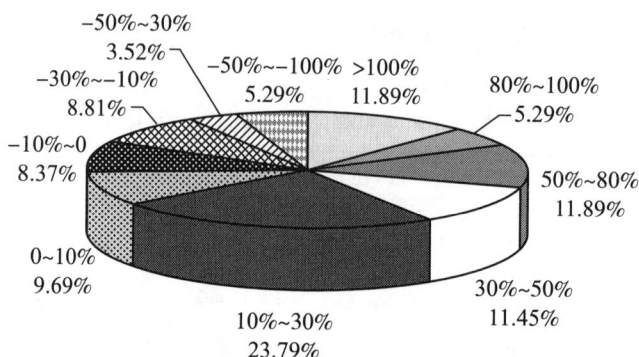

图 2 - 15　2015 年宏观对冲私募证券投资基金业绩分布情况

资料来源：Wind 资讯。

表 2 - 17　　　　　　　2015 年宏观对冲私募证券投资基金业绩排名前十五

基金名称	净值（元）	收益率（%）	成立日期
财富 1 号（渝龙财富）	41.7741	3 172.55	2014 - 11 - 14
鸿凯激进 1 号	22.5288	833.72	2013 - 11 - 22
创赢巴菲特潜力 1 期	28.5524	607.44	2014 - 10 - 23
固利资产趋势为王	48.4458	577.61	2014 - 1 - 16
象舆行思源 1 期	7.1100	575.72	2014 - 8 - 19
韦航进取增长	48.8131	528.83	2014 - 5 - 13
乐活恒永	73.3121	498.07	2011 - 8 - 2
明泓对冲 1 号	7.8914	360.49	2014 - 5 - 9
乐活成长	9.3534	272.59	2012 - 8 - 13
凡旭旭日 1 号	12.2958	247.25	2014 - 1 - 21
富利步步为营 1 号	4.5959	210.58	2014 - 7 - 23
倚天徽商中国梦沙漠草 3 号	4.4417	198.96	2014 - 8 - 5
海证投资	4.8793	194.70	2014 - 5 - 30
方向永续	8.1299	192.33	2013 - 2 - 15
乐正资本鼎盛	3.4623	187.90	2014 - 8 - 1
证研 2 期	2.4260	142.60	2014 - 11 - 14

资料来源：Wind 资讯。

【专栏 2 - 1】2015 年阳光私募十大事件

2015 年阳光私募呈爆发式增长，百亿元级别私募大扩容，私募申请公募牌照加速，多家私募亮相新三板，行业波澜壮阔向前进。与此同时，内幕交易、操纵股价受到惩罚，行业监管收紧，草莽生长时代渐渐转向正规军作战。

2015 年是阳光私募基金爆发式发展的一年。

上半年牛市行情红火，证券私募基金（阳光私募）行业爆发式壮大；而后大盘数月跌宕，阳光私募则面临考验和洗礼；徐翔涉嫌内幕交易、操纵股价被带走，一代私募神话跌落神坛；基金业协会收紧监管，则意味着私募将更加规范、阳光化。

一、泽熙投资徐翔被带走

2015 年 11 月 1 日晚，泽熙投资管理有限公司法定代表人、总经理徐翔因涉嫌通过非法手段获取股市内幕信息、从事内幕交易、操纵股票交易价格，被公安机关依法采取刑事强制措施。引发行业巨大震动，次日"徐翔概念股"也应声大跌。

徐翔掌舵的泽熙投资一直都是证券私募界的神话。泽熙旗下产品收益持续大幅领跑市场，其中最高的泽熙三期五年来累计收益率超过 4 000%。多年投资断崖抄底、"火中取栗"，市场派手法令人称奇，2015 年 6 月股灾也减仓躲过大跌。徐翔投资高收益背后，是业内一直质疑的合规问题。此次徐翔被带走，是私募一代传奇的倒下，业内不少人士认为这是对暗箱操作和内幕交易风气的肃清，也将更新私募的投资理念和操作规范。

二、监管趋严

私募规范化求发展。11 月，中国基金业协会公布首批 12 家失联（异常）私募机构名单，包括华天国泰、银河瑞盈、幸汇财富等。近期协会出台《私募投资基金管理人内部控制指引》、《私募投资基金信息披露管理办法（征求意见稿）》，再到《私募投资基金募集行为管理办法（试行）（征求意见稿）》、《私募投资基金合同指引（征求意见稿）》等，一系列重磅的行业自律规则密集发布，都意味着私募行业监管开始收紧。

三、备案私募过万家

行业迎来大扩容。根据中国基金业协会最新数据，截至 11 月底，已登记私募基金管理人 10 563 家，已备案私募基金 13 355 只，认缴规模为 1.7 万亿元。协会最新数据显示，规模在 50 亿元以上的证券投资私募基金公司的数量不低于 36 家，其中自主发行产品的私募基金公司有 19 家，通过顾问形式管理产品的私募基金公司有 36 家（二者有重合）。

在 2014 年下半年到 2015 年的这波大牛市中，随着房地产低迷居民资产配置转移，私募行业迎来了春天，私募管理人的数量和管理资金规模如同雨后春笋般快速增长。野蛮生长过程中，一方面显示了私募行业的机会，另一方面也暴露了行业中的一些问题。

四、百亿私募大扩容

资管大时代迎爆发。基金业协会数据显示，规模超过 100 亿元的私募，已从 1 月份的 43 家增长到 11 月份的 85 家（含股权投资私募），将近翻了一倍。格上理财数据也统计到，百亿元以上阳光私募有 20 家，包括景林资产、淡水泉投资、重阳投资、星石投资、千合资本、鼎锋资产、和聚投资、展博投资等，而去年年底格上理财统计的 100 亿元及以上的阳光私募仅有 7 家。

五、私募遭遇清盘

追求收益更需控制风险。2015 年 6~8 月间，A 股遭遇极端行情。从 6 月 15 日到 8 月 26 日，短短两个多月内上证指数跌幅达到 43.34%，逾五成公司股价腰斩，千股跌停的局面连连上演，许多上市公司甚至临时紧急停牌。在流动性缺乏的市场下，部分私募机构都还没有来得及调整，以较高仓位经历暴跌，以致产品净值触及清盘线被迫终止产品。其中不乏业内知名的大型绩优私募，如深圳清水源（300437，股吧）投资、福建滚雪球投资等。这暴露了在前所未有的极端市场行情下私募机构风险管控的缺失。

六、量化对冲私募

冰与火共存待破局。2015 年被认为是量化对冲基金的发展大年，尊嘉投资、朱雀投资、博道投资、大岩资本等私募都将量化对冲，尤其是市场中性策略作为发展重点。上半年成长股牛市波澜壮阔，4 月上证 50、中证 500 股指期货推出，为其发展带来契机。但随后中金所多次限制股指期货交易行为，对量化对冲基金造成冲击，收益下滑。股灾使得股指期货受限制，也影响到量化对冲私募的发展，现在有的量化对冲私募转去商品市场，有的转向海外，但更多还在静待破局。

七、业务外包成趋势

私募倾向券商 PB。2015 年《基金业务外包服务指引条例》正式实施，基金业协会陆续公布了三批私募基金业务外包服务机构，包括招商、国信、华泰等 21 家证券公司，华夏、广发 8 家基金公司、7 家商业银行、5 家 IT 公司和 3 家独立外包机构。以券商为主力军的外包机构借助牛市，迅速跑马圈地，抢夺私募资源。同时，股灾期间监管层要求清理场外配资，将证券类信托产品的接口转移到券商自身的 PB 系统（主经纪商业务），不少券商积极改进系统和服务，在提供基础外包业务的同时，完善交易策略、风控等。

业务外包立足于为私募提供份额登记、估值核算、信息技术系统、销售和支付等服务，使得私募省去很多麻烦，更专注于投资领域。与基金公司相比，券商 2015 年在该领域花了大力气，但收费却不高，其醉翁之意则在于争取私募资源，获得更多经纪商等业务收益。目前不少私募可能更倾向于券商 PB 系统。

八、"公奔私"潮涌

接受洗礼谋成熟。根据好买基金数据统计，2015 年奔私的公募基金经理已经达到 247 位，根据私募排排网数据统计，总经理、投资总监级别"奔私"的有 20 位左右，如前新华基金投资总监王卫东成立了新华汇嘉投资，前泰达宏利总经理刘青山成立了清和泉资本，前嘉实基金投资总监刘天君成立了泰旸资产，前上投摩根副总经理、投资总监冯刚成立了域秀资产，还有原民生加银总经理俞岱曦成立的万吨资产等等。

随着行情的上扬，不少公募基金经理选择投身私募机构或者自己成立一家私募公司，但是大多数业绩却不尽如人意。一方面是由于大佬们看到牛市行情后"奔私"，随后遭遇股灾影响业绩，另一方面则是习惯于公募的操作风格，维持高仓位运作。而且，公募机构分工明确，之前基金经理仅需专心投研，转换到私募之后可能要身兼多职，兼顾市场、宣传等。"奔私"很美好，现实却很骨感。

九、私募进军公募

资管行业迎变局。私募进军公募领域，在 2015 年取得重大突破。3 月，私募大佬上海景林资产斥资 7 000 万元入股长安基金，持股达到 25.93%；4 月，债券私募北京鹏扬投资向证监会提交申请设立鹏扬基金，拟任股东杨爱斌持股占 55% ；9 月，上海凯石益正资产也提请设立凯石基金，陈继武、李琛分别持股 96% 、4% ；12 月，上海重阳投资也提请设立重阳基金，重阳战略投资和重阳投资控股，分别持股 75% 、25% ，成为私募设立公募的标志性事件。

私募发展壮大后想做公募，核心原因是扩大品牌效应，改变盈利模式。目前做法主要是私募申请公募牌照、参股公募基金两种。私募申请公募，对私募公司的管理体系、产品线、风控流程和人才队伍等多方面提出要求，还涉及原有私募业务融合、建立防火墙制度等。

十、挂牌新三板

私募改变发展模式。继达仁资管、思考投资作为首批阳光私募基金公司成功挂牌新三板后，一批阳光私募也在积极布局。根据东方 choice 统计，目前已挂牌的阳光私募还有合晟资产和精英时代投资，共计四家。最新公布的挂牌企业信息显示，目前有老牌阳光私募公司朱雀投资、私募大佬但斌的东方港湾等十多家阳光私募也准备挂牌。

有分析师认为，新三板的制度和门槛是实实在在的注册制市场，为企业提供融资和发展的机会。对于私募基金公司来说，一方面，大规模定增所得融资会对公司基金业务的开展提供资金支持，另一方面，私募管理人也可以通过挂牌打响品牌，进行股权激励等。但近期因为私募挂牌后频繁融资、资金使用问题等，监管部门暂停了私募挂牌新三板。

资料来源：吴君，王杰. 中国基金报. 2015 - 12 - 28.

第三节　基金行业创新进展

一、公募基金创新

1. 制度创新方面

2014 年中国证监会发布重新修订后的《公开募集证券投资基金运作管理

办法》，将公募基金产品的审查由核准制改为注册制。

《办法》的第二章第九条和第十条，明确基金注册制将于 2014 年 8 月 8 日正式实施。之前公募产品发行实行的是核准制，而核准制和注册制的主要区别在于监管机构对于公募产品审核的程度。相比于核准制，注册制的审核是形式上的审核，至于发行人营业性质，发行人财力、素质及发展前景，发行数量与价格等实质条件均不作为发行审核要件。而核准制则要从实质上对发行基金的管理公司进行全面的审核，审核的过程复杂，历时更长。

在现有的核准制下，基金公司发行一个产品的周期可能需要半年，这种时滞对于基金公司和投资者都非常不利。而在注册制下，基金产品从设计到募集的实践中周期将大为缩短，成熟的基金产品的发行注册周期可以缩短至 20 个工作日，这将有效地解决基金发行的时滞问题。

证监会新闻发言人邓舸介绍，结合《办法》的规定，证监会在后续监管中将主要从四方面落实基金注册制：一是调整监管理念，将产品审查转向以保护投资者为导向，以信息披露为中心。二是调整监管方式，支持市场主体围绕客户需求自主设计发行公募基金，不限制产品发行数量，不人为调控审查节奏，不干预产品发行时间。三是优化许可程序，建立标准明确、运作规范、制约有效的公募基金注册审查制度。建立产品电子审查系统，提高审查效率。对成熟产品实行 20 个工作日完成审查的简易程序。四是加强事中事后监管。有效利用交易所一线监控以及独立第三方托管机制，辅以风险为导向的现场检查，及时发现制止基金违规行为。

2. 产品创新方面

发行环节采用到点成立方式。所谓到点成立，是根据新《基金法》规定，当一只新基金在发行期间任何一个工作日截止时间累计规模达到了 2 亿元、认购户数达 200 人（或 1 000 人）之后，即可停止发行，并立即开始办理相关后续手续。通常为了追求靓丽数据，基金公司在发行阶段会想方设法通过延期募集、借助帮忙资金等各种方式扩大募集规模。这些方式使得基金发行数据短期内好看，但是对于提升基金产品经营业绩并没有实质性帮助，甚至适得其反，例如引入的帮忙资金，不仅加重了基金经理的管理负担，而当其撤出时又会带来流动性压力。针对其弊端，不少基金开始采用到点成立方式，压缩募集期而把更多精力转到提升业绩上，发挥市场机制的作用，做大做强产品，用业绩吸引投资者。2015 年尽管市场整体趋势较弱，但是仍有多只基金到点设立策略。9 月 21 日，国寿安保增利宝货币基金，用两日便提前完成募集，该基金成立规模为 3.1 亿元。华商新动力灵活配置混合型基金原本定于 9 月 25 日结束认购，但却将募集截止日期提前至 9 月 15 日，该基金最终的首募规模仅有 2.6 亿元。另外，在 9 月 1 日成立的永赢量化灵活配置基金，也提前结束募集，该基金首募规模也不到 3 亿元。8 月 17 日成立的鹏华医药指数分级基金也在首募规模达到 2.35 亿元的时候提前结束募集，新基金公司九泰基金成立的九泰天宝灵活配置混合型基金，首募规模仅有 2.15 亿元，刚刚迈过 2 亿元的成立门槛。

非上市公司股权投资取得突破。2014 年 9 月，打响混合所有制改革第一枪的中国石化公告了混改引资机构。嘉实基金及其子公司嘉实资本位列其中。嘉实元和将以 50% 的资产（即 50 亿元）投资于中石化销售公司股权，另外 50 亿元投资于债券等固定收益证券，债券方面投资采取持有到期策略。对投资者而言，认购嘉实元和相当于间接投资了拟上市公司股权。考虑到投资者适用性，嘉实元和的认购门槛设定为 10 万元，远低于嘉实元和专项计划的 1 000 万元的门槛，也是目前普通投资者能够参与中石化混改的最低门槛和最便捷的方式。对于公募基金业而言，嘉实元和的意义在于，其对公募基金创立 16 年以来的投资范围进行了重大突破，首开公募基金投资非上市股权先河，同时还突破了基金投资固有的 10% 上限。

积极布局行业和主题基金。从 2014 年开始，基金公司开始布局行业指数，主题分级基金火热。2014 年全新出现的主题型基金主要涉及军工、互联网、改革红利、国企改革、传媒、大海洋等主题。2014 年军工行业的发展带动了军工和国防指数分级基金规模的迅速增长，包括富国中证军工指数分级、申万菱信中证军工指数分级和前海开源中证军工指数等多只指数型分级基金受到投资者追捧。2014 年，如何分享改革红利也越来越被基金所关注。2014 年建信和长信分别推出改革红利主题型基金——建信改革红利股票和长信改革红利灵活配置。国企改革主题基金则有中融国企改革混合基金及富国中证国有企业改革指数分级基金。2014 年，鹏华基金还推出了首只跟踪中证传媒指数的鹏华传媒分级基金，专门捕捉传媒行业的投资机会；大海洋主题则由前海开源大海洋混合首先提出。在沪港通的驱动之下，基金公司也迅速跟进，成立有如华夏沪港通恒生 ETF 及其连接、景顺长城沪港深精选股票 QDII 等紧随市场热点的产品。此外，尽管 QDII 不受发行市场青睐，华安还成立了国内首只专注欧洲股市的 QDII 华安德国 30（DAX）ETF 及其连接。

首只互联网大数据基金发行。中证指数有限公司、百度、广发基金管理有限公司强强联合，推出了中证百度百发策略 100 指数。"百发 100"指数创新性地将金融和互联网大数据有效结合，是国内首只真正利用大数据平台开发的互联网金融指数。"百发 100"指数开创了新的投资策略构造方法，首次引入了互联网用户行为数据。"百发 100"指数以百度提供的互联网金融大数据技术，在因子分析框架下，将金融大数据信息与股票信息进行综合测度，采用量化算法构造基于百度互联网金融大数据的综合情绪模型（BF Sentiment Model，简称 BFS 模型）进行指数选样。"百发 100"指数的编制主要考虑了三类指标，即财务因子、动量因子和金融大数据因子。所谓财务因子，即上市公司的基本面，例如净利润、净资产收益率等；动量因子是指样本在最近一个月的收益及波动率状况，从而计算其动量指标；金融大数据因子指的是每一个股票在最近一个月内，在百度金融大数据中所体现出的搜索增量或搜索总量。"百发 100"指数综合考虑上市公司基本面、二级市场的表现特征和互联网大数据所体现出来的投资者参与特征，综合这三方面因素，最后选取基本面情况较好和投资者关注度较高，同时有动量和反转比较高的股票。该基金投资方法和投资理念受到投资者欢迎，首发募集金额达到 24 亿元。

3. 治理机制创新方面

公募基金因为其体制和激励制度遭受诟病许久。随着公募基金牌照不断放开，制度红利优势逐渐消失，公募基金高管职位的吸引力和性价比大打折扣。2014 年监管层将私募基金纳入监管范围，私募基金合法地位确立，公募基金离职潮不断加剧。Wind 数据显示，截至 2015 年 4 月底，近一年来离职的公募基金经理达 236 人，远超上年同期的 156 人。除了基金经理外，基金公司中的市场部、中后台、运营风控等人才也成为私募挖角对象。面对困境，各家基金管理公司努力探索人才激励机制。

积极探索股权激励。凭借余额宝，管理资产规模达到 5 800 亿元资金的天弘基金在短期内成长为国内最大的基金管理公司，也是国内首家实现全员股权激励的基金公司，2014 年二季度，公司 200 位员工基本都参与了股权激励，他们通过 4 家公司持有天弘基金 11% 的股权。南方基金原总经理高良玉通过香港子公司实现了股权激励，他先后两次认购南方基金公司香港子公司南方东英新股，持有南方东英14.21%的股本。江源嘉略投资为包括嘉实基金总经理赵学军在内的嘉实基金部分高管及核心人员15人共同投资成立，注册资金4 390万元。其中，赵学军认缴1 500万元，间接持有嘉实资本5%股权。嘉实资本总经理李强、嘉实基金董事长安奎、副总经理张峰和宋振茹、总经理助理邵健、陶荣辉和詹凌蔚、督察长王炜、机构部副总裁王艺军等均在出资人之列。易方达基金部分高管及员工、子基金公司高管及员工分别持有子公司35%和25%的股权。广发基金通过注册在珠海横琴新区的5家有限合伙企业为公司的董事、监事、高级管理人员以及其他从业人员实现了股权激励。

除天弘基金外，前十大基金公司中实现了股权激励的基金公司均通过子公司进行股权激励。通过子公司实现母公司高管的股权激励，解决了现在一些老基金公司因为股权定价困难等原因无法直接在母公司实现股权激励的问题，

招商基金推出"投资工作室"计划。计划中表示，只要投资人才拥有杰出的投资能力和良好职业操守，即可"拎包入住"招商基金的"投资工作室"，公司为投资人才提供投研、IT系统、市场、后台等一系列配套支持。招商基金总经理许小松表示："将以强大的研究团队、一流的办公条件、灵活的激励机制吸引人才。只要你有好的创意（idea）、可行的项目计划、合格的从业资历，背个包就可以来我这儿上班。分成这些都可以谈，只要你能够创造价值。"

中欧基金、中邮基金、国泰基金、九泰基金等实行事业部制，其中中欧基金是实行事业部制的基金公司中最典型的。每个事业部都有不同的投资偏好，各事业部的核心人员拥有独立的投资流程和投资决策权力，管理费分成采用公司六成、团队四成方式。通过这种方式，将基金管理人收入和基金产品业绩相关联，实现基金经理利益与基金持有人利益绑定，以此留住人才和提升基金业绩。

上投摩根尝试在业内推出"种子基金"，"种子基金"实施流程是，有意愿的投研人员可按自己的投资策略建立投资模型，然后申请进行种子基金模拟电脑操作，试运行足够长时间后，公司对期间的运行进行绩效考评，一旦被认可就可以申请设立种子基金，公司将拿出部分自有资金，在合法合规的框架下设立种子基金产品，投研人员也可根据自身意愿投入个人自有资金。该种子基金将公开透明运作，一旦受到市场认可，也会考虑转为公募基金产品。

二、私募基金行业创新

1. 管理制度创新

2014 年 1 月 17 日，中国基金业协会发布《私募投资基金管理人登记和基金备案办法（试行）》，2 月 17 日正式实施，私募证券投资基金被纳入正式监管范围。而在此之前，私募基金主要借助信托、基金专户、券商资管等通道，以投资顾问方式发行产品。《办法》的发行使得私募公司在向基金业协会备登记备案后，就可以作为基金管理人自主发行产品，履行基金管理人的责任和义务。

2014 年 8 月 21 日中国证监会正式发布第 105 号令——《私募投资基金监督管理暂行办法》，并于公布之日起施行。《暂行办法》分别对私募基金的界定、登记备案、合格投资者、资金募集、投资运作、行业自律以及违反《暂行办法》的法律后果等方面作了比较完整的规定。该办法为私募证券基金额设立和运作提供了明确的依据，是我国第一部针对私募投资机构出台的行政法规，意味着私募基金正式被纳入监管机构的日常管理范围。

2016 年 2 月 4 日，中国基金业协会发布《私募投资基金信息披露管理办法》，对私募基金应当对投资者披露的信息、信息披露中禁止行为、基金募集期间披露、基金运作期间的信息披露、行业自律等方面做出了明确规定。例如，规定信息披露义务人披露基金信息，不得存在以下行为：公开披露或者变相公开披露；虚假记载、误导性陈述或者重大遗漏；对投资业绩进行预测违规承诺收益或者承担损失；诋毁其他基金管理人、基金托管人或者基金销售机构；登载任何自然人、法人或者其他组织的祝贺性、恭维性或推荐性的文字；采用不具有可比性、公平性、准确性、权威性的数据来源和方法进行业绩比较，任意使用"业绩最佳"、"规模最大"等相关措辞。

2. 运营机制创新

2014 年 11 月 24 日，基金业协会发布《基金业务外包服务指引》，并于2015 年 2 月 1 日起实施。《指引》共十九条，对公、私募基金管理人开展业务外包的主要环节进行了原则性规定：第一明确了外包服务的含义和外包机构的备案要求；第二明确基金管理人应审慎确定外包范围和选择外包机构，及基金管理人的法定职责不因外包而免除；第三就外包机构应具备的基本资质、业务外包实施中应注意的外包涉及资产的独立性、外包活动可能的利益冲突及外包机构守法合规等进行了原则性的规范；第四就基金销售/销售支付、份额登记、估值核算三个重点环节中账户开立、资金安全、履责要求进行了重点规定；第五明确了协会对基金外包活动的监督作用。通过外包机构为基金管理人提供销售、销售支付、份额登记、估值核算、信息技术系统等业务的服务，将能够减轻私募基金的幅度，提升其运行效率。2015年2月初，协会开始通过各种方式引导私募外包服务机构开展业务备案，基金业协会陆续公布了三批私募基金业务外包服务机构，包括招商、国信、华泰等21家证券公司，华夏、广发8家基金公司、7家商业银行、5家IT公司和3家独立外包机构。

自公募业务资格向资管机构放开以来，私募基金开始频繁进军公募行业。2014年7月，PE巨头昆吾九鼎设立全资公募基金公司——九泰基金；2015年6月，昆吾九鼎再度出现在一家公募基金——瑞泉基金的股东申报名单中，意味着其旗下有望"一参一控"两家公募基金。高瓴、弘毅分别于2015年6月、8月申请设立公募基金公司。2015年12月16日，国内私募巨头重阳投资申报了公募牌照，意欲成立"重阳基金"。公示显示，该公募基金将由上海重阳战略投资有限公司控股75%，上海重阳投资控股有限公司控股25%。重阳投资在阳光私募领域一直扮演"带头大哥"角色，其正式跨入公募基金行业，对于整个私募行业具有示范效应，2016年或许会有更多有实力的私募基金进军公募行业。根据现有法规和政策，私募基金开展公募业务主要有三种途径：一是申请设立基金管理公司；二是根据《资产管理机构开展公募证券投资基金管理业务暂行规定》，向证监会申请公募基金管理业务资格；三是受让现有基金管理公司股权。

私募基金登陆新三板。继九鼎投资、中科招商、同创伟业之后，明石创新投资集团股份有限公司也正式登陆新三板，成为第四家挂牌新三板的投资机构。明石创新挂牌同时定向增发股票募集资金9亿元，创下了新三板"挂牌同时定增"现金募集规模的新纪录。与传统PE"管理费+收益分成"盈利模式不同，明石创新采取"直投+PE"双线发展战略，相比PE投资管理业务，其主要利润来源于直接投资业务。直接投资层面，依托明石创新这个新三板公司平台，通过自有资金直接投资方式重点布局，将直接参控股数十个大型行业龙头企业及 100 个"科技创新小巨人"企业，在保证业绩稳定的同时奠定大幅增长的潜力，为公司股东创造长期稳定的投资回报；基金管理层面，则以明石创新旗下明石投资为载体，进一步做大做强蓝基金和旅游基金两只国家级产业基金，巩固产业投资优势，稳步扩大产品线及资金管理规模，实现基金管理与直投业务的协同发展。

2016 年 2 月 1 日，中国基金业协会发布实施《私募投资基金管理人内部控制指引》，从私募基金内部控制的目标与原则、内部环境、风险评估、控制活动、信息与沟通及内部监督等方面的制度建设进行自律管理，构成了私募内部控制的自律监管框架。在控制活动方面，《指引》规定私募基金管理人在自行募集时，应设置有效机制，切实保障募集结算资金安全；在委托募集时，应当委托获得证监会基金销售业务资格且成为基金业协会会员的机构募集私募基金，并制定募集机构遴选机制，确保私募基金向合格投资者募集以及不变相进行公募。《指引》规定私募对外包机构也要承担起风控职责。《指引》规定私募基金管理人应建立健全管理不同类别私募基金利益输送、利益冲突的防范及解决机制，公平对待管理的不同基金。

第三章

中国对冲基金产品与策略

2011 年被认为是中国对冲基金的元年，此后，在中国市场上发行了众多的对冲基金产品。对冲基金属于私募基金，为了规避金融监管或者不必要的误解，很多对冲基金都是以阳光私募的形式对外宣传和发行。基于这种情况，我们想要全面掌握中国对冲基金的全貌是有一定困难的。

为了洞察我国对冲基金的生存状况，我们从阳光私募入手，对其进行分类，然后对属于对冲基金类的产品进行分析。

第一节　对冲基金发行状况

2015 年 4 月 24 日全国人民代表大会常务委员会对 2013 年 6 月实施的新《证券投资基金法》做了一定的修正并付诸实施，新修改的《证券投资基金法》对非公开募集基金做了更加明确的规定。新法及修正后的法律规范了我国私募基金以及对冲基金的发行，从源头开始保证了私募基金的合法性，保护合格投资人的利益。

一、私募基金发行状况

2014 年 7 月，上海和深圳股市在"改革牛"、互联网＋、连续降息降准、

杠杆等题材冲击下，走出了一波升势凌厉的行情。但在此之前，两市一直在
2 000~2 500点做箱体运动，没有出现显著的牛市行情。私募基金的发行与股
市行情有着密切关系，2013年1月至2014年7月中旬，基金的发行一直不愠
不火，平均每月发行数量在200只，规模在50亿元左右（见图3-1）。牛市
的到来，给私募基金的发行带来了翻天覆地的变化，从发行数量到发行规模都
出现了质的飞跃。2014年8月发行数量突破500只，11月超过1 000只，短短
3个月的时间就翻了1倍，速度非常惊人。2015年4月更是创下2 600只发行
数量的历史纪录，随后的5月和6月发行数量都维持在2 000只以上，市场的
火热程度可见一斑。虽然6月中旬开始的股市暴跌也未阻断私募基金发行的热
情，但是从7月开始，私募基金的发行数量出现了极度的萎缩。朝气蓬勃而又
短暂的牛市留下了满地狼藉。

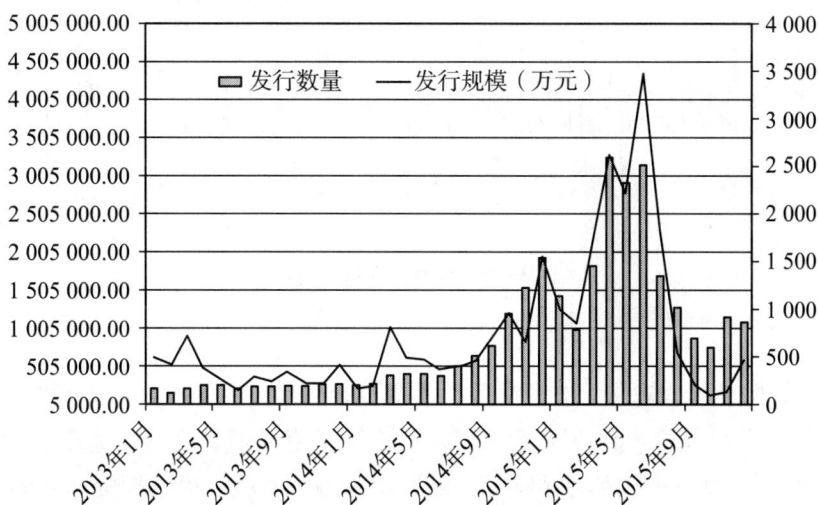

图3-1　我国私募基金发行状况

资料来源：Wind资讯。

从发行规模来看，出现跳跃式的增长始于2014年7月，50亿元、100亿
元被狂躁的市场轻松地抛在身后，直至2015年6月创下436亿元的纪录之后
才戛然而止。发行规模断崖式的下降也停止了向股市输血，私募基金的一时繁
荣终于无奈地步入了漫长的寒冬。

私募基金将募集到的80%的资金投资于股市，造成了股票型基金一家独

大，私募基金的发展与股市的行情息息相关，可谓"成也萧何，败也萧何"。其实，这种关系对于私募基金的健康发展是不利的，必须打破该局面，使其走多样化的投资发展途径，平衡各种类型的基金资金规模。股市、债市、货币市场都能为私募基金提供广阔的发展舞台。据 Wind 资讯统计，在私募基金中，混合型基金和债券型基金的发行数量和发行规模都未出现大的变化，但是另类投资基金却走出了一片新天地（见图 3-2）。

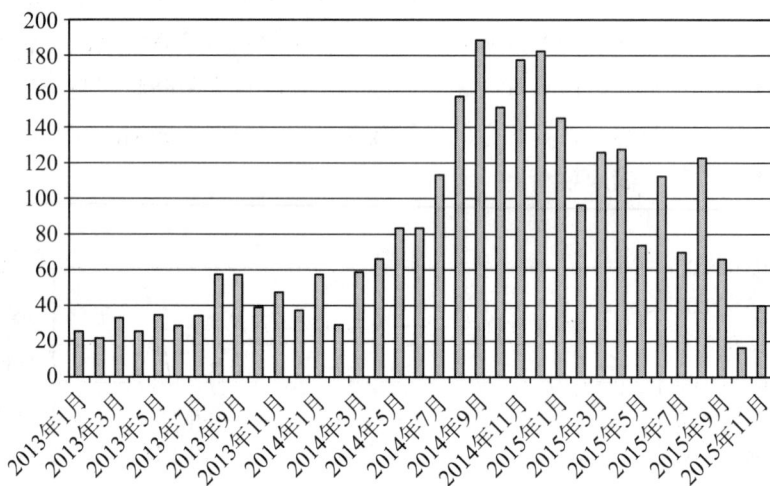

图 3-2 另类投资基金发行

资料来源：Wind 资讯。

另类投资基金的发行虽然没有股票型基金火爆，但是发展趋势持续良好。2013 年，平均每月有 35 只基金发行，到了 2014 年 3 月，发行数量开始大幅上升，2014 年 10 月一度超过 180 只，随后发行趋于平缓。另类投资基金的发行数量先于股票型基金增长，从某种角度可以说另类投资基金募集方具有高超的洞察市场能力，先知先觉为布局市场储备资金。

二、投资顾问公司

国内资本市场经过二十多年的发展，投资顾问正不断壮大。和大型基金管理公司相比，私募的投资顾问规模整体偏小，但是数量占绝大多数。截至

2015 年 12 月，我国投资顾问公司已达 4 231 家，大型公募基金管理公司仅为106 家，可见私募的投资顾问是我国资本市场重要的组成部分，在改善我国投资者结构方面具有重要的作用。

投资顾问管理的基金数量参差不齐，最多的是北京恒天财富投资管理有限公司，高达 186 只（见表 3 - 1），前六位的投资顾问公司持有的产品数量均超过了 100 只。从 Wind 资讯的统计来看，多数投资顾问持有的产品数量都未突破两位数。投资顾问公司的社会资源和人才储备之间的差异是导致这种现象的主要原因。

表 3 - 1 投资顾问公司持有产品数量

名称	产品数量（只）
北京恒天财富投资管理有限公司	186
深圳展博投资管理有限公司	134
歌斐诺宝（上海）资产管理有限公司	134
淡水泉（北京）投资管理有限公司	133
上海重阳投资管理股份有限公司	122
浙江中大集团投资有限公司	120
上海朱雀股权投资管理股份有限公司	99
北京和聚投资管理有限公司	96
上海高毅资产管理合伙企业（有限合伙）	91
北京市星石投资管理有限公司	87
歌斐资产管理有限公司	87
上海博道投资管理有限公司	83
深圳民森投资有限公司	75
上海平安阖鼎投资管理有限责任公司	69
北京睿策投资管理有限公司	64
深圳市华银精治资产管理有限公司	63
上海理成资产管理有限公司	61
上海景林资产管理有限公司	59
上海元普投资管理有限公司	57
上海新方程股权投资管理有限公司	55

资料来源：Wind 资讯。

第二节　对冲基金策略分析

我国对冲基金的策略虽然没有国际上对冲基金策略丰富，但是国际对冲基金的主流策略在我国也已经得到充分的运用。如股票市场中性策略、管理期货策略、套利策略、事件驱动策略、宏观策略、股票多空策略在我国市场上比较常见，由于我国的金融市场存在一些投资限制，国际对冲也几近不常用的自下而上策略和自上而下策略，在我国市场中也被采用。

我们根据 Eurekahedge 对冲基金数据库来分析国内对冲基金的策略情况，由于国内对冲基金没有向该数据登记，所以我们获取的数据只能代表一部分国内对冲基金情况。该数据库共登记了投资国内市场的对冲基金 38 只，投资大中华区域的对冲基金有 456 只。这些对冲基金使用的投资策略主要有以下类型。

一、股票市场中性策略

股票市场中性策略（Equity Market Neutral）是在一些股票上做多，同时在另一些股票上做空，从而对冲组合的系统性风险，以获取绝对收益。在国内融券做空个股较难，所以通常的做法是在股票上做多，同时做空等市值或者等 Beta 的股指期货，从而对冲掉系统性风险，获取 Alpha 收益，所以这类策略也被称为 Alpha 策略。从 2011 年 3 月，最早的券商资管——国泰君安资管发行的君享量化到民森推出的民晟系列私募基金，这些第一批出现的对冲基金均采用市场中性策略。借助股指期货这一利器，中国式对冲基金开始显山露水。

二、管理期货策略

采用管理期货策略（Managed Future）的基金又通常被称为 CTA 基金。这类基金主要投资于期货市场，涵盖商品期货、金融期货、外汇期货、期权等。从策略来看，管理期货策略可以分为趋势型策略与基本面策略。其中趋势型策略占了绝大多数，它们通过大量的指标排除市场噪音，判断当前市场趋势，然后建立头寸。根据所关注趋势时间的长短，还可细分为短线交易、中线交易和长线交易。相比于仅依靠技术指标进行交易的趋势型策略，基本面策略则通过从最基本的供求关系对商品未来价格走势进行判断，从而进行投资。

期货市场不像股票市场对做空限制多，在期货市场上做空某些品种是司空见惯的投资手法，我国对冲基金也充分利用这一规则，对冲资产风险，形成稳定的收益。

三、套利策略

套利策略（Arbitrage）的理论基础是一价定律（Law of One Price），即认为同一种商品在不同场所的价格应当在扣除各种交易费用之后一致。如果出现了价格的不一致，即可通过买低卖高来获取价差的收益。国内市场上常见的套利策略按照品种的不同可分为股指期货期现套利、ETF 套利、商品期货中的跨期套利、分级基金套利等。套利策略有赖于市场提供套利机会，当市场不存在套利机会时，纯套利策略基金的收益会受到一定影响，而且长期来看，套利策略的平均收益会比较低，这与此类策略的低风险性也是相匹配的。

四、全球宏观

全球宏观（Global Macro）对冲策略指的是根据不同国家的总体经济情况，选择买入或者卖空不同的股票、债券、货币以及各种期货。在海外操作的基金能够配置全球范围内的各类投资品种，但是受外汇管制等影响，在国内运作的宏观对冲基金能够投资的品种相对来说较少。目前，国内采用宏观对冲策略的基金主要还是配置于国内市场的投资品种，例如股票、期货、债券等。

五、事件驱动策略

事件驱动策略（Event Driven）致力于上市公司经历重大事件时的价格变化来获取收益。常见的事件包括收购、重组、回购、分拆和破产，涉及的证券包括普通股、优先股、债券以及期权。该策略成功与否取决于对冲基金对事件成败的评估能力，有些对冲基金也可能采用杠杆，或者通过期权作为标的证券的低风险替代。事件驱动策略还可分为风险套利策略和困难证券策略。在风险套利策略中，对冲基金多会做多被收购公司的股票，而同时做空收购公司的股票。风险套利策略也会在资产分拆、杠杆收购、敌意收购中使用。在困难证券策略中，对冲基金做多或者做空资产重组、抛售危机、破产清算公司的相关证券，包括公司债券、普通股、优先股、权证等等。

六、自下而上策略

依赖个股筛选的投资策略。采用这种策略的基金最为关注的是个别公司的表现和管理，而不是经济或市场的整体趋势。自下而上的投资策略（Bottom Up）一般不是很重视将资产均衡地配置在各种行业上。

自下而上的投资策略又称为个股挑选法，是通过某些数量指标或特征来进行筛选，选出相应的公司，再结合宏观经济、证券市场、行业分析以及公司基本面的分析，以至最终确定所需要投资的证券。这一策略并不强调股票资产的行业配置或风格资产配置，而是以精选个股为核心，注重对于上市公司基本面的深度挖掘。其选股程序为：（1）在市场全体股票当中对可以投资的股票进行初步的筛选。（2）对上市公司的成长性、利润增长潜力进行分析。（3）实地调研。（4）股票投资价值评估。（5）构建投资组合。（6）跟踪监测、动态调整股票组合，控制组合风险。

七、自上而下策略

一种投资策略，试图通过挑选行业标的以组成理想的投资组合。基金公司如果运用自上而下的投资策略，首先会研究经济或市场的总体趋势，以选择最好的行业进行投资，然后再从选定的行业内寻找最佳的投资工具。

自上而下的投资策略（Top Down）是从大环境着手，从宏观经济（如GDP 的成长率，经济前景的判断）、证券市场、行业分析到公司分析的顺序进行投资分析，到最后选出所需要投资的证券。

第三节 我国对冲基金收益与风险分析

在前一章中，我们深入分析了私募基金的收益和风险，但并不是所有的私募基金都是对冲基金，要全面分析我国对冲基金的业绩首先必须筛选出真正意义上的对冲基金。我们从 Eurekahedge 数据库获取了中国大陆和大中华区共494 只对冲基金相关数据，很明显这些数据仅仅是我国对冲基金中的一部分，通过这部分数据的分析来洞悉我国对冲基金收益与风险的基本情况。

一、中国大陆对冲基金的收益与风险

Eurekahedge 数据库中投资中国大陆的对冲基金共有 38 只，其中在中国内地注册的有 18 只，在开曼群岛注册的有 18 只，在美国注册的有 1 只，还有 1只注册在维尔京群岛。这和国际对冲基金的注册地选择上有相同的习性，避税和资金进出限制少是他们考虑的主要原因。

从统计的数据来看，在近三年中，38 只对冲基金的平均年收益达到22.02%，远远超过国际对冲基金的平均收益率。对冲基金能取得这么高的收益，一方面是中国经济高速增长带来的投资机会，另一方面说明对冲基金在国内市场上的投资策略运用得当。另外，对冲基金平均月最大损失为 – 13.55%，平均月最大收益为 24.17%，波动率非常的大，和我国证券市场的波动率基本上相差无几。在第一章的分析中，我们发现国际对冲基金的波动率是远远低于证券市场的。两者比较后，可知我国对冲基金为了获取高收益，更倾向于承担高风险，这和国际对冲基金的投资理念还是有很大差异。

个别对冲基金之间的收益也存在着巨大的差异（见图 3 – 3）。其中凯资本（KAI Capital LLC）对冲基金年收益高达 225.3%，波动率也达到了 116%，正可谓是高风险高收益。从提供的信息中发现其之所以有如此之高的收益和波动，原因是该对冲基金使用了杠杆，但它未汇报使用了多少倍的杠杆，从收益和波动率的关系来看，至少使用了 10 倍才能达到这样的效果。多数对冲基金的收益还是比较接近，主要在 10% ~ 20%。

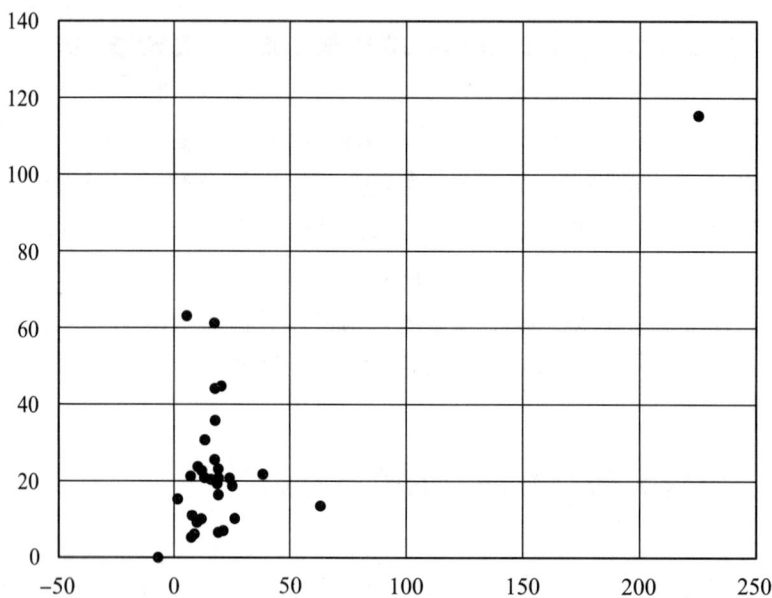

图 3 – 3　中国对冲基金收益与风险

资料来源：Eurekahedge.

二、大中华区对冲基金业绩与风险

投资大中华区域的对冲基金的数量共有 456 只，它们的注册地主要集中在开曼群岛，其次是卢森堡，仅有少量的对冲基金注册在香港。大中华区的对冲基金主要采用股票多空策略进行投资，其投资年收益率 10.29%，年波动率为 15.36%，平均月最大损失 -11.02%，平均月最大收益为 14.88%。大中华区的对冲基金的各项指标明显低于中国大陆对冲基金的表现。

整体上，大中华区的对冲基金在风险控制方面比中国大陆对冲基金更加成熟。从图 3-4 可以看出，仅有个别对冲基金的波动率达到了 110% 的水平，大部分基金的波动率都控制在 30% 以内。

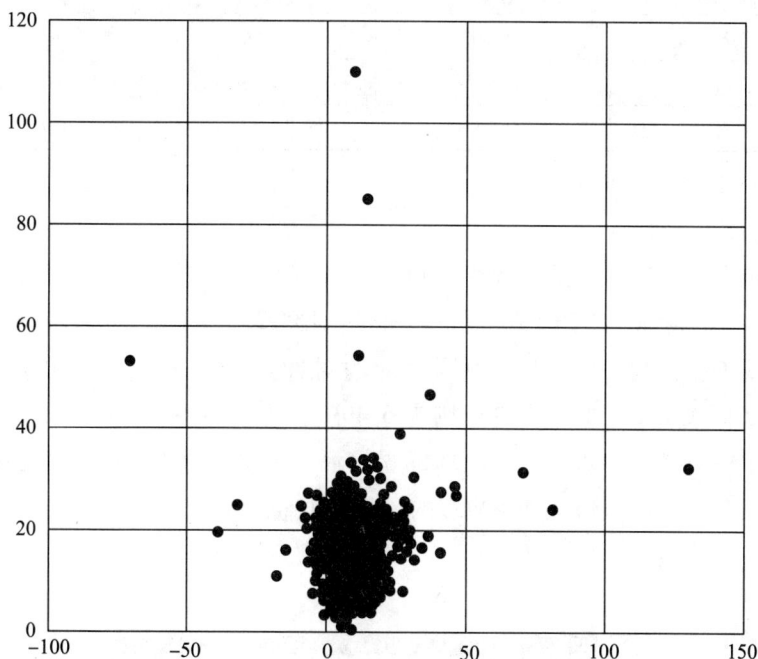

图 3-4　大中华区对冲基金收益与风险

资料来源：Eurekahedge.

三、绩效评价

我们在第一章曾对 HFR 数据库中的中国对冲基金指数的绩效做了分析，其在众多指数当中的表现是可圈可点的。那么 Eurekahedge 数据库中的对冲基金的绩效又如何呢？从表 3-2 中可以看出，Eurekahedge 中的对冲基金的绩效比对冲基金指数的绩效更优秀。中国大陆和大中华区的对冲基金的夏普比率比较接近，分别为 1.10 和 1.04，远远高于对冲基金指数（0.5）的水平。中国大陆的对冲基金的索提诺比率明显比大中华区的基金高，表明大陆的对冲基金承担相同单位下行风险能获得更高的超额回报率。

表 3 – 2　　　　　　　　　　　　　　对冲基金绩效及在险价值

		中国大陆	大中华区
夏普比率	1.10	1.04	
索提诺比率	2.20	1.95	
VaR	95%	– 9.79%	– 6.40%
	99%	– 14.65%	– 9.42%

资料来源：Eurekahedge.

在险价值（VaR）是衡量基金未来一定时间内，一定置信水平下最大损失（亏损率）的指标。中国大陆与大中华区的对冲基金在 VaR 上存在比较大的不同。在 95% 的置信水平上，中国大陆的对冲基金未来一个月最大损失为 9.79%，而大中华区的对冲基金则为 6.40%，这说明中国大陆的对冲基金的风险高。99% 的置信水平上和 95% 的置信水平一样，为了防止未来出现不测，中国大陆的对冲基金应该准备更多的风险资本金。

第四节　量化投资与对冲基金

一、什么是量化投资

量化投资以先进的数学模型代替人为的主观判断和克服人性的弱点，如贪婪、恐惧、侥幸心理，也可以克服认知偏差，借助系统强大的信息处理能力具有更大的投资稳定性，极大地减少投资者情绪的波动影响，避免在市场极度狂热或悲观的情况下做出非理性的投资决策。其实，定量投资和传统的定性投资本质上是相同的，二者都是基于市场非有效或是弱有效的理论基础，而投资经理可以通过对个股估值、成长等基本面的分析研究，建立战胜市场，产生超额收益的组合。不同的是，定性投资管理较依赖对上市公司的调研，以及基金经理个人的经验及主观的判断，而定量投资管理则是"定性思想的量化应用"，更加强调数据、模型。

量化投资是借助现代统计学、数学的方法，从海量历史数据中寻找能够带来超额收益的多种"大概率"策略，并严格按照这些策略所构建的数量化模型来指导投资，力求取得稳定的、可持续的、高于平均的超额回报。1998 年长期资本管理公司依据默顿等诺贝尔经济学家建立的模型，曾在市场上叱咤风云。华尔街另一位传奇人物——詹姆斯·西蒙斯（James Simons）运用数学和统计模型来模拟金融市场的未来走向，然后做出科学投资决策，其旗下的基金在多变的金融市场中取得了骄人的业绩。一时间，基金经理对量化投资十分青睐，尤其以私募基金最为突出。

量化投资必然伴随着程序化交易。程序化交易（Program Trading）是证券交易方式的一次重大的创新。传统交易方式下，一次交易中只买卖一种证券，而程序化交易则可以借助计算机系统在一次交易中同时买卖一揽子证券。根据美国纽约证券交易所（NYSE）网站 2013 年 8 月的最新规定，任何一笔同时买卖 15 只或以上股票的集中性交易都可以视为程序化交易，在之前的 NYSE 程序化交易还包括了一揽子股票的总价值需要达到 100 万美元的条件。

目前，关于程序化交易，学术界和产业界并没有一个统一权威的定义，在国内，通常意义下的程序化交易主要是应用计算机和现代化网络系统，按照预先设置好的交易模型和规则，在模型条件被触发的时候，由计算机瞬间完成组合交易指令，实现自动下单的一种新兴的电子化交易方式。也就是说，国内资本市场对程序化交易的理解，不再如 NYSE 那样着重突出交易规模和集中性，而只强调交易模型和计算机程序在交易中的重要性。

从金融工程和量化投资的角度来讲，程序化交易和高频交易总是形影不离。在交易时间内，金融资产每分每秒都在不停地波动，跟踪金融资产的 1 分钟、5 分钟等交易数据建立模型，开发计算机自动下单程序，当资产价格触及事先设定好的价位便买进或者卖出，实现在瞬息万变的金融市场捕捉提高收益的机会。

二、量化投资的误解

1. 闪电崩盘

2010 年 5 月 6 日下午 2 点 40 分至 2 点 45 分的 5 分钟内，道琼斯 30 种工业平均指数、S&P 500 指数等股票指数跌幅均超过 5%，主要指数悉数暴跌至当日最低点（见图 3-5），随后迅速反弹。在 2 点 40 分至 3 点短短 20 分钟内，涉及 300 多种证券的 20 000 多次交易以偏离其 2 点 40 分时价值 60% 以上的幅度被执行，一些股票成交价格甚至低至 1 美分，或高达 10 万美元。

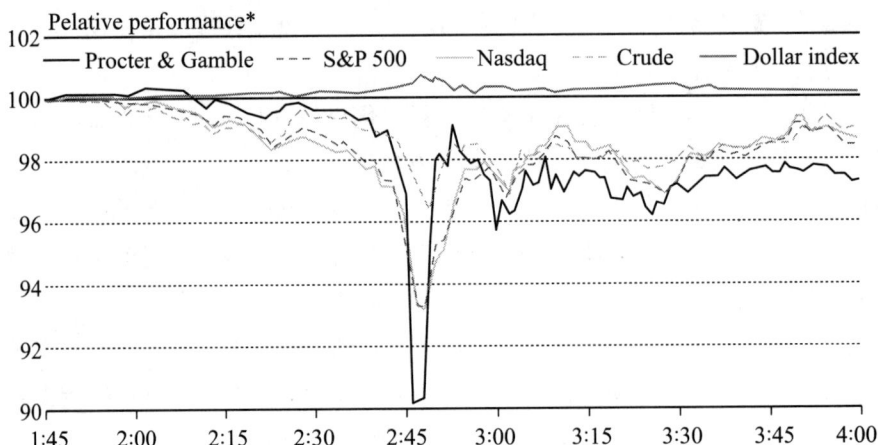

图 3-5　2010 年 5 月 6 日美国股指波动

资料来源：汤姆森。

道指上演百年难遇的跳水——盘中一度重挫超 1 000 点，创下盘中点数跌幅纪录。随后又开始反弹，收盘下跌 347.8 点至 10 520.32 点，跌幅 3.2%，创一年多来最大跌幅。美国另外两大股指也受到波及，标普 500 指数暴跌 3.24%，报收 1 128.05 点，纳斯达克综合指数跌 3.44%。

随后，美国证券交易委员会（SEC）和商品期货交易委员会（CFTC）就导致当日美国股市暴跌的"异常交易"展开调查，高频交易订单被认为是这起灾难的罪魁祸首。一些分析人士认为，股指跳水激发高频交易连锁反应，计算机以闪电般速度接连发出卖单，疯狂寻求止损，最终导致蓝筹股埃森哲公司等多只股票短时间内失去几乎100％市值。

此次崩盘事件引起了美国各界重视，美国监管机构寻求限制高频交易，美国证监会（SEC）随后几年发布了程序化交易市场接入规则和综合审计跟踪规则，提高了资本金监管要求，实行流量控制，对不适当行为采取暂停交易措施，以防暴跌一幕重演。

2. 中国股灾

一场来得太突然的大牛市演绎到 2015 年 6 月 12 日 5 178 点，众多股民还在沉浸在万点不是梦时，市场却掉头向下，短短的一周就下跌了 15％。证监会从一个星期前对疯牛的坐立不安变成了对熊市预期的如坐针毡。6 月底，政府部门已经看出极端危险信号，不断推出救市举措，主流投资机构也积极配合希望稳定市场，但是不断平仓的场外配资却慢慢扭转了市场情绪，悲观情绪仍在蔓延，股市继续快速下跌。

直至 7 月 8 日市场跌到最低点 3 421 点。在不到一个月的时间，市场跌幅超过 30％，创造了中国股市自金融危机以来的快速下跌纪录。2015 年 7 月底，证监会开始把矛头指向程序化交易，认为由于程序化交易的报价行为扰乱了正常的交易，上海和深圳证券交易所于是限制了 24 家投资机构的交易账户（见表 3 - 3）。而市场经历了一个多月的震荡之后，再次下跌并不断创新低，在 8 月下旬短短的一个多星期内，上证指数从 4 000 点连续下跌至 2 850 点。

从上海和深圳两地交易所限制交易账户的名单来看，很多产品都冠上"量化对冲"的称号。经过追根寻源，还发现司度（上海）贸易公司（CITADEL GLOBAL TRADING S. AR. L）是国际著名对冲基金（Citadel Hedge fund）的子公司。这让市场人士认为国际对冲基金正在做空中国。据 Wind 资讯统计，截至 2015 年 12 月，我国市场上有 1 050 只量化对冲产品，而受处分的仅仅 24 家产品，大部分的量化对冲产品都是按照法律和市场规则进行投资，不存在扰乱中国股市交易秩序，我们应该正确认识"量化对冲"在中国市场中不可小觑的作用。

表 3-3   **上海和深圳交易所限制交易账户名单**

上交所公布的 10 家受限制账户名单		深交所公布的 14 个受限制账号信息	
公司名称	证券账户名称	公司名	证券账户名
中融国际信托有限公司	盈融达量化对冲 1 期证券投资集合资金信托计划	中国对外经济贸易信托有限公司	安进 13 期壹心 1 号证券投资集合资金信托计划
中国对外经济贸易信托有限公司	盈融达量化对冲 1 期证券投资集合资金信托计划	兴业国际信托有限公司	泛涵正元证券投资集合资金信托计划
中国对外经济贸易信托有限公司	安进 13 期壹心 1 号证券投资集合资金信托计划	中融国际信托有限公司	盈融达量化对冲 1 期证券投资集合资金信托计划
盈峰资本管理有限公司	盈峰盈宝对冲基金	中国对外经济贸易信托有限公司	盈融达量化对冲 1 期证券投资集合资金信托计划
盈峰资本管理有限公司	盈峰梧桐量化对冲基金	国信期货有限责任公司—司度（上海）贸易有限公司	
深圳市盈峰量化投资管理合伙企业（有限合伙）	深圳市盈峰量化投资管理合伙企业（有限合伙）	深圳市盈峰量化投资管理合伙企业（有限合伙）	
上海新方程股权投资管理有限公司	新方程盈峰量化对冲基金	上海新方程股权投资管理有限公司	新方程盈峰量化对冲基金
深圳市融通资本财富管理有限公司	海通证券—融通资本东海恒信 14 期资产管理计划	盈峰资本管理有限公司	盈峰梧桐量化对冲基金
深圳市融通资本财富管理有限公司	海通证券—融通资本东海恒信 12 期资产管理计划	盈峰资本管理有限公司	盈峰盈宝对冲基金
富安达基金管理有限公司	海通证券—富安达—东海恒信 7 期资产管理计划		顾晓峰、黄长华、姜龙、梁文峰、周丽鹏

三、我国量化投资与对冲基金

英国金融时报（FT）在 2013 年 11 月曾经报道中国本土最大券商中信证券借鉴高盛（Goldman Sachs）的做法，通过旗下中证期货创建了一只 20 亿元基金，以支持中国国内的对冲基金群体。无独有偶，另一家券商华宝证券的资产管理部门也启动类似的基金，规模为 10 亿元[①]。中证期货创新部门负责人还在上海举办名为"量化分析师之战"会议，向投资者和量化对冲基金经理宣讲专业知识和投资策略并促进基金经理之间的相互交流。

很多公司在募集资金成立产品时，忌讳直接冠以"对冲基金"，因为怕招来不必要的监管和麻烦，所以称之为"量化对冲"。现今，全国各地有多家机构专门从事量化投资研究并定期召开量化投资研讨会，为我国量化投资开辟发展道路。

量化对冲基金其实包含三种解释，第一是指量化型的私募基金，第二是指对冲型的私募基金，第三是指量化加对冲基金。我们这里说的是广义的量化对冲基金，即以上三种全部涵盖。

2015 年的股灾，市场一部分人士指责股指期货已成为空头的利用工具，打压股票现货市场。因此监管部门对股指期货持仓数量进行限制，以期减少其被市场空头操纵。股指期货受限对量化对冲基金影响确实非常大，尤其对策略相对单一的私募机构影响更大。因此，很多私募都在开发新策略，如之前以股指期货期现套利为主的私募机构，新开发分级基金套利、阿尔法策略等；以日内股指期货 CTA 策略为主的机构，开发商品期货 CTA 策略或丰富原有商品期货策略、开发量化选股策略；以阿尔法策略为主的机构，有研发引用 A50 做对冲工具的策略，并且已经投入使用，或者将原本完全对冲的阿尔法策略调整为有风险敞口的阿尔法策略，包括暴露净多头敞口或者行业不中性。

中国量化投资市场空间很大，量化投资一定会成为中国投资市场的重要组成部分。

---

① http：//www.ftchinese.com/story/001053498.

【专栏 3 −1】 詹姆斯·西蒙斯与量化投资

一位大型对冲基金的基金经理说:"只有少数几个人改变了我们对市场的看法,凯恩斯是一个,巴菲特是一个,西蒙斯也是其中的一个。"

詹姆斯·西蒙斯(James Simons),量化投资大师、数学家和对冲基金——文艺复兴科技公司(Renaissance Technologies Corp.)掌门人。从 1988 ~ 2008 年,他管理下的大奖章(Medallion)基金的年均净回报率是 35.6%,比索罗斯等投资大师同期的年均回报率要高出 10 个百分点,比同期标准普尔 500 指数的年均回报率则高出 20 多个百分点。

2009 年 10 月,西蒙斯宣布将退居二线,人们不禁要问,文艺复兴科技的光环在失去了西蒙斯后会不会消失?但毋庸置疑,西蒙斯在量化投资领域的地位无可替代,他的"粉丝"众多,用一位资产管理总部总经理章飚的话来说:"他就是我们的巴菲特,我们的神,我们膜拜的对象,因为他赚钱,因为他水平高。"

西蒙斯小档案

1938 年,詹姆斯·西蒙斯出生在美国波士顿郊区一个犹太人家庭,家中经营一家制鞋厂。1958 年,他在麻省理工学院完成了数学本科学位,三年后在加州大学伯克莱分校获得了数学博士学位。

完成学业后的西蒙斯在母校麻省理工学院任教,但一年之后就跳槽去了哈佛大学担任数学教师。两年之后又离开校园加入了美国国防分析研究院,在 1964 ~ 1967 年间,他的工作职责是为国家安全局破译各种密码。重回学术研究领域后,他加入了石溪大学,并在 1968 年被任命为该校的数学系主任。在石溪大学的 8 年时间里,他不仅和陈省身创立了陈 − 西蒙斯理论,而且大大提升了该校数学系在全美拓扑几何研究领域的地位。一些他在研究领域结识的科学家后来还成了他投身资本市场的伙伴。

1976 年,西蒙斯获得了美国数学协会的奥斯瓦尔德·维布伦几何奖。1978 年,西蒙斯离开学术界,投身资本市场。

2009 年 10 月,西蒙斯宣布从 2010 年 1 月 1 日起将退居二线,由鲍勃·默色和彼得·布朗两位联席 CEO 主管文艺复兴科技公司的各项事务,但他仍是公司的控股股东和董事会主席,参与公司的重大决策。

在 40 岁之前,西蒙斯是一位在数学界颇有名望的教授,先后在麻省理工学院、哈佛大学、美国国防分析研究院和石溪大学任职。他和华裔科学家陈省身共同创立的陈－西蒙斯理论推动了拓扑几何的研究进程，被运用在天体物理等领域。

但从学术研究转型后的西蒙斯，在投资领域的风头更劲。

初创时期，西蒙斯和大多数投资者一样，通过关注和分析各种经济数据和宏观事件来做投资判断，而慢慢地，他发现很多价格变化是有规律可循的，并能通过一定的方法来进行预测，因此，到了 1988 年建立大奖章基金时，他把投资方法从判断型转变为量化投资。

大奖章基金的投资产品必须符合三个标准：公开交易品种、流动性足够高、适合用数学模型来交易。而要符合第三个条件，该交易品种必须有充分的可以进行分析的历史价格、交易量等数据，从而找出最适合的交易模型来进行量化投资。西蒙斯认为，数学模型可以降低投资人的风险和所需承受的各种心理压力，因为模型没有感情，一旦选定就会自动执行，能够克服人性在市场面前暴露出来的弱点。

目前，国内量化投资的主要客户群体是追求稳定收益的机构客户。在经历 2015 年 7 月那波股灾后，机构客户对收益率的要求明显降低，但对风险管理的要求却越来越严格。与传统投资相比，量化投资在风控方面具有显著优势。量化投资组合中的股票数量较多，组合的分散化程度较高；量化投资追求策略之间的低相关性，能适应不同的市场环境；量化投资还会使用风险模型精准地控制组合风险。

在信息社会，随着移动互联网的快速普及，海量数据在众多领域不断产生积累，大数据的应用越来越广泛，其带来的影响也是颠覆性的。

在投资领域，大数据正在重塑投资流程。随着海量数据存储和非结构化数据处理技术的逐渐成熟，信息获取更为全面，大数据可以无限接近于真实情况，从而提高模型的前瞻性和准确性。量化投资与大数据相结合，其投资逻辑将从传统的因果关系转向更为广泛的相关关系，有利于发现深层次而又复杂的数据规律，其投资视野和投资效率可以获得显著提升。

资料来源：根据互联网相关资料整理。

【专栏 3 - 2】HOMS 系统与股灾

进入 2015 年，A 股市场迎来了七年未见的牛市行情，沪指一度超过 5 000 点，创业板股票更是疯涨，但随后股灾的开始，让恒生电子开发的 HOMS 系统走入监管和公众的视野，更让开发HOMS系统的项目组成员们想不到的是，这款原本方便私募基金管理资产的软件，会因场外配资而成为本次股灾核心中的核心。

恒生电子（600570），一家中国领先的金融软件和网络服务供应商，据其2012年年报，公司在基金、证券、保险（放心保）、信托资管领域核心市场占有率分别为93%、80%、90%和75%，在证券账户系统、证券柜台系统、银行理财业务平台、信托核心业务平台、期货核心系统的市场占有率分别为57%、43%、85%、41%和42%。由于恒生IT金融系统几乎协助各大金融机构掌握和管理其重要商业数据，在金融数据服务细分行业内，被业内视为占据垄断地位的企业，在2014年被马云收购。

一、什么是恒生HOMS系统?

恒生电子对HOMS系统的最早开发始于2012年。当时一些管理资产数额较大的私募基金客户找到恒生电子，他们希望在原来简单的网上交易系统之外，还能有一个更专业的系统去管理资产。恒生电子当时针对公募基金有一款O3的系统，于是在O3的基础之上，经过一定的改造，开发出一款方便私募基金管理资产的系统，取名HOMS（HUNDSUN, OMS, "恒生订单管理系统"）。HOMS系统有两个独特的功能很受用户的欢迎，一是可以将私募基金管理的资产分开，交由不同的交易员管理。比如，一家私募基金管理资产10亿元，它就可以通过HOMS将其分成10份，交由10个交易员管理，这样就可以通过系统看到哪一个交易员买均价最低，或者卖均价最高，这就有了评价的机制。不仅有评价机制，HOMS系统还有风控机制，比如可以通过系统进行指令管理，要求交易员只能在一定的价格范围内买特定的股票。这些功能对于私募基金来说都特别重要。第二个功能是灵活的分仓。比如，现在很多私募基金通过不同的公司来发行不同的产品，将这些产品分仓到各个地方不方便管理，HOMS提供一套解决方案，为私募基金解决了既要分产品，又要将不同的产品对应不同交易员管理的难题，困扰私募基金的交易员不足和分仓的问题就得以解决。后来，这些功能被一些地下配资公司所注意到，他们发现，使用恒生的HOMS系统既可以灵活地分仓，也可以方便地对融资客户实行风控，这就将以前手动的操作过程自动化了。

二、什么是场外配资

配资就是借钱炒股，你出 1 万块别人出 9 万块，这就是 10 倍杠杆，挣了 10% 就等于赚了 1 万相对本金翻番，跌 10% 配资公司就会强制平仓，股民损失所有本金。场外配资是因为"融资融券"门槛较高，杠杆比例控制严格而出现，在浙江的温州、台州等地历来兴旺，并且利润惊人，但这个行业的风控一直比较原始，往往只能通过黑社会催收等手段实现。2014 年，随着政府鼓励互联网金融创新，一些 P2P 公司逐渐发现 HOMS 系统在风控上的优势，纷纷加入了配资业，并形成了负债端给用户固定收益的产品，资产端给股票融资客户融资的商业模式，典型如前文开头提到朋友创立的米牛网，形成了一大批场外配资公司。

配资公司以恒生电子的 homs 系统为核心，表现形式看上去功能仅仅是一个股票账户可以让很多人一起操作，而实际上该系统击穿了中国证监会的监管，比如外资可以通过 homs 系统进入股市，完全不需要什么身份证、户口本，监管层都不知道谁卖的，而最可怕的是，实际上 homs 实现了一整套券商系统，也就是说最顶层的国营券商只是个接口，任何人都可以自己开一个私营的券商，还可以发展下线。

在《雪球》关于恒生 HOMS 系统的评论中，有一段话："2014 年，某银行改变了这一切。我们都知道我们经济处在 NB 周期，银行信贷政策有了调整。某银行发现，比起实业信贷，股票配资的风险实在是很小，资金完全可控，只要做好了风控，风险也完全可控。于是，对配资业务大开绿灯，敞开供应。信托公司最开始做解决方案，就是用伞形信托的形式，将银行的资金批发出来，拆分成最少 100 万元的规模，零售给融资人。他们凭借低利息、规范的操作；瞬间引爆了市场。而信托公司做这件事的账户工具，就是 homs 系统。它的子账户管理系统，能够把信托账户，拆分成多个独立的账户单元，可以独立地从事证券交易。对于民间配资业务而言，第一次没有资金和账户的限制，在强大的需求面前，市场疯了。银行借钱给信托公司，收 6% 一年；信托公司批发出来 7%~9%，配资公司直接给客户，24% 起，真是暴利。"

资料来源：根据互联网相关资料整理。

第四章

对冲基金投资与股市波动

2015年6月中国股市出现大幅回调，为防止股市非理性下跌，证监会对存在严重异常交易行为的证券账户采取了限制交易举措。在被限制的34个账户中，机构账户20个，其中涉及产品多数为量化对冲产品，私募机构成为被限制的重点。证监会对所有的程序化交易也实施了限制措施：规定每天报单总次数不得超过400次，每日交易手数不得超过1 200手。对冲基金交易被认为具有涉及市场操纵，扩大市场波动之功效。

被认为本次股灾的罪魁祸首之一的"股指期货"最近也进行了严格监管，对注重利用股指期货对冲的对冲基金来说是一个重大打击。种种迹象表明，在证券监管部门看来，对冲基金通过跨市场交易、现货市场的程序化交易等交易行为在一定程度了增加了市场的波动，加速了股价的下跌。

上述基金都属于阳光私募基金的范畴。近年来阳光私募行业发展迅速，但与行业规模井喷状况相反，由于私募基金缺少统一的信息披露规范，也加之其本身私密性强等特点，使得衡量市场整体收益的私募基金指数发展相对缓慢，公开发布的权威指数寥寥无几。因此关于对冲基金对股市波动影响的实证研究不多，也不够深入。

本章将利用对冲基金指数数据以及股市相关数据，采用计量经济学实证方法探讨对冲基金对证券市场的影响，考虑到对冲基金与股指期货之间存在的密切关系，通过加入股指期货，进而综合分析三者之间的关系。

第一节　相关研究及评述

目前，对阳光私募基金的研究主要集中在以下几个方面：

一、阳光私募基金的业绩评价

罗福立（2012）运用 T－M 和 H－M 模型对 2010 年 63 只阳光私募基金的选股能力和择时能力进行了实证分析。结果显示具有选股能力的基金只占小部分，大多数基金不具备选股能力；除极个别基金具有择时能力外，其他基金并不具备择时能力，并且一些基金由于较差的择时能力反而拖累了业绩。苏胜强、许月丽、罗福立（2012）从阳光私募基金的收益与风险关系来看，可能并不一定表现为理论预期的高收益—高风险特征。中国阳光私募基金行为的复杂性，决定了关于其风险与收益关系的判断更多是一个实证问题。采用分组方式描述性统计方法和计量模型方法进行分析，结果发现，在市场上涨和下跌时，风险与收益表现出不同的关系特征。巩云华、姜金蝉（2012）通过对私募证券基金行为特征的实证分析，考察私募基金投资行为对市场稳定性的影响。发现我国私募证券基金并非总是坚持价值投资理念，而是存在频繁交易、反馈交易等非理性特征，这种行为不利于市场稳定，需要对其加强引导和监管。何诚颖、蓝海平、陈锐、徐向阳（2014）实证分析了我国阳光私募基金 1 300 多只产品自成立以来到 2013 年底的绩效与投资管理技能，发现仅有 3% 不到的基金产品表现出稳健的投资技能，在整体表现上良莠不齐，而统计结果表明各基金产品管理人在非正态风险尤其是尾部风险上的控制普遍不足。阳光私募基金唯有加强研究投入、建立良好的人才培养与激励机制以及完善公司治理才能获得稳健、持续业绩。陈道轮、陈强、陈工孟（2014）对比考察了融资融券和股指期货推出后出现的三种新型阳光私募与传统的股票策略阳光私募、共同基金和市场指数的绩效表现。研究发现：（1）相对价值和债券策略阳光私募明显优于传统投资工具和市场指数。前者具有"低风险—高收益"的良好性质，其表现尤为突出。（2）尽管事件驱动阳光私募具有较高风险，但是其收益指标优于传统投资工具和市场指数。（3）传统因子模型无法解释相对价值和债券策略阳光私募的绩效表现。文章研究表明，中国已经出现真正的"对冲基金"。

二、阳光私募与公募基金的比较方面

现有文献倾向于认为阳光私募基金相对公募基金具有较强的投资能力，总体表现能够超越大盘指数的表现。赵娇、闫光华（2011）考查了阳光私募基金与公募基金经理业绩的持续性，发现我国阳光私募基金经理的选股能力和择时能力略优于公募基金经理，而公募基金收益的持续性高于阳光私募。蒋卫华（2012）从管理规模、激励机制、仓位控制等方面对阳光私募基金与公募基金进行了比较，阐述了阳光私募基金业绩更好的内在原因。严武、熊航（2015）基于公募基金经理转投阳光私募基金前后业绩对比的视角，借助多种基金业绩评价模型对基金经理转投前后投资绩效进行了分析，发现基金经理从公募基金转投阳光私募基金后的综合投资能力出现显著提高，并且主要体现在转投后择时能力的显著提高，而择股能力则出现下降。

三、阳光私募基金成立与业绩跟踪方面

这方面的研究主要是通过阳光私募的发行状况来研判未来市场行情。海通证券金融产品研究中心通过跟踪私募基金综合指数、非结构化私募基金指数等对阳光私募基金产品的业绩进行了评价和分析。郭国峰、郑召锋（2013）从阳光私募成立时机选择的视角，运用阳光私募基金成立的数量以及大盘指数采用门限 GARCH 计量方法分析，发现阳光私募基金具有一定的择时能力，但是大盘指数对阳光私募成立数量的影响是持久的，当阳光私募成立数量波动大于 80% 时，阳光私募的择时能力更加突出。陈道轮、陈强、陈工孟（2013）利用包括消亡基金在内的大样本阳光私募分析了尚未在公募基金中发生的消亡现象。发现该行业的年消亡率达 13.55%，相应的幸存者偏误为 0.99%/年。Probit 消亡模型表明，不同于美国对冲基金，我国阳光私募的消亡与其原始收益率无关，但与风格调整后收益率（原始收益率与同期行业平均收益率的差

额）显著负相关。另外，业绩波动大、规模小和年轻的基金容易消亡，而固定管理费和业绩提成费高的基金则容易存活。

国外存在大量研究对冲基金的文献，本报告无意综述，请参见刘锦成、张建华、张文慧（2015），该文梳理了对冲基金与股市稳定之间的关系，发现对冲基金与股市的关系并不稳定。

第二节　研究方法

本报告选取好买中国对冲基金指数（2006.12.29～2016.1.31）、结构化对冲基金指数（2008.1.2～2016.2.16）、非结构化对冲基金指数（2008.1.2～2016.2.16）、万德股票型阳光私募指数（2008.1.2～2016.2.16）作为分析对象。为分析对冲基金与大盘之间的关系，由于沪深两市分割，而沪深300指数良好的代表性，我们选取了沪深300指数替代大盘指数，并选取沪深300股指期货进行分析。所有数据来源于万德、同花顺数据库。

本报告主要使用Granger因果关系检验、GARCH模型探讨不同变量之间的关系。

一、Granger 因果关系检验

Granger因果关系检验是先对变量进行VAR回归，通过检验约束变量的联合显著性来判断变量之间变动的先后关系。Granger因果关系对滞后阶数选择非常敏感，如果不同滞后阶数导致的结论相异，那么只能表明变量之间的因果关系并不稳定。即使选择阶数对应AIC或SC最小，但由于通常不同阶数对应AIC或SC相差不大，依赖一个最优的滞后阶数得到的结论并不稳健，这在多数研究中没有得到重视。因此本书中，一方面如果AIC与SC对应的最优阶数不一致，就选择最大似然值最大者对应的阶数作为最优阶数。如果最优阶数和其他不同阶数对应结论相同，那么结论将十分可靠。若最优阶数对应因果关系显著，其他多数阶数对应因果关系也显著，这表明最终结果的因果关系比较强烈。但若其他多数最优阶数对应的因果关系并不显著，那么我们也只能认为因果关系并不强烈。若最优阶数对应因果关系不显著，而其他多数阶数对应因果关系却显著，这并不能排除最终结果之间不存在因果关系。

二、GARCH（p，q）模型分析

OLS 回归的前提假设是：随机误差项的均值为 0，随机误差项同方差，不同的误差项相互独立，解释变量与误差项不相关，误差项服从正态分布。大量经典事实表明误差并不符合上述假设。另外由于收益率序列普遍存在波动集聚性，使用 OLS 回归会带来较大偏差。相比之下 GARCH（p，q）模型有了较大改善，GARCH（1，1）模型已经能对多数金融时间序列作出很好的估计。为了更加符合收益的尖峰厚尾特性，对残差选取广义误差分布模型（GED）。

GARCH（1，1）：均值方程：$y_t = x_t\gamma + \mu_t$，$t = 1，2，\cdots，T$，方差方程：$\sigma_t^2 = \varpi + \alpha \cdot \mu_{t-1}^2 + + \beta \cdot \sigma_{t-1}^2$。其中 y_t 为收益率，x_t 为 $1 \times k$ 维系数行向量，γ 是 $k \times 1$ 维列向量，μ_t 为残差，σ_t^2 是以前面信息为基础的一期向前预测方差，即条件方差。为保证条件方差（σ_t^2）为正且非预期收益率（μ_t）服从宽平稳过程，条件方差方程中的各项系数需满足：$\varpi > 0$，$\beta > 0$，$\alpha > 0$，$\alpha + \beta < 1$。

为了区分不同阶段中信息冲击的非对称反应，笔者选取了 TARCH（1，1）模型进行研究。

TARCH（1，1）模型可以表述为：

$$y_t = x_t\gamma + \mu_t，\quad t = 1，2，\cdots，T，\quad \sigma_t^2 = \varpi + \alpha \cdot \mu_{t-1}^2 + \gamma \cdot \mu_{t-1}^2 I_{t-1}^- + \beta \cdot \sigma_{t-1}^2$$

其中 x_t 是 $1 \times k$ 维系数行向量，γ 也是 $1 \times k$ 维列向量。μ_t 为残差，σ_t^2 是以前面信息为基础的一期向前预测方差，即条件方差。为保证条件方差（σ_t^2）为正且非预期收益率（μ_t）服从宽平稳过程，条件方差方程中的各项系数需满足：$\varpi > 0$，$\beta > 0$，$\alpha > 0$，$\alpha + \gamma > 0$，$\alpha + \beta + \dfrac{\gamma}{2} < 1$。

I_{t-1}^- 是一个虚拟变量，当 $\mu_{t-1} < 0$ 时，$I_{t-1}^- = 1$；否则 $I_{t-1}^- = 0$，只要 $\gamma \neq 0$，就存在非对称反应。好消息（$\mu_{t-1} > 0$）和坏消息（$\mu_{t-1} < 0$）对条件方差有不同的影响，好消息有一个 α 倍的冲击，而坏消息有一个（$\alpha + \gamma$）倍的冲击，如果 $\gamma > 0$，说明坏消息相对好消息使得波动增大，即存在杠杆效应；如果 $\gamma <$

0，则坏消息相对好消息使得波动减小。

第三节　实证分析

一、描述性统计

由图 4-1～图 4-4 可以看出，对冲基金指数与沪深 300 指数基本呈现通胀共跌现象，虽然存在紧密程度不同，但这表明两者之间存在密切关系。

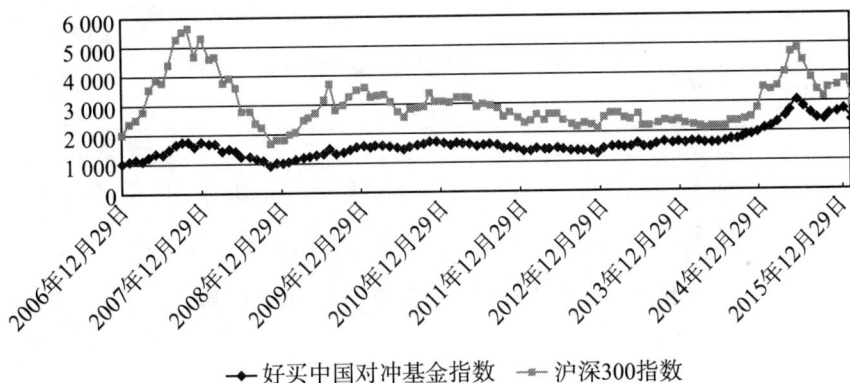

◆ 好买中国对冲基金指数　— 沪深300指数

图 4-1　好买中国对冲基金指数与沪深 300 指数

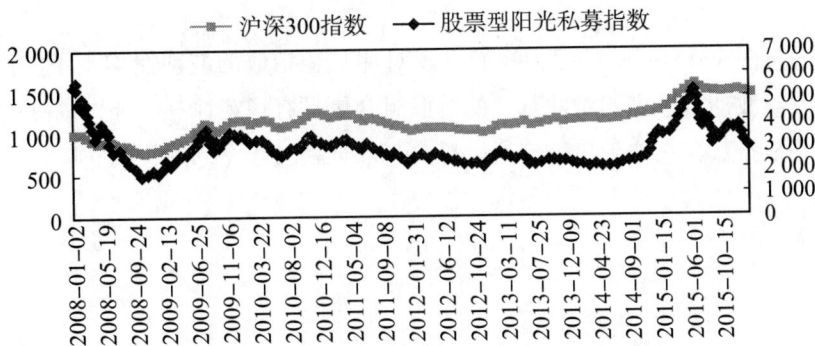

— 沪深300指数　◆ 股票型阳光私募指数

图 4-2　沪深 300 指数与股票型阳光私募基金

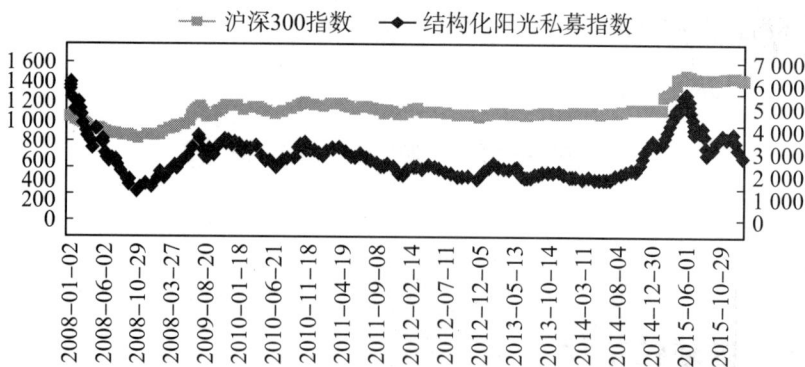

图4-3　沪深300指数与结构化阳光私募指数

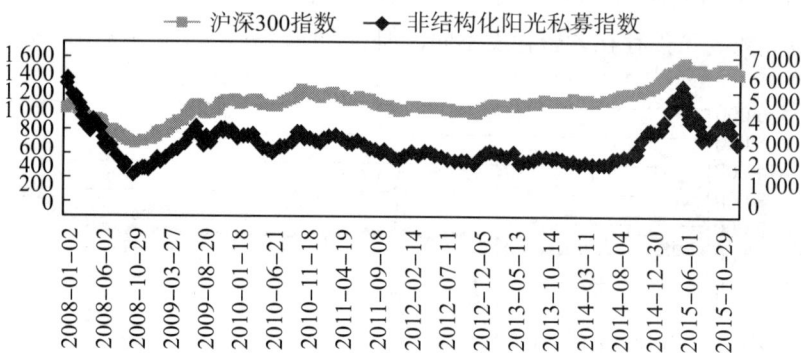

图4-4　沪深300指数与非结构化阳光私募指数

二、收益波动

通过图4-5～图4-8，我们发现对冲基金指数的波动性均小于沪深300指数收益波动，这表明对冲基金的持股组合更具有稳定性。另外，也可以看出对冲基金指数存在波动集聚特征，符合一般金融时间序列的特征。

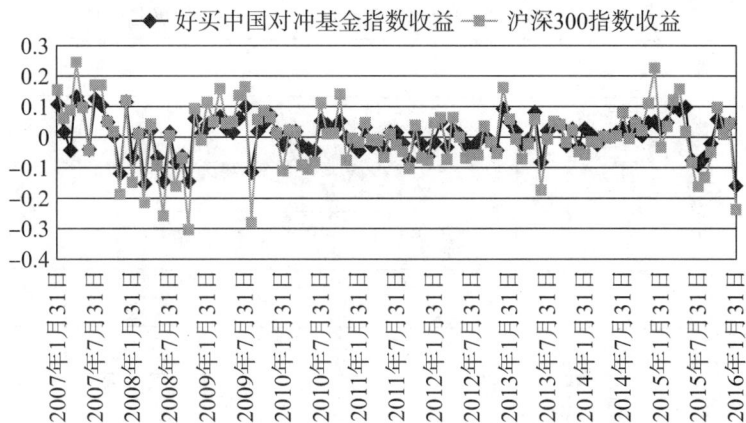

图4-5 好买中国对冲指数收益与沪深300指数收益

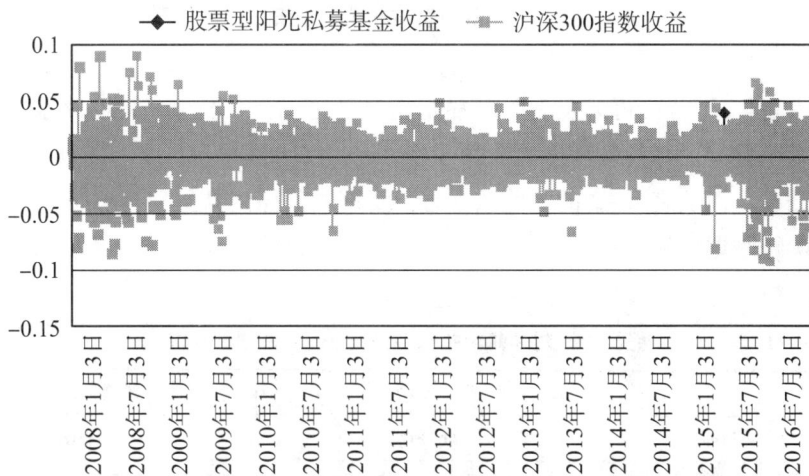

图4-6 沪深300指数收益与股票型阳光私募基金收益

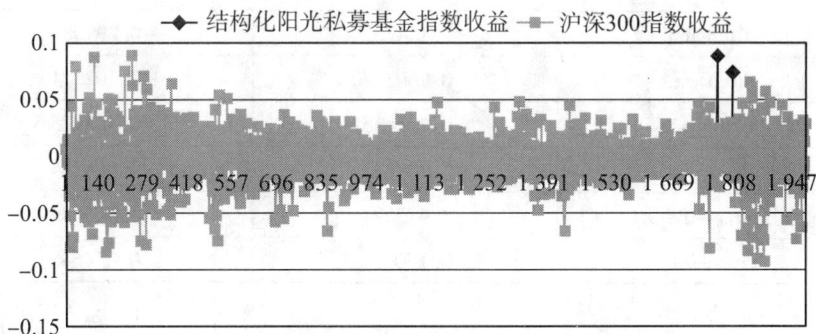

图4-7 沪深300指数收益与结构化阳光私募指数收益

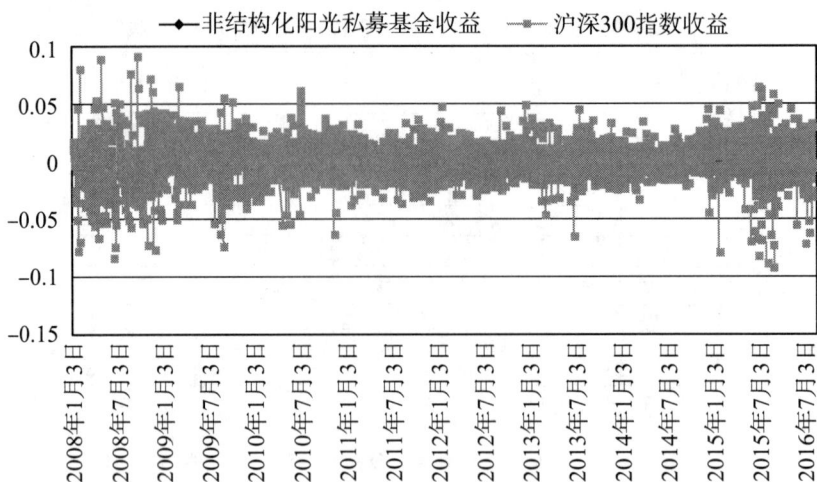

图 4-8　沪深 300 指数收益与非结构化阳光私募指数收益

由表 4-1 分析可以发现，对冲基金收益远高于沪深 300 指数收益，表明对冲基金具有更好的管理能力。由于表 4-1 数据频率为月度，序列并不违反正态分布。但从表 4-2 的日度数据看，所有时间序列都呈现非正态分布特征，存在尖峰厚尾特征。

表 4-1　　　　　　好买中国对冲基金指数收益与沪深 300 指数收益

	好买	沪深 300
Mean	0.007817	0.003367
Median	0.017800	0.009107
Maximum	0.133699	0.246305
Minimum	− 0.154732	− 0.299087
Std. Dev.	0.060337	0.102011
Skewness	− 0.422635	− 0.463975
Kurtosis	3.224383	3.666234
Jarque − Bera	3.473594	5.926689
Probability	0.176083	0.051646

表 4 – 2　　　股票型阳光私募（结构化、非结构化）指数收益与沪深 300 指数收益

	股票型	结构化	非结构化	沪深 300
Mean	0.000191	0.000139	0.000141	– 0.000290
Median	3.62E – 05	0.000000	2.54E – 05	0.000398
Maximum	0.040022	0.089183	0.027747	0.089310
Minimum	– 0.028995	– 0.028508	– 0.037839	– 0.091542
Std. Dev.	0.004631	0.004254	0.004506	0.019405
Skewness	0.056464	7.196989	– 0.426098	– 0.443924
Kurtosis	13.48883	153.1970	13.90188	5.994776
Jarque – Bera	9040.664	1870632.	9825.257	801.6968
Probability	0.000000	0.000000	0.000000	0.000000

三、Granger 因果关系检验

Granger 因果关系表明，除了表 4 – 3 中好买中国对冲基金指数收益不是沪深 300 指数收益的 Granger 因果关系，其他的对冲基金指数收益和沪深 300 指数收益存在相互的 Granger 因果关系，并且在不同阶数上表现出较强稳定性。应注意的是，这些指数中股票型阳光私募指数与股票市场之间的关系最为密切，结论表明对冲指数基金与大盘指数之间存在显著的因果关系（见表 4 – 4 ~ 表 4 – 6）。

表 4 – 3　　　　　好买中国对冲指数收益与沪深 300 指数收益

原假设 H	滞后期	全期间	
		F 值	P 值
	0	1.8031	0.1700
	1	2.3105	0.1315
好买不是沪深 300 的 Granger 原因	2	1.8031	0.1700
	3	1.2936	0.2809
	4	0.7677	0.5488
	5	0.6909	0.6315

原假设 H	滞后期	全期间	
		F 值	P 值
沪深 300 不是好买的 Granger 原因	0	3.6458	0.0296
	1	4.9266	0.0286
	2	3.6458	0.0296
	3	2.5923	0.0569
	4	1.9866	0.1033
	5	1.8031	0.1198

注：若 AIC、SC 阶数一致，则确定该阶数位最优阶数。当 AIC、SC 阶数不一致时，再比较 LR 值大小选取的最优阶数。 *** 、 ** 、 * 分别表示估计系数在 1%、5%、10% 水平上显著，后表皆同。

表 4 – 4　　　　　　　沪深 300 指数收益与股票型阳光私募

基金收益 Granger 因果关系

原假设 H	滞后期	全期间	
		F 值	P 值
股票型不是沪深 300 的 Granger 原因	1	14.9232	0.0001
	2	9.8379	0.0000
	3	6.7833	0.0002
	4	5.4491	0.0002
	5	5.1047	0.0001
	6	5.5249	0.0000
沪深 300 不是股票型 的 Granger 原因	1	60.8668	0.0000
	2	38.5726	0.0000
	3	39.2166	0.0000
	4	59.1156	0.0000
	5	50.1420	0.0000
	6	43.3286	0.0000

表 4 - 5　　　　　　　　　沪深 300 指数收益与结构化阳光私募指数
收益 Granger 因果关系

原假设 H	滞后期	全期间	
		F 值	P 值
结构化不是沪深 300 的 Granger 原因	1	14.9232	0.0001
	2	9.8379	0.0000
	3	6.7833	0.0002
	4	5.4491	0.0002
	5	5.1047	0.0001
	6	5.5249	0.0000
沪深 300 不是结构化的 Granger 原因	1	60.8668	0.0000
	2	38.5726	0.0000
	3	39.2166	0.0000
	4	59.1156	0.0000
	5	50.1420	0.0000
	6	43.3286	0.0000

表 4 - 6　　　　　　　　　沪深 300 指数收益与非结构化阳光私募指数
收益 Granger 因果关系

原假设 H	滞后期	全期间	
		F 值	P 值
非结构化不是沪深 300 的 Granger 原因	1	18.3450	0.0000
	2	11.3753	0.0000
	3	7.4873	0.0000
	4	5.8959	0.0000
	5	5.6731	0.0000
	6	6.1504	0.0000
	7	5.4761	0.0000

原假设 H	滞后期	全期间	
		F 值	P 值
沪深300不是非结构化的 Granger 原因	1	68.6558	0.0000
	2	43.8119	0.0000
	3	43.7521	0.0000
	4	66.9796	0.0000
	5	57.3407	0.0000
	6	50.5525	0.0000
	7	44.5594	0.0000

四、回归分析

由于对冲基金可能会采用股指期货进行对冲操作，我们对基金指数、大盘指数、股指期货三个变量进行计量分析。经过验证，各收益序列均不存在单位根现象，都是平稳的时间序列，因此可以直接进行回归分析。我们选取与大盘指数关系最密切的股票型阳光私募指数作为分析对象。

基本方程如下：$return1 = c + c1^* return2 + c2^* return3$ (4 – 1)

$$Return2 = c + c1^* return1 + c2^* return3 \qquad (4 – 2)$$

$$Return3 = c + c1^* return1 + c2^* return2 \qquad (4 – 3)$$

其中，return1、return2、return3 分别代表股票型阳光私募指数、沪深300指数、股指期货指数。

由于各时间序列均非正态分布，存在有偏、尖峰的现象。并且各时间序列存在集簇现象。这样使用简单的 OLS 回归势必存在较大偏差。我们使用 TARCH(1，1) 模型进行分析。

从收益方程 1 看（见表 4 – 7），当期沪深300指数以及股指期货都对对冲基金指数产生正向影响，股指期货的影响更大。前期的沪深300指数对对冲基金产生轻微的负向影响，但前期的股指期货仍对对冲基金产生较大的正向影响。方程在 5% 的水平上显著。

表 4 - 7   方程 1

Variable	Coefficient	Std. Error	z - Statistic	Prob.
C	1.80E - 05	2.91E - 07	61.76565	0.0000
RETURN2	0.001143	4.48E - 05	25.53259	0.0000
RETURN3	0.006485	7.08E - 05	91.61217	0.0000
RETURN2(- 1)	- 0.001794	7.43E - 05	- 24.15320	0.0000
RETURN3(- 1)	0.003964	6.52E - 05	60.78396	0.0000
Variance Equation				
C	- 2.85E - 08	1.09E - 07	- 0.261896	0.7934
RESID(- 1)^2	0.021733	0.011686	1.859680	0.0629
RESID(- 1)^2 * (RESID(- 1) <0)	0.075912	0.049879	1.521939	0.1280
GARCH(- 1)	0.979665	0.008506	115.1776	0.0000
GED PARAMETER	0.220681	0.011670	18.91060	0.0000
R - squared	0.012082	Mean dependent var		0.000149
Adjusted R - squared	0.009275	S. D. dependent var		0.004602
S. E. of regression	0.004581	Akaike info criterion		- 10.51895
Sum squared resid	0.029545	Schwarz criterion		- 10.48177
Log likelihood	7 441.635	Hannan - Quinn criter		- 10.50505
F - statistic	1.913260	Durbin - Watson stat		1.845241
Prob(F - statistic)	0.046308			

从条件方差方程看，前期残差的均值与方差都对未来产生正向影响。从非对称信息看，尽管坏消息相比好消息使得波动增大，但由于不显著，表明好坏消息对信息的冲击并没有不同。

从收益方程 2 看（见表 4 - 8），当期与前期对冲基金指数对当期沪深 300 指数虽然存在正向影响，但并不显著，而股指期货对当期沪深 300 指数的影响极大。

表 4 – 8　　　　　　　　　　　　　　方程 2

Variable	Coefficient	Std. Error	z – Statistic	Prob.
C	– 0.000103	0.000106	– 0.969146	0.3325
RETURN1	0.034800	0.023044	1.510151	0.1310
RETURN3	0.931206	0.006786	137.2192	0.0000
RETURN1(– 1)	0.006000	0.023434	0.256061	0.7979
RETURN3(– 1)	0.042063	0.007718	5.450224	0.0000
Variance Equation				
C	2.27E – 06	5.19E – 07	4.366906	0.0000
RESID(– 1)^2	0.169687	0.039498	4.296112	0.0000
RESID(– 1)^2 * (RESID(– 1) <0)	0.190944	0.069875	2.732653	0.0063
GARCH(– 1)	0.691309	0.032367	21.35814	0.0000
GED PARAMETER	1.342023	0.062021	21.63805	0.0000
R – squared	0.813789	Mean dependent var		– 3.18E – 05
Adjusted R – squared	0.813260	S. D. dependent var		0.016614
S. E. of regression	0.007180	Akaike info criterion		– 7.751823
Sum squared resid	0.072579	Schwarz criterion		– 7.714644
Log likelihood	5 486.663	Hannan – Quinn criter		– 7.737931
F – statistic	683.7023	Durbin – Watson stat		2.389531
Prob(F – statistic)	0.000000			

从条件方差方程看，前期残差的均值与方差都对未来产生显著的正向影响。从非对称信息看，坏消息相比好消息使得波动显著增大。

另外该方程的拟合优度很高。

从收益方程 3 看（见表 4 – 9），当期对冲基金指数对股指期货指数在 10% 显著水平上存在正向影响，而当期沪深 300 指数对股指期货的影响极大。但是前期无论是对冲基金指数还是沪深 300 指数，对股指期货的影响都不显著。

表 4 - 9   方程 3

Variable	Coefficient	Std. Error	z - Statistic	Prob.
C	7.70E - 05	9.92E - 05	0.776448	0.4375
RETURN1	0.037910	0.021725	1.744994	0.0810
RETURN2	0.947455	0.006886	137.5842	0.0000
RETURN1(- 1)	- 0.032700	0.023115	- 1.414655	0.1572
RETURN2(- 1)	0.004563	0.007538	0.605328	0.5450
Variance Equation				
C	2.02E - 06	4.75E - 07	4.258624	0.0000
RESID(- 1)^2	0.327382	0.053561	6.112337	0.0000
RESID(- 1)^2 * (RESID(- 1) <0)	- 0.154204	0.064236	- 2.400568	0.0164
GARCH(- 1)	0.716765	0.028985	24.72923	0.0000
GED PARAMETER	1.191823	0.055917	21.31399	0.0000
R - squared	0.823127	Mean dependent var		- 8.79E - 05
Adjusted R - squared	0.822625	S. D. dependent var		0.018596
S. E. of regression	0.007832	Akaike info criterion		- 7.724609
Sum squared resid	0.086430	Schwarz criterion		- 7.687451
Log likelihood	5 471.299	Hannan - Quinn criter		- 7.710725
F - statistic	728.5761	Durbin - Watson stat		2.401947
Prob(F - statistic)	0.000000			

从条件方差方程看，前期残差的均值与方差都对未来产生显著的正向影响。从非对称信息看，好消息相比坏消息使得波动显著增大。

第四节 结论与建议

一、主要结论

对冲基金指数与沪深 300 指数之间存在密切关系，但收益与风险存在不对称现象，对冲基金的收益高于沪深 300 指数收益，但风险却小于沪深 300 指数。除了好买中国对冲基金指数收益不是沪深 300 指数收益的 Granger 因果关系，其他的对冲基金指数收益和沪深 300 指数收益存在相互的 Granger 因果关系。这表明对冲基金不仅受到大盘指数的影响，也对大盘指数产生显著影响。GARCH(p，q) 模型表明，沪深 300 指数以及股指期货都对对冲基金指数产生正向影响，股指期货的影响更大。对冲基金指数对沪深 300 指数、股指期货也存在正向影响，但前者不显著。前期残差的均值与方差都对未来产生显著的正向影响。一般来说，好消息相比坏消息使得波动显著增大。

二、政策建议

1. 未来对冲基金仍处于行业发展的黄金阶段，对冲基金需要规范发展

每一次市场下跌都是考验，每一次"股灾"都能让我们不断思考、不断反省、不断进步。据显示，截至 2014 年末，对冲基金的整体规模在 6 570 亿元左右，而在政策的扶持下和牛市的刺激下，这一规模增在股灾前增长到接近 1.5 万亿元的水平，已经翻了 1 倍有余。由于股指期货是对冲基金使用的重要衍生工具，在股指期货受到限制情况下，不少基金只能移师海外。股灾过后，中国对冲基金规模增长速度短期放缓，但长期而言，未来十年，仍会是行业发展的黄金时期。

私募基金在资金募集、投资研究、投资运作、运营保障、信息披露等方面需要更加自律、规范，完善公司基本制度建设。投资者通过特定的渠道，将会对私募基金有更全面的了解。中国基金业协会应抓紧修订《私募投资基金管理人登记和基金备案办法（试行）》，尽快颁布私募基金募集、基金合同内容与必备条款、私募基金管理人从事投资顾问服务、托管、外包等系列行业行为管理办法和指引，不断完善私募基金行业自律管理的规则体系，营造规范、诚信、创新的私募行业发展环境。

2. 加强对冲基金监管

实证表明，虽然对冲基金对大盘收益的影响还不能完全确定，但增大大盘

指数收益波动的结论基本可以确定。因此需要加强对对冲基金监管，降低市场投机行为，从而稳定证券市场。目前，对冲基金可以通过大额交易以及复杂多变的交易方式影响股票价格走势，并且通过高杠杆撬动更多资金从而增加对市场的影响。证监会的举措也表明了这一点。2015 年度中国证监会稽查执法情况通报，2015 年 1 ~ 12 月，证监会系统共受理违法违规有效线索 723 件，较上年增长明显，新增立案案件共计 345 件，同比增长 68%。针对影响市场秩序的突出问题，重点打击惩处操纵市场案件，立案调查共计 71 起，案件数量创下近三年来新高，占比达到 21%，同比增长 373%，其中又以信息操纵、滥用程序化交易操纵、滥用融资融券操纵等新型操纵案件为重点。因此，监管机构应该对对冲基金加强监管。2016 年 2 月初，《私募投资基金管理人内部控制指引》、《私募投资基金信息披露管理办法》、《关于进一步规范私募基金管理人登记若干事项的公告》相继出台，进一步规范私募基金的运作，为对冲基金的规范发展奠定了基础。

第五章

对冲基金监管与展望

随着中国资本市场的发展，对冲基金已经成为资本市场重要的参与力量。过去三年来，随着私募基金监管政策的出台，对冲基金取得了迅猛大发展。

截至 2016 年 1 月底，基金业协会已登记私募基金管理人 25 841 家。已备案私募基金 25 461 只，认缴规模 5.34 万亿元，实缴规模 4.29 万亿元。私募基金从业人员 38.99 万人。私募基金管理人按正在管理运行的基金总规模划分，管理规模在 20 亿~50 亿元的 292 家，管理规模在 50 亿~100 亿元的 114 家，管理规模 100 亿元以上的有 88 家。

在 2014 年和 2015 年每年新对冲产品的成立数量出现"井喷"。2014 年，有 11 742 只私募产品成立。2015 年，新发产品数量达到 24 264 只。据私募排排网数据中心统计，截至 2016 年 2 月，新发对冲基金产品数量已经达到了 1 793 只。

但是，中国证监会等监管部门对对冲基金的监管一直不敢放松，对冲基金行业发展充满较强的不确定性。本章主要通过对海外对冲基金监管的跟踪分析，进一步对中国对冲基金发展进行展望分析。

第一节　海外对冲基金监管体系的演进

20 世纪 90 年代以来，世界经济特别是新兴市场的经济基本面特别不平衡，另外由于金融系统的不健全，对冲基金的投机活动给全球经济和金融系统造成了一定的混乱。已经发生的东南亚金融危机、LTCM 危机及次级贷款问题乃至最近发生的世界金融危机，都与对冲基金的投资活动有密切关联。对冲基金攻击泰铢，受到许多国家政府和金融当局的批评。再者，由对冲基金 LTCM 的巨额损失引发金融系统的动乱，国际金融市场中对冲基金的存在感和影响力越来越大，各国的金融当局深感不安。各国纷纷就如何监管对冲基金展开持续讨论。

据德意志银行估计 2014 年全世界的金融资产约为 294 万亿美元，对冲基金的运用资产余额占金融市场整体资产不到 1%。但是从增长的速度这个观点来看的话，金融资产与 1990 年相比增长了约 6.6 倍，而对冲基金管理的资产增长速度约为 61 倍，可见成长之迅速。此外，许多对冲基金以杠杆 2.5～3.5 倍运用，按此计算，对冲基金的资产规模更大，影响市场能力并没有完全显露出来。

市场规模快速扩张的对冲基金为了寻求更高的回报，采取多元化投资策略和高度的杠杆效应。此外为了捕捉市场收入机会增加交易频率，扩大了金融市场的日常波动幅度。像这样的行为很容易促发金融市场不稳定。为了抑制对冲基金对金融市场的影响，世界各国的金融监管部门和行业协会开始讨论有关对冲基金的监管制度。

一、业界的自我监管

对冲基金业界自发成立的团体另类投资管理协会（Alternative Investment Management Association：AIMA），HFWG（Hedge Fund Working Group）和 MFA（Managed Funds Association）为了应对市场和有关金融当局的担忧，以促进对冲基金经理人的行动规范和自主纪律，促进业界健全成长为目标。由三个团体磋商提议，并公布对冲基金行动规范，主要包括四点内容[①]。

---

① 由以下资料整理而成：

AIMA，"Guide to Sound Practices for Hedge Fund Valuation"，2007.

HFWG，"Hedge Fund Standards：Final Report"，January 2008.

MFA，"Sound Practices for Hedge Fund Managers"，November 2007.

1. 信息披露透明化

对冲基金有必要适当地披露投资组合的构成、融资融券规模、收益状况等信息。基金经理人必须告知投资者基金的投资政策、投资策略、潜在风险等。

2. 公正的评估资产

明确资产评估的方针和程序，避免利益冲突，委托有能力、独立的第三方进行资产估值。大多数对冲基金依靠业绩来提取手续费，如果对冲基金经理人自行进行资产评估，往往会发生利益冲突。为了防止这种情况发生，应该充分利用外部的第三方评级机构。

3. 风险管理制度的完善

对冲基金的经理人根据投资规范中的风险管理和信息披露为基准，构筑管理投资组合风险、操作风险、风险外包的风险管理体制。

4. 管理能力的提高

对冲基金投资行为具有高度灵活性，而且自由使用杠杆，对冲基金的管理体制薄弱，这是对冲基金特有的风险。利用独立的机构进行评价对冲基金是否具有良好的管理体制，推行合理的管理，提高管理的透明度，可防御许多对冲基金所面临的重大风险。

然而对冲基金能否贯彻业界团体提出的要求，仍然受到了很多人质疑，特别是小规模的对冲基金占有很大的比例，为了完备上述要求，必须增加雇员。建立科学的管理体系必然会增加额外成本，能够接受这个倡议的恐怕仅仅只有一小部分基金公司。这只是对冲基金行业的自律规范，不是投资方的要求，更不是政府部门的要求，所以不具有法律约束效力，基金经理人和市场人士都怀疑该规定能否得到彻底执行。

二、金融监督当局的管制

对冲基金等私募投资基金根据以往的法律，不接受 SEC（证券交易委员会）的监管或监督。在 2004 年，SEC 调查发现在过去的 5 年内累计发现有 46 只对冲基金有欺诈、内幕交易等非法行为，给投资者造成超过 1 亿美元的损失。SEC 针对对冲基金的欺诈案件连续不断增加，强烈要求实行对对冲基金的管制。

长期资本管理公司的投资失误触发了金融系统性风险，差点儿酿成严重危机，美国 SEC 着手对《投资顾问法》中豁免私人顾问的条款进行修改。2004 年 7 月，SEC 提议针对两年内不允许资金赎回，或者投资者超过 15 人以上的投资基金必须向 SEC 实行登记。但是 2006 年 6 月，联邦高等法院裁定要求对冲基金登记，具有随意性，判决 SEC 的规定无效。表明在现行法律的框架下，引入对冲基金的监管很困难。

2007 年中期，美国的次贷问题恶化，引起金融市场的混乱，一部分对冲基金预料房地产价格将大规模下跌，大量做空次级抵押贷款以及相关证券化商品（CDO、MBS 等的金融商品），获取了巨额利润。由于对冲基金的大量卖空，冲击了世界股市的看法也慢慢滋生出来。各国金融监管部门认为对冲基金对金融市场的混乱应该负有责任，对对冲基金的投资活动开始保持一定的警惕，要求限制并监管对冲基金的投机行为的呼声再次高涨。

进入 2009 年之后，各国及地区的金融监管当局，相继出台了限制对冲基金投资活动的法律草案，下面对欧洲和美国的对冲基金规章制度进行整理，归纳总结如下。

1. EU（欧盟）

2009 年 4 月欧盟委员会发布《另类投资基金经理指南草案》（AIFM），可是 EU 成员国均有不同程度的异议，特别是众多对冲基金聚集地英国强烈反对该草案。不过，德国、法国等大部分 EU 成员国支持强化对基金的管制。经过一年半的磋商妥协，最终于 2010 年 10 月 19 日，EU 成员国就新规定达成一致，同意启动面向对冲基金和私募股权（PE 基金）的新监管方案。法规的要点内容如下：

（1）监管对象

除资产不满 1 亿欧元的规模较小的投资基金以外，以对冲基金为首，PE 基金、不动产基金、商品基金均列入监管对象。但对于不使用杠杆，投资者 5 年以内不能解除合同的投资基金，如果其资产不满 5 亿欧元也免除监管。

（2）认可制度

AIFM 法案规定凡属于监管对象，在所有 EU 成员国进行业务活动时，必须获得金融当局的许可。在取得经营许可时，需要向金融当局说明业务范围、治理结构、投资组合、资产评估程序和信息披露体制。

（3）加强信息披露

为了提高资产管理的透明度，投资基金要制作年度报告书，以便金融监管机构和投资者能够查阅。报告内容包括投资对象、杠杆使用情况、解约方法、投资组合的评价、风险敞口、业绩、风险管理体系、管理费用和报酬体系等。

（4）杠杆的限制

使用高杠杆投资基金必须向投资者公开最大可以使用杠杆倍数和实际正在使用的杠杆倍数，欧盟成员国的金融监管当局和中央银行之间共享此信息。为了确保金融体系的安全，一旦出现紧急情况，金融监管部门可以限制投资基金使用杠杆。

（5）对冲基金的销售限制

在金融监管当局取得认可的对冲基金公司在 EU 域内可以向专业投资者进行劝诱销售，但禁止向普通个人投资者劝诱销售行为。另外，对 EU 之外成立的第三国基金，法案成立之后满 3 年也可以向专业投资者劝诱销售。

EU 成员国设立欧洲证券监督机构（ESMA）一个全新的证券监管当局，当金融市场或是经济整体发生可预见的风险时，赋予其具有限制基金借款的权限。并且 ESMA 根据对冲基金的资金来源等信息决定是否认可第三国基金，或对认可第三国基金向更高部门提供建议。

2. 美国

2010 年 7 月，由美国总统签署金融监管改革法案（多德—弗兰克华尔街改革法案）。该法案成立金融安定监视委员会（FSOC）和消费者金融保护局（BCFP）等新的金融监管机构。在法案的第四部分（Sec. 401 Sec. 419）和第六部分（Sec. 619）有专门针对对冲基金的法律条文。金融改革法主要是将对冲基金顾问登记义务化，通过抑制银行和基金风险投资以及保护投资者为出发点对金融体系进行改革。与对冲基金相关的法规如下：

（1）强制注册登记

资产超过 1 亿美元的对冲基金以及私募股权基金的投资顾问被强制向美国

证券交易委员会注册，规模低于 1 亿美元的投资顾问公司，由所在地的州监督局管辖。SEC 明确将重点集中放在中等规模以上的对冲基金顾问公司，SEC 有要求注册投资顾问公司提供报告和数据的权限。关于离岸对冲基金，最终投资者有 15 个以上，运作超过 2 500 万美元的必须在 SEC 注册。但是风险资本，家族经营的投资顾问公司豁免注册。

（2）基金的管制内容

SEC 以及新设立的 FSOC（美国金融稳定监管委员会）是为了保护投资者和评估系统性风险，要求对冲基金顾问应承担报告和维护记录的义务。报告内容包括：①资产规模大小，②杠杆使用情况，③客户的信用风险，④销售未平仓头寸，⑤投资组合的评价方法，⑥拥有资产的种类，⑦投资策略等。

（3）限制银行投资对冲基金

金融监管改革法案的第六部分（Sec. 619）对相关的银行和非银行金融公司投资对冲基金增加了一些新的规定。银行可以作为主经纪商向对冲基金提供投资咨询，但是原则上禁止持有对冲基金的股权证券和合伙人股份。另外在对冲基金进行募集资金时，银行必须满足以下两个条件，才可以出资。第一，基金成立 1 年内，出资比率应控制在基金股份的 3% 以内；第二，投资对冲基金的全部资金不超过核心资本的 3% 等。

非银行金融公司向对冲基金投资不受约束，不过如果持有对冲基金的股份时，必须遵照银行的方式，满足上面的两个条件才能投资对冲基金。

三、监管对冲基金业的影响

虽然对冲基金行业强烈反对欧美金融监管当局的新规定，但是作为市场的参与者，对冲基金必须遵从相关的法规。对冲基金行业对新的法律规定存在一些顾虑，担心今后会影响对基金的成长和业绩。

1. 限制增加了交易成本

对冲基金管理公司按照新的法规必须向有关当局提供最新财务状况和经营状况，需要雇佣新的人员和增加外包业务，必然增加经营成本。此外对冲基金利用计算机程序进行高频交易被限制后，对冲基金的投资活动减少，收益必然会有所下降。

2. 投资家的减少

欧洲的法案中规定对冲基金只能向专业投资者劝诱销售，来自个人投资者的投资将显著地减少，对冲基金募集资金可能会减少。另外设在第三国的对冲基金在 EU 范围内向个人投资者销售将被中止 3 年，整体来看对冲基金的投资者减少的可能性很大。为了回避限制，一些对冲基金会刻意设立不满 1 亿欧元的基金，将来小规模的基金会呈增加的趋势。

3. 停止投资活动

由于新的金融法规出台，对冲基金无法使用以前的投资手法，一部分的对冲基金中止理财或者缩小资产规模，以此来回避金融当局的强制注册以及其他的有关规定。

美国的金融改革法生效之后，著名的投资家索罗斯在 2011 年末返还了全部外部投资者的资本（约 10 亿美元），专门为自己和家族的资金进行投资理财。因为 SEC 从 2012 年第一季度开始对管理一定额度以上资产的对冲基金加强信息披露、强化检查等措施。索罗斯为了避免受到以上的监管才做出了上述决策。

在欧美，这些针对对冲基金的法规将会抑制对冲基金的投机活动，在减少风险方面起到一定的作用。但是一些市场人士也指出制约对冲基金的正常投资活动会减少市场流动性，会产生一系列的负面效果。

第二节　我国对冲基金行业展望

与海外对冲基金相比，中国的对冲基金起步晚，资产规模小，投资策略较单一，缺少专业投资人才，但快速发展的中国资本市场将为对冲基金提供丰富的投资机会和广阔的生存空间。本章先总结对冲基金业绩及其投资行为，然后列举中国建立多层次资本市场需要发展对冲基金的依据；随着大量的私募基金的发展，必将产生具有国际投资水准的对冲基金；为了保护国内金融系统稳定，在借鉴国外监管对冲基金的经验同时，应该制定具有我国特色的监管措施。

一、积极培育资本市场，扩大投资机会

与国外相比，我国的资本市场起步晚，发展速度虽然较快，但是规模仍然不大，市场结构不完善，还存在一些深层的问题和结构性矛盾，最主要的表现在轻直接融资，重间接融资，即轻证券市场融资，重银行融资，这严重制约着我国资本市场的发展。

近几年，国家和政府已清楚地认识到该问题的严重性，在借鉴海外资本市场发展经验的同时，加快建立我国的多层次资本市场。目前我国多层次资本市场已初步形成，主要分为以下四个层次：第一层次为主板市场，它主要服务于行业龙头、大型和骨干型企业；第二层次为中小板和创业板市场，它主要为成长期、中后期具有自主创新能力的企业提供融资平台；第三层次（又称新三板市场）全国中小企业股份转让系统和第四层次地方股权交易市场（简称四板市场）。第三层和第四层为场外市场（OTC），主要服务于成长初期的小微企业。但是场外市场在制度建设、发展规模、成长速度等方面与交易所市场相比较为滞后。国外的场外市场非常发达，交易规模远超过交易所，所以我国应该加快场外市场的建设，提高资本市场服务实体经济的能力。

与交易所相比，场外市场的流动性非常低，参与的投资者少，资产定价相对不合理的现象较多，套利机会比交易所自然要高。对冲基金的投资性决定了它会积极参与该市场的交易，所以为了弥补第三层和第四层资本市场流动性不足的问题，前瞻性地培育我国对冲基金行业是有利于整个多层次资本市场的建设与发展的。

另外，我国金融衍生品市场的建设也落后于发达资本市场国家。当前金融衍生品在国际金融市场中的地位与作用越来越重要，它是资本市场中不可缺少的有机组成部分。从微观角度来看，金融衍生品具有五大功能。第一，风险转移功能。金融衍生品是将现货的交易风险进行打包创造出新的衍生金融资产，然后将金融衍生品和风险重新分配到其他持有金融衍生品的经济体中，转移风险的手段主要是套期保值或者对冲。第二，价格发现功能。金融衍生品的价格变动取决于标的变量的价格变动，而金融衍生品的价格发现功能有利于标的价格更加符合价值规律，有利于对现货市场的价格进行合理的调节。现货市场和期货市场的价格是密切相关且一定程度上是正相关的，金融衍生品的市场供需状况往往可以帮助现货市场建立起均衡价格，形成能够反映真实供求关系和商品价值的合理价格体系。第三，套利功能。金融衍生品市场存在大量具有内在联系的金融产品，在通常情况下，一种产品总可以通过其他产品分解组合得到。因此，相关产品的价格应该存在确定的数量关系，如果某种产品的价格偏离这种数量关系时，总可以低价买进某种产品，高价卖出相关产品，从而获取利润。第四，提高市场活跃，增加投机功能。市场上总存在一些人希望利用对特定走势的预期来对未来的变化进行博弈，构造出一个原先并不存在的风险。投机者通过承担风险获取利润，只要是在透明公开的条件下进行，投机是有利于促进市场效率的。第五，构造组合功能。利用金融衍生品可以对一项特定的交易或风险暴露的特性进行重新构造，实现投资者所预期的结果。

因此，发展金融衍生品市场对中国资本市场乃至实体经济有重要意义。现今，我国已建立四大期货交易所，分别是：郑州商品期货交易所、大连商品期货交易所、上海期货交易所和中国金融期货交易所。它们为我国企业提供了丰富的风险规避品种，特别是股指期货和国债期货的推出为市场参与者对冲风险提供更多的手段。四大期货交易所陆续推出仿真期权交易，一旦期权交易全面开始，必然壮大我国的资本市场。

对冲基金往往以资本增值为目的，追求高风险、高收益，投资金融衍生品现象非常普遍，金融衍生品在其资产配置中的地位日益突出。对冲基金利用衍生品的杠杆作用，以小博大，或者利用衍生品来提高资产配置组合的收益水平，进行现金流管理以及流动性风险控制。在场外衍生品市场，对冲基金是风险转移的承受者，帮助市场熨平波幅，是衍生品市场不可缺少的参与者。

中国正在加速金融业的改革与开放，在经济结构转型的过程中，金融期货与期权等衍生品的推出具有重要意义，将改变中国资本市场结构。金融衍生品市场的发展离不开像对冲基金这样的投资者，因此，随着我国多层资本市场的发展和金融衍生品市场的投资品种的丰富，必将促进对冲基金的发展。

二、我国对冲基金的发展

我国对冲基金发展的路程比较迂回曲折，主要是国家对此行业持一种怀疑的态度，担心对冲基金的投机行为破坏我国尚未完善的金融体系。随着资本市场的开放，加上披在对冲基金身上的神秘色彩逐渐淡化，我国的金融监管部门开始慢慢地接受在成熟资本市场发挥着越来越大作用的对冲基金。在 2013 年 6 月 1 日新的《证券投资基金法》正式实施后首获法律地位的私募基金开始与公募、券商、保险、期货、信托等机构同台竞技，对冲基金作为私募基金的一员，也迎来了享受法律规定的投资权利和应尽的义务。

早在 2010 年 4 月 16 日，以沪深 300 股指为标的期货面世，标志着 A 股进入了做空时代。同年，融资融券也启动试点。股指期货的推出使得投资人可以通过"对冲"锁定风险，同时使用"杠杆"放大收益。不少投资者将 2010 年称为对冲基金元年。2013 年 9 月 6 日，中国金融期货交易所又推出国债期货，是继股指期货之后，我国期货衍生品市场创新的又一重要突破。市场参与者可以利用股指期货、国债期货套期保值，主动规避市场风险。通过开展国债期货交易，有利于建立市场化的定价基准，完善国债发行体制，推进利率市场化改革，引导资源优化配置；有利于风险管理工具的多样化，为金融机构提供更多的避险工具和资产配置方式。

根据私募排排网数据中心统计，截至 2015 年底，全国共发行 24 264 只对冲基金产品。私募基金已成为中国式对冲基金的主力军。股指期货和国债期货陆续推出解决了我国市场不能对冲问题，如今量化对冲、宏观策略、市场中性、事件驱动、管理期货等多种具有国际水准的对冲基金策略已在国内出现，标志着传统私募从股票多头策略迈向了策略多元化时代。随着政策放松，衍生工具丰富，策略多元化的趋势将愈演愈烈，对冲基金将在中国市场迎来前所未有的发展机遇。

从国内目前关于对冲基金的各项数据显示，我国对冲基金正在步入良好的发展轨道。除了传统以股票投资为主的私募基金产品业绩优异以外，一批以股指期货、商品期货、债券为投资标的，以量化对冲为交易手段的对冲策略基金也开始崭露头角，体现出了较大的优势，并且不论在规模和产品发行数量方面都比往年有较大幅度的增长。

除了对冲基金市场的快速发展外，对冲基金的跟踪评价与研究也快速增长，私募排排网的融智·中国对冲基金评价指数（2010）、好买基金网的对冲基金指数（2011）、浙江的国际对冲基金人才协会的"西湖指数"（2016）、上海交大的交大渤源中国对冲基金分级指数（2016）① 开始发布相关数据（见图5－1），给对冲基金研究提供了观察数据来源。

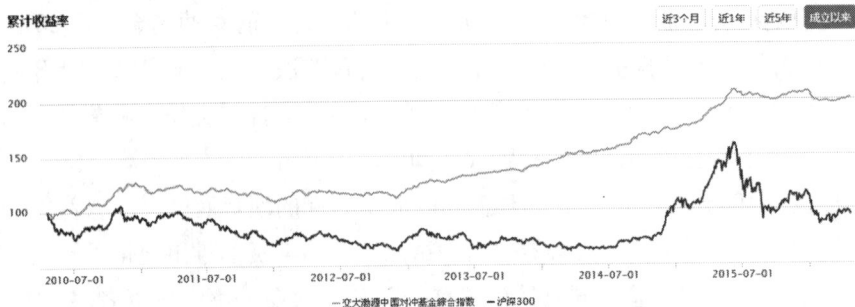

图 5－1　交大渤源中国对冲基金综合指数走势

三、对冲基金的监管

中国对冲基金正在朝气蓬勃地发展。由于激励机制和交易的特性，对冲基金将成为我国金融市场最具创新活力的交易者，其过度投机行为会冲击我国金融体系。为此，在借鉴国外成功经验的同时，必须制订适合我国金融系统的监管方案。

首先，要确立对冲基金的法律地位。我国 2013 年实施的新的《证券投资基金法》中，虽然增加了私募基金的募集方式、资金来源对象、运作方式以及披露信息等法律条文，但是没有界定其组织形式。国外对冲基金多数采用有限合伙人形式，因此我国应该由相关的监管部门出具细则，专门细化对冲基金从募集资金、组织形式、投资范围和投资者保护等相关内容。确立对冲基金的法律地位，监管对冲基金就有法可依。

---

① 截至 2016 年 4 月底，交大渤源中国对冲基金分级指数入选样本基金 1 552 只。

其次，统一监管机构。虽然对冲基金投资股票、国债、外汇、衍生品等多个市场，但统一监管是及时获取对冲基金的投资信息，便于有效管理对冲基金。如美国主要监管对冲基金部门为美国证券交易委员会（SEC），我国应规定对冲基金必须向监管部门注册或者备案，取得许可方可运营。

再次，实施严格杠杆比率限制。我国金融体系防范风险能力不如健全的发达资本主义市场国家，因此严格控制对冲基金交易保证金比例，严格审查对冲基金融资能力，检查因信息缺失造成多个经纪商向其提供交叉融资。减少对冲基金杠杆比率，控制其风险传递到主体金融机构。

最后，加强国际合作。随着我国资本市场对外开放，一些海外对冲基金必将涌入我国金融市场。对进入境内的对冲基金的基本构成、投资策略和资产规模等信息通过国际合作方式，从国外监管机构获取，实施严格的投资范围限制，防止海外对冲基金的投机行为破坏我国资本市场稳定。

总之，监管对冲基金的前提是不能扼杀对冲基金的创新能力，应该让其在法定的投资框架下服务于我国多层次资本市场。

【专栏 5–1】关于司度公司违规交易

尽管中国仍没有开放资本项目下的投资，境外对冲基金还不能以合法的身份进入金融市场，但是，根据业内人士的估计，在中国境内运作的对冲基金至少有数百家，他们通过各种方式进入中国证券市场进行运作，而且，对冲基金赚快钱的盈利模式迎合了中国投资者的浮躁心理。

除了证券市场外，由于通过贸易实体等方式存在的对冲基金，用其利润还可以投资房地产等商品市场，其对这些市场的做空导致的系统性金融风险将是未来中国发生金融危机的可能线索，对冲基金监管具有紧迫性和重要性。

现实的对冲基金监管对我国监管部门来说是个新的课题，但是，从美国等国家的金融监管经验看，金融市场的"坏孩子"似乎一直未有减少，我们把司度公司违规交易的案例拿出来供讨论，只希望为对冲基金监管提个醒，既然我们不能阻其发展，那我们就要下决心做好监管，不然后果很严重。

截至 2015 年 8 月 3 日，沪深交易所已对 38 个存在异常交易的证券账户采取了限制交易三个月的措施。而作为目前唯一一个已公开的贸易公司背景账户，司度（上海）贸易有限公司受到了特别关注。

全国企业信用信息公示系统显示，司度贸易成立于 2010 年 2 月 5 日，注册地址为上海市静安区南京西路 1266 号 2 幢 15 层 1560 室。资料显示，司度贸易为境外法人独资，唯一一家股东为国际对冲基金巨头 Citadel（城堡投资）。2010 年 2 月，Citadel 通过在卢森堡的子公司 Citadel Global Trading S. AR. L 与深圳中信联合创业投资有限公司（下称中信联创）共同出资成立司度公司，注册地在上海静安区恒隆广场。当时 Citadel 以自有资金出资 400 万美元，占 80% 股权，中信联创以自有资金出资（折合 100 万美元），占 20% 股权。司度公司的法人代表是 Andrew Ka Wing Fong，中文名方嘉荣，也是 Citadel 亚太区的首席行政官和首席法务官，负责亚太区办公室行政运营和法律事务，常驻香港。Andrew 此前是 Citadel 在香港的一名律师。

CITADEL GLOBAL TRADING S. AR. L.，是一家注册于欧洲卢森堡的国际贸易公司，总部位于美国芝加哥，背后是全球对冲基金巨头，也是美国三大对冲基金之一，中文普遍翻译是"城堡投资"。资料显示，其由传奇对冲基金经理肯尼·格里菲（Kenneth Griffin）创建，目前管理资产超过 250 亿美元。肯尼·格里菲被誉为传奇对冲基金经理，他在 1990 年创建 Citadel，当时资产约 400 万美元，而如今其自身家已达到 70 亿美元，世界排名第 216 位。2015 年福布斯将他评为仅次于史蒂夫·科恩、雷·达里奥和索罗斯之后的第四大对冲基金经理。CITADEL 在国内设立的合格境内有限合伙人名为"信拓城海外投资基金管理（上海）有限公司"（以下简称"信拓城海外"）。而根据媒体探访司度贸易发现，该公司的办公地点正好在司度贸易隔壁。值得一提的是，2015 年 4 月，美联储前主席伯南克宣布出任该公司高级顾问，由此，CITADEL 强大的实力可窥一斑。同时，尽管消息称，伯南克在加入 CITADEL 时曾表示，之所以选择该对冲基金，是因为其不受美联储监管，并称不会进行"任何类型的游说活动"。

深圳市中信联合创业投资有限公司成立于 2001 年 9 月，注册资本为 7 000 万元，其中金石投资有限公司认缴出资额 6 445.1117 万元，为该公司最大股东；而金石投资有限公司其实又是中信证券股份有限公司的专业直接投资子公司。

中信联创的股权已转让，并于 2014 年 11 月办理了工商变更登记，目前中信联创并未持有司度贸易股权；现已退出的该笔投资属于财务投资，且规模小，投资期间中信联创并未参与司度贸易的日常运营及管理。

司度公司成立后即开始了股指期货的交易：2011 年股指期货成交额 590.8

亿元，2012 年增加到 2 119.48 亿元，2013 年的成交金额则为 3 265.27 亿元。根据中国证券登记结算有限公司发布的《证券账户管理规则（修订稿）》，注册在境内的外资公司可以开证券账户，因此司度公司做股指期货为合法行为。

从数据看，司度公司在股指期货上的交易量在 2015 年上半年出现了激增。2014 年全年仅 585.66 亿元，2015 年 1～7 月，股指期货的交易量突破了万亿元（10 889 亿元），其中 6～7 月的交易额就有 6 691 亿元。不过，同期市场的交易总量也出现了激增，司度公司 1～7 月的股指期货成交金额约占市场的 3‰，这一比重与过去相比有所增加，但并不显著。

从 500 万美元到 10 亿元人民币：2015 年 7～8 月间，斟酌再三，Citadel 派韩嘉睿到北京金融大街中国证监会来解释有关情况。在 2014 年 11 月中信证券的董事汪定国退出司度公司后，韩嘉睿被增补为董事。公开资料显示，韩嘉睿也是 Citadel 量宽策略的中国区主管。根据中信证券方面的数据，司度公司的全部资金来源就是注册资金 500 万美元。在中信证券退出后，Citadel 对司度公司增资到了 1 000 万美元。

从 2014 年 8 月中信证券开始退出司度公司时的数据可以看到，2011 年公司业绩与 2010 年持平，盈利在 5 000 多万元；2012 年受期货收益增加影响，利润增至 8 432 万元；2013 年收入和利润有所收缩，当年利润 4 357 万元。

在 2014 年 8 月前，也就是中国 A 股市场最近这轮行情开始之前，司度公司在期货的投资收益不多，只有 2 170 万元，利润缩减到 1 377 万元。此后，在 A 股的这轮从 2 000 点到 5 000 点、每天交易过万亿元的疯狂行情中，司度公司的盈利出现了明显增长。截至 7 月 31 日账户被限制交易时，司度公司账面余额为 10 亿元（约合 1.56 亿美元），可谓盈利丰厚，很大程度上受益于司度公司加大了在股指期货方面程序化交易的操作力度。

司度公司的投资策略和模型的主要负责人是现年 40 岁左右的韩嘉睿。韩嘉睿在高中时曾代表中国夺得第 38 届国际数学奥林匹克金牌，他从北大数学系毕业后，在斯坦福大学取得数理统计学博士学位，之后一直在华尔街工作。

作为中信证券融资融券的客户，截至 2015 年 6 月，司度公司在中信证券的融资授信额度为 4.9 亿元，融券授信额度 4 亿元，排名在第 28 位。有关资料显示，司度公司的交易主要以融券 T＋0 回转交易为主，普通账户、融资、衍生品交易极少。2015 年 1～7 月，司度公司累计成交金额 1 655.72 亿元，日均成交金额 11.66 亿元，日均交易频度在 3 次左右，交易单次规模不超过授信额度。

通过分析发现，司度公司主要采用程序化交易模式，通过大额订单频繁申请和取消的"幌骗（Spoofing）"手法影响市场价格，涉嫌操纵市场，被中国证监会认定为违规。值得注意的是，这一交易行为在 2015 年 11 月在美国也被认定为违法。

资料来源：根据互联网相关报道整理。

附录　中国对冲基金产品目录（早期～2016 年 1 月）

产品简称	成立日期	发行地	投资类型	投资顾问
雷根多策略量化对冲	2016 - 1 - 15	上海	另类投资基金	上海雷根资产管理有限公司
申毅量化套利 B 级	2016 - 1 - 15	上海	股票型基金	上海申毅投资股份有限公司
赋成瑞翔量化 10 号	2015 - 12 - 31	合肥	股票型基金	安徽赋成资产管理有限公司
秋阳 1 号	2015 - 12 - 31	上海	另类投资基金	上海秋阳予梁投资管理有限公司
正前方金积家 1 号 FOF	2015 - 12 - 31	深圳	债券型基金	深圳正前方金融服务有限公司
雀跃岩辰量化投资 1 期	2015 - 12 - 30	深圳	股票型基金	深圳市雀跃资产管理有限公司
实盈稳赢 CTA1 号	2015 - 12 - 30	广州	股票型基金	广州实盈投资管理有限公司
量金优利 CTA2 号 1 期	2015 - 12 - 29	上海	股票型基金	上海量金资产管理有限公司
荣石投资 2 号	2015 - 12 - 29	上海	股票型基金	上海荣石投资管理有限公司
慧泽鑫成量化对冲	2015 - 12 - 28	上海	股票型基金	上海慧泽资产管理有限公司
融启—月月盈 1 号	2015 - 12 - 25	上海	股票型基金	上海融启投资管理有限公司

产品简称	成立日期	发行地	投资类型	投资顾问
正前方扬帆量化对冲进取 F1 号	2015 – 12 – 25	深圳	债券型基金	深圳正前方金融服务有限公司
明泓 CTA2 号	2015 – 12 – 24	上海	股票型基金	上海明泓投资管理有限公司
明泓 CTA2 号 1 期	2015 – 12 – 21	上海	股票型基金	上海明泓投资管理有限公司
前海道简多策略量化 2 号	2015 – 12 – 21	深圳	混合型基金	深圳前海道简资产管理有限公司
汇泽至慧翼虎	2015 – 12 – 18	拉萨	另类投资基金	中科汇泽资产管理有限公司
黑翼 CTA2 号 A	2015 – 12 – 18	上海	股票型基金	上海黑翼资产管理有限公司
雅柏宝量化 2 号	2015 – 12 – 17	深圳	股票型基金	深圳前海雅柏宝资本管理有限公司
若愚量化配置 1 期	2015 – 12 – 16	上海	股票型基金	上海若愚资产管理有限公司
致远 CTA15 期	2015 – 12 – 16	上海	股票型基金	上海富善投资有限公司
平安阖鼎（大岩组合定增）2 号	2015 – 12 – 15	上海	股票型基金	上海平安阖鼎投资管理有限责任公司
钜沣量化对冲 1 号	2015 – 12 – 15	合肥	股票型基金	安徽钜瑞资产管理有限公司
平安阖鼎（大岩组合定增）3 号	2015 – 12 – 15	上海	股票型基金	上海平安阖鼎投资管理有限责任公司
大岩组合定增 1 号	2015 – 12 – 15	上海	股票型基金	上海平安阖鼎投资管理有限公司
新富量化稳盈 16 号	2015 – 12 – 14	深圳	股票型基金	深圳前海新富资本管理集团有限公司

续表

产品简称	成立日期	发行地	投资类型	投资顾问
敦朴混合量化1期	2015 - 12 - 14	广州	混合型基金	广州敦朴投资管理有限公司
涵德量化稳健1号	2015 - 12 - 11	北京	股票型基金	北京涵德投资咨询有限公司
思度国盈1号	2015 - 12 - 10	上海	另类投资基金	中融汇信投资有限公司
晟达金种子1号	2015 - 12 - 10	深圳	股票型基金	深圳中晟达财富管理有限公司
平安阖鼎九鞅量化1号	2015 - 12 - 8	上海	股票型基金	上海平安阖鼎投资管理有限责任公司
新湖赋成量化11号	2015 - 12 - 8	合肥	股票型基金	安徽赋成资产管理有限公司
前海道简量化多策略3号	2015 - 12 - 8	深圳	股票型基金	深圳前海道简资产管理有限公司
易观长河兰亭1期	2015 - 12 - 7	北京	股票型基金	深圳易观长河基金管理有限公司
易观长河兰亭2期	2015 - 12 - 7	北京	股票型基金	深圳易观长河基金管理有限公司
盛冠达股票量化1号	2015 - 12 - 4	深圳	混合型基金	深圳市盛冠达资产投资有限公司
九坤量化混合1号	2015 - 12 - 3	北京	混合型基金	九坤投资（北京）有限公司
深圳量化2号	2015 - 12 - 3	深圳	股票型基金	深圳市量化投资有限公司
深圳量化1号（量化投资）	2015 - 12 - 3	深圳	股票型基金	深圳市量化投资有限公司
泰创量化对冲1号	2015 - 12 - 3	北京	另类投资基金	北京泰创投资管理有限公司
小北2号	2015 - 12 - 2	上海	股票型基金	北交所金融服务（上海）有限公司

产品简称	成立日期	发行地	投资类型	投资顾问
瑞是融投中国稳健量化1号	2015 - 12 - 1	上海	股票型基金	上海益盟财富管理有限公司
德骏1号	2015 - 12 - 1	北京	股票型基金	深圳品清资本管理有限公司
安承量化多策略1号	2015 - 11 - 30	广州	股票型基金	广州市安承投资管理有限公司
双安誉信量化对冲3号	2015 - 11 - 30	南京	股票型基金	南京双安资产管理有限公司
牧月量化多策略1号	2015 - 11 - 27	上海	股票型基金	上海牧月投资管理有限公司
黑翼CTA2号C	2015 - 11 - 27	上海	股票型基金	上海黑翼资产管理有限公司
东汇量化对冲1号	2015 - 11 - 27	深圳	股票型基金	深圳正前方金融服务有限公司
机器虎量化对冲1号	2015 - 11 - 27	深圳	股票型基金	深圳正前方金融服务有限公司
兴业观云私银量化7号	2015 - 11 - 26	南京	股票型基金	江苏兴佳利业股权投资基金管理有限公司
意度50量化—中融1号	2015 - 11 - 26	北京	股票型基金	北京盛永嘉华投资管理顾问有限公司
量鑫红岭对冲	2015 - 11 - 26	上海	另类投资基金	上海量鑫投资管理有限公司
证大金马量化中性1号	2015 - 11 - 26	上海	股票型基金	上海证大投资管理有限公司
宁聚量化优选	2015 - 11 - 25	宁波	股票型基金	宁波宁聚资产管理中心（有限合伙）
盛泉恒元1号	2015 - 11 - 25	南京	混合型基金	南京盛泉恒元投资有限公司

续表

产品简称	成立日期	发行地	投资类型	投资顾问
正隆财富－天风证券量化 1 号	2015 - 11 - 24	武汉	股票型基金	武汉市正隆财富管理有限公司
汇贝龙嘉 1 号	2015 - 11 - 24	上海	混合型基金	上海汇贝投资管理有限公司
珠池量化精英机构定制 1 号	2015 - 11 - 24	上海	债券型基金	上海珠池资产管理有限公司
新富量化稳盈 9 号	2015 - 11 - 24	深圳	股票型基金	深圳前海新富资本管理集团有限公司
正前方合盈量化对冲 3 号	2015 - 11 - 23	深圳	混合型基金	深圳正前方金融服务有限公司
磐京基金 3 号	2015 - 11 - 23	上海	股票型基金	磐京股权投资基金管理（上海）有限公司
立名量化 2 号	2015 - 11 - 20	北京	股票型基金	北京立名投资管理有限公司
量客投资—薛神选股 1 号	2015 - 11 - 20	北京	股票型基金	量客投资管理（北京）有限公司
向量 ETF 量化 3 期	2015 - 11 - 18	北京	股票型基金	向量多维（北京）资本管理有限公司
中子星—嘉选定增对冲	2015 - 11 - 18	北京	股票型基金	北京信弘天禾资产管理中心（有限合伙）
磐京基金 2 号	2015 - 11 - 17	上海	股票型基金	磐京股权投资基金管理（上海）有限公司
游马地量化 A	2015 - 11 - 17	上海	股票型基金	上海游马地投资中心（有限合伙）
扬帆智盈多策略量化套利 1 号	2015 - 11 - 16	南京	股票型基金	南京扬帆智盈投资有限公司
小北 1 号	2015 - 11 - 16	上海	另类投资基金	北交所金融服务（上海）有限公司

产品简称	成立日期	发行地	投资类型	投资顾问
黑翼 CTA2 号 D	2015 - 11 - 13	上海	股票型基金	上海黑翼资产管理有限公司
新富量化稳盈 10 号	2015 - 11 - 13	深圳	股票型基金	深圳前海新富资本管理集团有限公司
黑翼 CTA2 号	2015 - 11 - 13	上海	股票型基金	上海黑翼资产管理有限公司
金富量化策略 6 号	2015 - 11 - 12	北京	股票型基金	北京金富创联资产管理有限公司
睿挪赛丝—复兴量化1 号	2015 - 11 - 9	上海	股票型基金	上海睿挪赛丝资产管理有限公司
盛泉恒元多策略量化套利 1 号	2015 - 11 - 9	南京	股票型基金	南京盛泉恒元投资有限公司
夏朵量化套利 5 期	2015 - 11 - 9	宁波	股票型基金	宁波鼎锋海川投资管理中心（有限合伙）
星惠量化多策略	2015 - 11 - 6	上海	股票型基金	上海星惠资产管理有限公司
九坤量化混合 2 号	2015 - 11 - 6	北京	混合型基金	九坤投资（北京）有限公司
九坤量化混合 3 号	2015 - 11 - 6	北京	混合型基金	九坤投资（北京）有限公司
当天—元普量化对冲月月盈 7 号	2015 - 11 - 6	上海	股票型基金	上海元普投资管理有限公司
东航金融—金银双利1 号	2015 - 11 - 5	上海	混合型基金	东航金控有限责任公司
涵德量化进取	2015 - 11 - 5	北京	股票型基金	北京涵德投资咨询有限公司
逸信量化对冲 1 号	2015 - 11 - 4	广州	股票型基金	广东逸信基金管理有限公司

续表

产品简称	成立日期	发行地	投资类型	投资顾问
毅扬一村量化对冲1 号	2015 – 11 – 4	上海	股票型基金	上海毅扬投资管理有限公司
涵德 5 号	2015 – 11 – 4	北京	股票型基金	北京涵德投资咨询有限公司
亿润 1 号	2015 – 11 – 3	深圳	股票型基金	深圳市亿小微资本管理有限公司
凯纳 300 量化 4 号	2015 – 11 – 3	上海	股票型基金	上海凯纳璞淳资产管理有限公司
牛犇犇量化对冲 1 号	2015 – 11 – 3	杭州	股票型基金	杭州同方联合互联网金融服务有限公司
盈峰恒泰	2015 – 11 – 3	深圳	股票型基金	盈峰资本管理有限公司
明泓 CTA1 号 2 期	2015 – 11 – 2	上海	股票型基金	上海明泓投资管理有限公司
尊道量化 5 号	2015 – 11 – 2	深圳	股票型基金	深圳市尊道投资有限公司
柏杨翘楚量化 1 期	2015 – 11 – 1	深圳	股票型基金	深圳柏杨投资管理有限公司
龙旗昆仑	2015 – 10 – 30	杭州	股票型基金	杭州龙旗科技有限公司
量鑫投资对冲 3 号	2015 – 10 – 29	上海	股票型基金	上海量鑫投资管理有限公司
元聚 FOF2 号	2015 – 10 – 29	深圳	股票型基金	深圳市元聚基金管理有限公司
量鑫投资对冲 5 号	2015 – 10 – 29	上海	另类投资基金	上海量鑫投资管理有限公司
新方程申毅	2015 – 10 – 29	上海	股票型基金	上海新方程股权投资管理有限公司
元亨共赢精选	2015 – 10 – 29	上海	股票型基金	上海赣元投资管理有限公司

产品简称	成立日期	发行地	投资类型	投资顾问
汇贝量化套利 1 号	2015 – 10 – 28	北京	混合型基金	上海汇贝投资管理有限公司
嘉禾稳增 5 号	2015 – 10 – 27	北京	另类投资基金	嘉禾财富（北京）资产管理有限公司
中资宏德 CTA 创世 1 号	2015 – 10 – 27	北京	股票型基金	中资宏德资本管理有限公司
和棋中国量化 2 号	2015 – 10 – 27	无锡	股票型基金	江苏和棋投资管理有限公司
西润聚金量化 1 号	2015 – 10 – 26	上海	股票型基金	上海西润投资管理有限公司
北京南华优檀鹏扬 1 期	2015 – 10 – 26	北京	股票型基金	北京南华投资管理有限公司
拙进量化 8 号	2015 – 10 – 23	深圳	股票型基金	深圳市前海拙进资产管理有限公司
盛唐精选量化对冲 1 号	2015 – 10 – 23	北京	股票型基金	北京盛唐恒泰国际投资管理有限公司
凯纳 300 量化 2 号	2015 – 10 – 23	上海	股票型基金	上海凯纳璞淳资产管理有限公司
凯纳 300 量化 3 号	2015 – 10 – 23	上海	股票型基金	上海凯纳璞淳资产管理有限公司
泰平盛世量化配置 1 号	2015 – 10 – 22	深圳	股票型基金	深圳市恒泰华盛资产管理有限公司
红岸量化精选 1 号	2015 – 10 – 22	深圳	股票型基金	深圳前海红岸资本管理有限公司
嘉禾稳增 6 号	2015 – 10 – 22	北京	股票型基金	嘉禾财富（北京）资产管理有限公司
盛山安心 1 号 3 期	2015 – 10 – 21	上海	股票型基金	盛山资产管理（上海）有限公司

续表

产品简称	成立日期	发行地	投资类型	投资顾问
国金创新全光谱悦享 1 号	2015 - 10 - 21	上海	股票型基金	上海宜灵巴巴资产管理有限公司
系数恒享量化对冲 1 期	2015 - 10 - 20	上海	混合型基金	上海系数股权投资基金管理合伙企业（有限合伙）
青榕量化 1 号	2015 - 10 - 20	上海	股票型基金	上海青榕投资管理有限公司
凯纳300	2015 - 10 - 19	上海	股票型基金	上海凯纳璞淳资产管理有限公司
歌斐诺宝 1 号 20 期	2015 - 10 - 19	上海	股票型基金	歌斐诺宝（上海）资产管理有限公司
君翼量化 2 号	2015 - 10 - 16	上海	混合型基金	上海君翼投资管理有限公司
兴业私银量化 5 号	2015 - 10 - 16	南京	债券型基金	江苏兴佳利业股权投资基金管理有限公司
昊沣全市场套利 1 号	2015 - 10 - 16	上海	混合型基金	上海昊沣投资管理有限公司
拙进量化 4 号	2015 - 10 - 16	深圳	股票型基金	深圳市前海拙进资产管理有限公司
龙旗文曲	2015 - 10 - 15	杭州	股票型基金	杭州龙旗科技有限公司
乐依资产对冲 3 号	2015 - 10 - 15	上海	股票型基金	上海乐依资产管理有限公司
新医疗保健	2015 - 10 - 15	成都	股票型基金	四川量化思维投资有限公司
和棋中国量化 1 号	2015 - 10 - 13	无锡	股票型基金	江苏和棋投资管理有限公司
量鑫汇瑾 1 期	2015 - 10 - 9	上海	另类投资基金	上海量鑫投资管理有限公司
坤九诺德鸿鹏91 号	2015 - 10 - 9	宁波	混合型基金	宁波坤九投资管理有限公司

产品简称	成立日期	发行地	投资类型	投资顾问
乾立—大岩1号	2015 - 10 - 9	上海	混合型基金	上海乾立股权投资基金管理有限公司
红炎盛辉	2015 - 10 - 5	银川	股票型基金	宁夏神州牧投资基金管理有限公司
开拓者趋势对冲1号	2015 - 9 - 30	北京	另类投资基金	
百仑量化对冲1期	2015 - 9 - 30	成都	股票型基金	深圳市百仑基金管理有限公司
吉梵量化优选1号	2015 - 9 - 29	上海	股票型基金	上海吉梵资产管理有限公司
凯丰量化1号	2015 - 9 - 29	深圳	股票型基金	深圳市凯丰投资管理有限公司
指数量化5期	2015 - 9 - 28	深圳	股票型基金	深圳市金域蓝湾投资管理有限公司
数金泰山量化对冲	2015 - 9 - 28	广州	股票型基金	广州荟金资产管理有限公司
歌斐诺宝1号19期	2015 - 9 - 28	上海	股票型基金	歌斐诺宝（上海）资产管理有限公司
网矩时代中期量化对冲1号B类	2015 - 9 - 25	杭州	股票型基金	深圳网矩时代科技有限公司
网矩时代中期量化对冲1号A类	2015 - 9 - 25	杭州	股票型基金	深圳网矩时代科技有限公司
盛山量化对冲安心1号5期	2015 - 9 - 25	上海	股票型基金	盛山资产管理（上海）有限公司
网矩时代1号	2015 - 9 - 25	杭州	股票型基金	深圳网矩时代科技有限公司
汇梵永安精品1号	2015 - 9 - 25	上海	混合型基金	上海汇梵投资管理有限公司
骏发量化对冲1号	2015 - 9 - 25	东莞	股票型基金	东莞市万葵资产管理有限公司

续表

产品简称	成立日期	发行地	投资类型	投资顾问
悟空绿城 2 期	2015 - 9 - 23	深圳	股票型基金	深圳悟空投资管理有限公司
瑞升稳健	2015 - 9 - 23	青岛	股票型基金	青岛瑞升投资管理有限公司
理成风景 15 号	2015 - 9 - 22	上海	另类投资基金	上海理成资产管理有限公司
歌斐诺宝量化投资 1 号 18 期	2015 - 9 - 21	上海	股票型基金	歌斐诺宝（上海）资产管理有限公司
金域蓝湾 3 期	2015 - 9 - 21	深圳	股票型基金	深圳市金域蓝湾投资管理有限公司
昊嘉 3 号量化对冲	2015 - 9 - 18	上海	股票型基金	上海昊嘉投资咨询有限公司
元普—富定量化对冲 1 号	2015 - 9 - 18	上海	股票型基金	上海元普投资管理有限公司
量客投资 CTA 程序化 2 号	2015 - 9 - 18	北京	股票型基金	量客投资管理（北京）有限公司
珠池量化母基金 1 号 2 期	2015 - 9 - 16	上海	股票型基金	上海珠池资产管理有限公司
巨博华量化 1 号	2015 - 9 - 16	深圳	另类投资基金	深圳市巨博华投资有限公司
巴沃量化增强 1 号	2015 - 9 - 16	杭州	股票型基金	浙江巴沃睿德资产管理有限公司
诺德鸿鹏 9 号	2015 - 9 - 16	深圳	混合型基金	深圳前海鸿鹏资本管理有限公司
融汇阳光量化对冲 1 号	2015 - 9 - 15	北京	股票型基金	北京融汇阳光财富投资管理有限公司
新富量化稳盈 8 号	2015 - 9 - 15	深圳	另类投资基金	深圳前海新富资本管理集团有限公司

产品简称	成立日期	发行地	投资类型	投资顾问
财富诺德鸿鹏 3 号安享	2015 – 9 – 15	深圳	股票型基金	深圳前海鸿鹏资本管理有限公司
歌斐诺宝母基金 1 号 17 期	2015 – 9 – 14	上海	股票型基金	歌斐诺宝（上海）资产管理有限公司
金吾 CTA	2015 – 9 – 14	上海	另类投资基金	上海金吾资产管理有限公司
容金 1 号	2015 – 9 – 14	上海	混合型基金	上海摩旗投资管理有限公司
润京凯旋量化对冲 6 号	2015 – 9 – 14	合肥	股票型基金	安徽润京资产管理有限公司
九鞅禾禧 2 号	2015 – 9 – 11	上海	另类投资基金	上海九鞅投资管理合伙企业（有限合伙）
卓惟—开拓者 1 号	2015 – 9 – 11	杭州	另类投资基金	杭州卓惟资产管理有限公司
九鞅禾禧 1 号	2015 – 9 – 11	上海	另类投资基金	上海九鞅投资管理合伙企业（有限合伙）
橙色量化对冲 1 期	2015 – 9 – 11	北京	股票型基金	北京橙色印象科技有限公司
盛泉恒元多策略量化对冲 2 号	2015 – 9 – 11	南京	股票型基金	南京盛泉恒元投资有限公司
融启—量化价值回归 1 号	2015 – 9 – 11	上海	股票型基金	上海融启投资管理有限公司
乐依资产对冲 1 号	2015 – 9 – 11	上海	股票型基金	上海乐依资产管理有限公司
陆家嘴财富增强 1 期	2015 – 9 – 10	上海	股票型基金	上海淘利资产管理有限公司
财源广聚量化 1 号	2015 – 9 – 10	上海	股票型基金	上海财源投资发展有限公司

续表

产品简称	成立日期	发行地	投资类型	投资顾问
前海行健—智赢量化对冲 FOF1 号	2015 - 9 - 10	南京	股票型基金	江苏恒道投资管理有限公司
暖流债券 1 号	2015 - 9 - 9	北京	债券型基金	
思盈量化 1 号	2015 - 9 - 8	杭州	另类投资基金	浙江中大集团投资有限公司
合朴量化 1 号	2015 - 9 - 8	上海	股票型基金	上海合朴投资咨询有限公司
正前方耀之债券套利 4 号	2015 - 9 - 7	深圳	债券型基金	深圳正前方金融服务有限公司
金色木棉量化对冲 2 号	2015 - 9 - 7	深圳	股票型基金	深圳市金色木棉投资管理有限公司
珠池量化稳健投资母基金 1 号	2015 - 9 - 2	上海	股票型基金	上海珠池资产管理有限公司
珠池量化 2 期	2015 - 9 - 2	上海	股票型基金	上海珠池资产管理有限公司
厚道明润量化对冲 1 号	2015 - 9 - 2	杭州	股票型基金	杭州厚德载富财富管理有限公司
量鑫套利 2 号	2015 - 9 - 2	上海	另类投资基金	上海量鑫投资管理有限公司
朴仕量化 3 号	2015 - 9 - 1	深圳	另类投资基金	
德骏量化对冲种子 2 号	2015 - 9 - 1	上海	股票型基金	上海德骏滔利投资管理有限公司
歌斐诺宝母基金 1 号 16 期	2015 - 8 - 31	上海	股票型基金	歌斐诺宝（上海）资产管理有限公司
睿策量化 2 期	2015 - 8 - 28	北京	股票型基金	北京睿策投资管理有限公司
宽投量化对冲 1 号	2015 - 8 - 28	上海	股票型基金	上海宽投资产管理有限公司

产品简称	成立日期	发行地	投资类型	投资顾问
博道—陆家嘴财富金1期	2015－8－28	上海	股票型基金	上海博道投资管理有限公司
华期梧桐资管宽投量化1号	2015－8－28	成都	股票型基金	华期梧桐成都资产管理有限公司
珠池量化母基金1号1期	2015－8－28	上海	股票型基金	上海珠池资产管理有限公司
云联智融量化先锋	2015－8－28	北京	股票型基金	云联智融（北京）投资管理有限公司
华安量成量化对冲1号	2015－8－28	北京	股票型基金	华安量成投资管理（北京）有限公司
景闰量化对冲1号	2015－8－27	南京	股票型基金	江苏景闰投资有限公司
盈沃浦浩1号	2015－8－26	上海	股票型基金	上海盈沃投资管理有限公司
新富—量化稳盈7号	2015－8－26	深圳	股票型基金	深圳前海新富资本管理集团有限公司
华物钧泰1号	2015－8－26	北京	股票型基金	华物（天津）投资管理有限公司
优檀量化2号	2015－8－26	上海	股票型基金	上海优檀投资管理有限公司
宏明量化收益	2015－8－25	深圳	股票型基金	
上善量化稳健型	2015－8－25	嘉兴	股票型基金	浙江上善资产管理有限公司
明远睿达1号	2015－8－25	深圳	股票型基金	深圳前海明远睿达投资管理有限公司
平安磐海资本旗舰量化D期	2015－8－25	深圳	股票型基金	平安磐海资本有限责任公司
珠池量化1期	2015－8－25	上海	股票型基金	上海珠池资产管理有限公司

续表

产品简称	成立日期	发行地	投资类型	投资顾问
环球巨富量化智选	2015 - 8 - 25	北京	股票型基金	环球巨富（北京）投资有限公司
美枫 1 号	2015 - 8 - 25	北京	股票型基金	北京美枫阁投资管理有限公司
鸣石投资量化 2 期	2015 - 8 - 24	上海	混合型基金	上海鸣石投资管理有限公司
永兴量化对冲 6 号	2015 - 8 - 24	广州	股票型基金	广州永兴投资有限公司
双安誉信量化对冲 2 号	2015 - 8 - 24	南京	股票型基金	南京双安资产管理有限公司
上善量化稳健 3 号	2015 - 8 - 24	嘉兴	股票型基金	浙江上善资产管理有限公司
海银国信红岭量化精选	2015 - 8 - 24	上海	股票型基金	海银资产管理有限公司
申毅量化套利种子 4 号	2015 - 8 - 24	上海	股票型基金	上海申毅投资股份有限公司
嘉禾量化 2 号	2015 - 8 - 21	深圳	股票型基金	深圳市泰德嘉禾投资有限公司
申毅量化套利尊享 AG 期	2015 - 8 - 21	上海	另类投资基金	上海申毅投资股份有限公司
申毅量化套利尊享 AF 期	2015 - 8 - 21	上海	另类投资基金	上海申毅投资股份有限公司
申毅量化套利尊享 AC 期	2015 - 8 - 21	上海	另类投资基金	上海申毅投资股份有限公司
申毅量化套利尊享 AE 期	2015 - 8 - 21	上海	另类投资基金	上海申毅投资股份有限公司
申毅量化套利尊享 Z 期	2015 - 8 - 21	上海	另类投资基金	上海申毅投资股份有限公司
申毅量化套利尊享 AD 期	2015 - 8 - 21	上海	另类投资基金	上海申毅投资股份有限公司

产品简称	成立日期	发行地	投资类型	投资顾问
申毅量化套利尊享AH 期	2015 - 8 - 21	上海	另类投资基金	上海申毅投资股份有限公司
申毅量化套利尊享AB 期	2015 - 8 - 21	上海	另类投资基金	上海申毅投资股份有限公司
申毅量化套利尊享AI 期	2015 - 8 - 21	上海	另类投资基金	上海申毅投资股份有限公司
申毅量化套利尊享AA 期	2015 - 8 - 21	上海	另类投资基金	上海申毅投资股份有限公司
好菜鸟热点轮动 3 期	2015 - 8 - 20	深圳	股票型基金	深圳市好菜鸟投资管理有限公司
海银国信红岭 1 号	2015 - 8 - 19	上海	股票型基金	海银资产管理有限公司
西域浪溪东升教育慈善	2015 - 8 - 19	广州	股票型基金	广东西域投资管理有限公司
海银国信红岭 2 号	2015 - 8 - 19	上海	股票型基金	海银资产管理有限公司
浙雅易享 1 号	2015 - 8 - 18	上海	股票型基金	浙商控股集团上海资产管理有限公司
天鼎 1 号（华宝）	2015 - 8 - 18	上海	另类投资基金	
美都勤远量化 1 号	2015 - 8 - 17	上海	股票型基金	上海美都勤远资产管理有限公司
万利财富—国融稳盈1 号	2015 - 8 - 17	北京	股票型基金	万利财富（北京）资产管理有限公司
前海方舟云量化 1 号	2015 - 8 - 17	深圳	股票型基金	深圳前海方舟资本管理有限公司
厚道量化对冲 4 号	2015 - 8 - 17	杭州	股票型基金	杭州厚德载富财富管理有限公司
悟空对冲量化 8 期—1 号	2015 - 8 - 17	深圳	股票型基金	深圳悟空投资管理有限公司
安徽中安资本	2015 - 8 - 14	合肥	股票型基金	安徽中安资本管理有限公司

续表

产品简称	成立日期	发行地	投资类型	投资顾问
明泓 CTA1 号	2015 - 8 - 14	上海	股票型基金	上海明泓投资管理有限公司
明泓 CTA1 号 1 期	2015 - 8 - 13	上海	股票型基金	上海明泓投资管理有限公司
东忠富泉 1 号期货	2015 - 8 - 13	上海	另类投资基金	上海东忠富泉资产管理有限公司
金太平量化 1 期	2015 - 8 - 13	广州	股票型基金	广东金太平资产管理服务有限公司
永兴量化对冲 7 号	2015 - 8 - 13	广州	股票型基金	广州永兴投资有限公司
长安量化 21 号	2015 - 8 - 13	西安	另类投资基金	
天宇星量化 1 号	2015 - 8 - 12	上海	股票型基金	上海同嘉资产管理有限公司
瑞升稳健量化对冲 6 号	2015 - 8 - 12	青岛	股票型基金	青岛瑞升投资管理有限公司
盛山量化对冲先锋 1 号	2015 - 8 - 11	上海	股票型基金	盛山资产管理（上海）有限公司
龙旗天府	2015 - 8 - 10	杭州	股票型基金	杭州龙旗科技有限公司
凯石量化对冲 3 号	2015 - 8 - 10	上海	股票型基金	上海凯石益正资产管理有限公司
安诚数盈—安远 1 号	2015 - 8 - 10	杭州	股票型基金	浙江安诚数盈投资管理有限公司
星池量化木星 1 号	2015 - 8 - 10	北京	股票型基金	北京星池投资管理有限公司
赢华量化 1 期	2015 - 8 - 10	福州	另类投资基金	福州赢华投资管理有限公司
平安磐海资本旗舰量化 C 期	2015 - 8 - 10	深圳	股票型基金	平安磐海资本有限责任公司
前海中金元聚 FOF1 号	2015 - 8 - 10	深圳	股票型基金	深圳市元聚基金管理有限公司

产品简称	成立日期	发行地	投资类型	投资顾问
夏朵量化套利	2015 - 8 - 7	宁波	股票型基金	宁波鼎锋海川投资管理中心（有限合伙）
龙旗文昌	2015 - 8 - 7	杭州	股票型基金	杭州龙旗科技有限公司
凯聪量化阿尔法 1 号	2015 - 8 - 7	北京	另类投资基金	凯聪（北京）投资管理有限公司
云联智融量化专户	2015 - 8 - 6	北京	股票型基金	云联智融（北京）投资管理有限公司
恒泰融安量化对冲 2 号	2015 - 8 - 6	广州	股票型基金	深圳市恒泰融安投资管理有限公司
华溢北极星 FOF	2015 - 8 - 6	北京	混合型基金	华溢之星资产管理（北京）有限公司
胜数量化 2 号	2015 - 8 - 6	上海	股票型基金	上海先后投资管理有限公司
正前方量道投资量化对冲 1 号	2015 - 8 - 6	深圳	股票型基金	深圳正前方金融服务有限公司
昊沣 5 号	2015 - 8 - 6	上海	混合型基金	上海昊沣投资管理有限公司
正前方量化对冲 MOM1 号	2015 - 8 - 4	深圳	股票型基金	深圳正前方金融服务有限公司
厚道量化对冲增强型	2015 - 8 - 4	杭州	股票型基金	杭州厚德载富财富管理有限公司
歌斐诺宝母基金定制 3 号	2015 - 8 - 3	上海	股票型基金	歌斐诺宝（上海）资产管理有限公司
格上稳盈量化对冲 2 号	2015 - 7 - 31	北京	股票型基金	北京格上理财顾问有限公司
尊道量化 3 号	2015 - 7 - 31	深圳	股票型基金	深圳市尊道投资有限公司
优檀量化 1 号	2015 - 7 - 30	上海	股票型基金	上海优檀投资管理有限公司

续表

产品简称	成立日期	发行地	投资类型	投资顾问
阿尔法量化六阳贞 1 号	2015 - 7 - 30	北京	混合型基金	中钢鑫融贸易有限公司
绿城财富—悟空精英 2 号	2015 - 7 - 30	杭州	股票型基金	杭州绿城财富管理有限公司
众乐未名 2 号	2015 - 7 - 30	深圳	股票型基金	长丰众乐（深圳）投资咨询有限公司
通和量化对冲 6 期	2015 - 7 - 30	大连	股票型基金	大连通和投资有限公司
永兴量化对冲	2015 - 7 - 30	广州	股票型基金	广州永兴投资有限公司
对冲优选 1 期 20 号	2015 - 7 - 29	深圳	股票型基金	
对冲优选 1 期 17 号	2015 - 7 - 29	深圳	股票型基金	
对冲优选 1 期 18 号	2015 - 7 - 29	深圳	股票型基金	
对冲优选 1 期 19 号	2015 - 7 - 29	深圳	股票型基金	
新富量化先锋 1 号	2015 - 7 - 28	深圳	股票型基金	深圳前海新富资本管理集团有限公司
双隆宝石量化	2015 - 7 - 27	上海	股票型基金	上海双隆投资有限公司
青骓投资—西格玛 2 期	2015 - 7 - 24	宁波	股票型基金	青骓投资管理有限公司
恒天系数专项 3 期	2015 - 7 - 24	北京	股票型基金	北京恒天财富投资管理有限公司
盈泰磐海臻金 2 号	2015 - 7 - 24	北京	股票型基金	北京恒宇天泽投资管理有限公司
歌斐诺宝量化定制 1 号	2015 - 7 - 24	上海	股票型基金	歌斐诺宝（上海）资产管理有限公司
歌斐诺宝量化 2 号	2015 - 7 - 24	上海	股票型基金	歌斐诺宝（上海）资产管理有限公司
悟空对冲量化 8 期	2015 - 7 - 24	深圳	混合型基金	深圳悟空投资管理有限公司
永安七禾—小熊猫量化 2 号	2015 - 7 - 22	杭州	股票型基金	杭州七禾新财富管理有限公司

产品简称	成立日期	发行地	投资类型	投资顾问
盛山安心1号2期	2015－7－22	上海	股票型基金	盛山资产管理（上海）有限公司
国道量化3号	2015－7－22	上海	股票型基金	国道资产管理（上海）有限公司
金通量化对冲1号	2015－7－22	哈尔滨	另类投资基金	
道冲量化2号	2015－7－21	福州	混合型基金	福建道冲投资管理有限公司
凯石量化先锋1号	2015－7－20	上海	股票型基金	上海凯石益正资产管理有限公司
德骏量化对冲种子1号	2015－7－20	上海	另类投资基金	德骏达隆（上海）资产管理有限公司
对冲优选1期16号	2015－7－20	深圳	股票型基金	
对冲优选1期15号	2015－7－20	深圳	股票型基金	
量金优利 CTA1 号1期	2015－7－17	上海	股票型基金	上海量金资产管理有限公司
优财赢富量化1号	2015－7－17	广州	股票型基金	广州优财赢富资产管理有限公司
量金优利 CTA1 号	2015－7－17	上海	股票型基金	上海量金资产管理有限公司
格上稳盈1号	2015－7－17	北京	股票型基金	北京格上理财顾问有限公司
磐海旗舰 A 期	2015－7－17	上海	股票型基金	平安财富理财管理有限公司
雷龙量化	2015－7－16	上海	股票型基金	上海百奕投资管理中心（有限合伙）
中蕴1号	2015－7－16	北京	股票型基金	深圳中蕴华涵资产管理有限公司
和正—珠江实业量化成长2号	2015－7－15	北京	混合型基金	北京和正投资管理有限责任公司

产品简称	成立日期	发行地	投资类型	投资顾问
金色木棉量化对冲1号	2015-7-15	深圳	股票型基金	深圳市金色木棉投资管理有限公司
和正成长量化3号	2015-7-14	北京	混合型基金	北京和正投资管理有限责任公司
申毅七六	2015-7-14	上海	混合型基金	上海申毅投资股份有限公司
龙旗天权量化	2015-7-14	杭州	股票型基金	杭州龙旗科技有限公司
申毅七五	2015-7-14	上海	混合型基金	上海申毅投资股份有限公司
鼎实量化FOF母	2015-7-14	广州	混合型基金	广州市好投投资管理有限公司
申毅七三	2015-7-14	上海	混合型基金	上海申毅投资股份有限公司
对冲优选1期9号	2015-7-13	深圳	股票型基金	
对冲优选1期8号	2015-7-13	深圳	股票型基金	
对冲优选1期12号	2015-7-13	深圳	股票型基金	
对冲优选1期13号	2015-7-13	深圳	股票型基金	
对冲优选1期14号	2015-7-13	深圳	股票型基金	
对冲优选1期11号	2015-7-13	深圳	股票型基金	
鼎实量化FOF1期	2015-7-13	广州	股票型基金	广州市好投投资管理有限公司
对冲优选1期10号	2015-7-13	深圳	股票型基金	
盛山宽智	2015-7-10	上海	股票型基金	盛山资产管理（上海）有限公司
盛泉恒元多策略量化对冲1号	2015-7-10	南京	股票型基金	南京盛泉恒元投资有限公司
恒天系数专项2期	2015-7-10	北京	股票型基金	北京恒天财富投资管理有限公司

产品简称	成立日期	发行地	投资类型	投资顾问
经易量化进取 1 号	2015 - 7 - 10	北京	股票型基金	经易金业有限责任公司
道朴量化稳健 1 号 1 期	2015 - 7 - 9	深圳	股票型基金	深圳道朴资本管理有限公司
道朴量化稳健 1 号	2015 - 7 - 9	深圳	股票型基金	深圳道朴资本管理有限公司
申毅七一	2015 - 7 - 7	上海	混合型基金	上海申毅投资股份有限公司
绿城财富—悟空菁英 1 号	2015 - 7 - 6	杭州	股票型基金	杭州绿城财富管理有限公司
风格汇量化 1 号	2015 - 7 - 6	深圳	股票型基金	深圳风格汇投资管理有限公司
华鼎时代	2015 - 7 - 6	深圳	股票型基金	深圳市华鼎时代资产管理有限公司
优檀弘金 1 号	2015 - 7 - 6	上海	股票型基金	上海优檀投资管理有限公司
中鼎创富量化 3 期	2015 - 7 - 6	新余	股票型基金	新余中鼎创富投资管理中心（有限合伙）
贸翔 1 期	2015 - 7 - 6	上海	另类投资基金	上海明丞资产管理有限公司
昆盟资产量化 6 期	2015 - 7 - 3	上海	股票型基金	上海昆盟资产管理有限公司
歌斐诺亚家族专项 1 期	2015 - 7 - 3	芜湖	股票型基金	芜湖歌斐资产管理有限公司
昆盟资产量化 7 期	2015 - 7 - 3	上海	股票型基金	上海昆盟资产管理有限公司
盛山量化对冲安心 1 号	2015 - 7 - 2	上海	股票型基金	盛山资产管理（上海）有限公司

续表

产品简称	成立日期	发行地	投资类型	投资顾问
淘利指数进取 3 号	2015 - 7 - 2	上海	股票型基金	上海淘利资产管理有限公司
全意通宝（安享）2 号	2015 - 7 - 2	福州	另类投资基金	
全意通宝（安享）4 号	2015 - 7 - 2	福州	另类投资基金	
全意通宝（安享）5 号	2015 - 7 - 2	福州	另类投资基金	
全意通宝（安享）3 号	2015 - 7 - 2	福州	另类投资基金	
全意通宝（安享）	2015 - 7 - 2	福州	股票型基金	
全意通宝（安享）1 号	2015 - 7 - 2	福州	另类投资基金	
品今盛荣全策略量化对冲 2 期	2015 - 6 - 30	北京	股票型基金	品今（北京）资产管理有限公司
中泰明德稳赢精选 1 号	2015 - 6 - 29	深圳	股票型基金	中泰明德投资基金管理（深圳）有限公司
恒天系数	2015 - 6 - 29	北京	股票型基金	北京恒天财富投资管理有限公司
长丰众乐量化 1 号	2015 - 6 - 28	深圳	股票型基金	长丰众乐（深圳）投资咨询有限公司
对冲优选 1 期 6 号	2015 - 6 - 26	深圳	股票型基金	
工银量化恒盛精选 D 类 26 期	2015 - 6 - 26	西安	股票型基金	
对冲优选 1 期 7 号	2015 - 6 - 26	深圳	股票型基金	
对冲优选 1 期 5 号	2015 - 6 - 26	深圳	股票型基金	
恒丰私享量化 1 号	2015 - 6 - 26	北京	股票型基金	恒丰金控资产管理股份有限公司
龙旗天玑	2015 - 6 - 26	杭州	股票型基金	杭州龙旗科技有限公司
逍遥量化 4 期	2015 - 6 - 26	九江	股票型基金	共青城逍遥投资管理合伙企业（有限合伙）
朴道千里量化 CTA	2015 - 6 - 25	上海	股票型基金	上海朴道瑞富投资管理中心（有限合伙）

产品简称	成立日期	发行地	投资类型	投资顾问
中资宏德矩阵 1 号	2015 - 6 - 25	北京	股票型基金	中资宏德资本管理有限公司
和正量化对冲 5 号	2015 - 6 - 24	北京	混合型基金	北京和正投资管理有限责任公司
振华刘宏量化对冲 5 号	2015 - 6 - 24	深圳	股票型基金	深圳市好菜鸟投资管理有限公司
歌斐创世久新 1 号	2015 - 6 - 23	上海	混合型基金	歌斐诺宝（上海）资产管理有限公司
凯石量化优选 1 号	2015 - 6 - 23	上海	股票型基金	上海凯石益正资产管理有限公司
歌斐创世久新 2 号	2015 - 6 - 23	上海	混合型基金	歌斐诺宝（上海）资产管理有限公司
鼎萨量化尊享 1 期	2015 - 6 - 23	上海	股票型基金	上海鼎萨资产管理有限公司
申毅量化套利尊享 T 期	2015 - 6 - 19	上海	另类投资基金	上海申毅投资股份有限公司
胜数量化进取 1 号	2015 - 6 - 19	上海	股票型基金	上海先后投资管理有限公司
申毅量化套利尊享 U 期	2015 - 6 - 19	上海	另类投资基金	上海申毅投资股份有限公司
申毅量化套利尊享 Q 期	2015 - 6 - 19	上海	另类投资基金	上海申毅投资股份有限公司
申毅量化套利尊享 R 期	2015 - 6 - 19	上海	另类投资基金	上海申毅投资股份有限公司
国核稳增 1 号专项	2015 - 6 - 19	天津	股票型基金	国核投资有限公司
申毅量化套利尊享 S 期	2015 - 6 - 19	上海	另类投资基金	上海申毅投资股份有限公司
申毅量化套利尊享 P 期	2015 - 6 - 19	上海	另类投资基金	上海申毅投资股份有限公司

续表

产品简称	成立日期	发行地	投资类型	投资顾问
申毅量化套利尊享 V 期	2015 – 6 – 19	上海	另类投资基金	上海申毅投资股份有限公司
申毅量化套利尊享 Y 期	2015 – 6 – 19	上海	另类投资基金	上海申毅投资股份有限公司
申毅量化套利尊享 X 期	2015 – 6 – 19	上海	另类投资基金	上海申毅投资股份有限公司
申毅量化套利尊享 W 期	2015 – 6 – 19	上海	另类投资基金	上海申毅投资股份有限公司
工银量化恒盛精选 D 类 24 期	2015 – 6 – 18	深圳	股票型基金	深圳市承泽资产管理有限公司
工银量化恒盛精选 A 类 21 期	2015 – 6 – 18	西安	股票型基金	
泰德量化 1 号	2015 – 6 – 16	深圳	股票型基金	深圳市泰德嘉禾投资有限公司
鹤骑鹰混合对冲	2015 – 6 – 16	上海	混合型基金	上海鹤骑鹰投资管理有限公司
嘉禾量化 1 号	2015 – 6 – 16	深圳	股票型基金	深圳市泰德嘉禾投资有限公司
巴沃量化增强 3 号	2015 – 6 – 15	杭州	股票型基金	浙江巴沃睿德资产管理有限公司
歌斐诺宝母基金 1 号 15 期	2015 – 6 – 15	上海	股票型基金	歌斐诺宝（上海）资产管理有限公司
西藏同信凯石量化选股 1 号	2015 – 6 – 12	上海	股票型基金	西藏同信证券股份有限公司
道冲量化 1 号	2015 – 6 – 12	福州	混合型基金	福建道冲投资管理有限公司
勤远月利 1 号	2015 – 6 – 12	上海	股票型基金	上海勤远投资管理中心（有限合伙）

产品简称	成立日期	发行地	投资类型	投资顾问
歌斐创世久新组合1期	2015-6-12	上海	混合型基金	歌斐诺宝（上海）资产管理有限公司
紫阳佛极量化1号	2015-6-12	深圳	另类投资基金	前海紫阳资产管理有限公司
对冲优选1期2号	2015-6-11	深圳	股票型基金	
摩旗多因子阿尔法量化9号	2015-6-11	上海	另类投资基金	上海摩旗投资管理有限公司
对冲优选1期3号	2015-6-11	深圳	股票型基金	
对冲优选1期4号	2015-6-11	深圳	股票型基金	
若愚量化动态对冲3期	2015-6-11	上海	股票型基金	上海若愚资产管理有限公司
汇富量化1号	2015-6-10	上海	股票型基金	上海汇富资产管理有限公司
微观世界量化对冲1号	2015-6-10	深圳	股票型基金	深圳微观世界基金管理有限公司
青骓投资—量化2号	2015-6-9	宁波	混合型基金	青骓投资管理有限公司
信达量睿恒1号	2015-6-9	杭州	另类投资基金	
巴沃量化增强2号	2015-6-9	杭州	股票型基金	浙江巴沃睿德资产管理有限公司
天必成纯期货量化7号	2015-6-8	深圳	另类投资基金	深圳前海天必成投资有限公司
好菜鸟热点轮动量化对冲1期	2015-6-8	深圳	股票型基金	深圳市好菜鸟投资管理有限公司
逍遥量化3期	2015-6-8	九江	股票型基金	共青城逍遥投资管理合伙企业（有限合伙）
翼虎量化对冲4期	2015-6-8	深圳	股票型基金	深圳市翼虎投资管理有限公司

产品简称	成立日期	发行地	投资类型	投资顾问
歌斐诺宝母基金 1 号 14 期	2015 - 6 - 8	上海	股票型基金	歌斐诺宝（上海）资产管理有限公司
季胜量化高频套利 1 号	2015 - 6 - 4	上海	另类投资基金	上海季胜投资管理有限公司
世纪汇金 1 期	2015 - 6 - 4	天津	股票型基金	天津市世纪汇金投资发展有限公司
私募工场 17 期第 14 期（财神到量化 1 号）	2015 - 6 - 3	昆明	股票型基金	
上海量化友谊 1 号	2015 - 6 - 3	上海	股票型基金	上海量化投资管理中心（有限合伙）
盛山安心 1 号 1 期	2015 - 6 - 3	上海	股票型基金	盛山资产管理（上海）有限公司
汇道椰海 1 号	2015 - 6 - 3	宁波	另类投资基金	宁波汇创投资咨询有限公司
睿添富 2 - 1 号	2015 - 6 - 2	哈尔滨	另类投资基金	广西睿添富资产管理有限公司
小牛劲取—量化 2 号	2015 - 6 - 2	深圳	债券型基金	深圳市小牛投资管理有限公司
摩旗量化多因子阿尔法	2015 - 6 - 1	上海	混合型基金	上海摩旗投资管理有限公司
道朴量化主动 1 号	2015 - 5 - 29	深圳	股票型基金	深圳道朴资本管理有限公司
平安磐海资本旗舰 1 号 A 期	2015 - 5 - 29	深圳	股票型基金	平安磐海资本有限责任公司
道朴量化主动 1 号 1 期	2015 - 5 - 29	深圳	股票型基金	深圳道朴资本管理有限公司
颐聚稳健回报 2 号	2015 - 5 - 29	上海	股票型基金	颐聚资产管理（上海）有限公司

产品简称	成立日期	发行地	投资类型	投资顾问
盈捷安鑫 3 号	2015 - 5 - 28	深圳	股票型基金	深圳泛盈捷股权投资基金管理有限公司
永赢永润 6 期	2015 - 5 - 28	上海	另类投资基金	
平安银行磐海融股助金 1 号	2015 - 5 - 28	深圳	股票型基金	平安磐海资本有限责任公司
白鹭 0 号	2015 - 5 - 27	上海	股票型基金	上海晟沣投资有限公司
泓信泓利量化对冲 5 期	2015 - 5 - 27	上海	另类投资基金	上海泓信投资管理有限公司
摩旗多因子阿尔法量化 8 号	2015 - 5 - 27	上海	另类投资基金	上海摩旗投资管理有限公司
盈泰磐海臻金 1 号	2015 - 5 - 26	北京	股票型基金	北京恒宇天泽投资管理有限公司
立名量化 1 号	2015 - 5 - 26	北京	股票型基金	北京立名投资管理有限公司
金百临量化对冲 1 号	2015 - 5 - 26	无锡	股票型基金	江苏金百临投资咨询股份有限公司
艾亿新融步步赢 2 号	2015 - 5 - 25	北京	股票型基金	北京艾亿新融资本管理有限公司
其美量化对冲 1 期	2015 - 5 - 25	北京	股票型基金	北京其美投资管理有限公司
泓信泓利量化对冲 3 期	2015 - 5 - 25	上海	另类投资基金	上海泓信投资管理有限公司
逍遥量化 2 期	2015 - 5 - 25	九江	股票型基金	共青城逍遥投资管理合伙企业（有限合伙）
骐骏巨石量化 1 号	2015 - 5 - 25	上海	另类投资基金	上海骐骏投资发展有限公司
民晟 2 期	2015 - 5 - 22	西安	股票型基金	天津民晟资产管理有限公司

续表

产品简称	成立日期	发行地	投资类型	投资顾问
摩旗永安多因子量化1号	2015－5－22	上海	股票型基金	上海摩旗投资管理有限公司
道朴量化主动2号	2015－5－21	深圳	股票型基金	深圳道朴资本管理有限公司
道朴量化主动2号1期	2015－5－21	深圳	股票型基金	深圳道朴资本管理有限公司
安进3号	2015－5－21	广州	股票型基金	广东安盈投资管理有限公司
凯石量化1号	2015－5－20	上海	股票型基金	上海凯石益正资产管理有限公司
鲲翼量化1号	2015－5－20	上海	股票型基金	鲲翼资产管理（上海）有限公司
创富量化对冲6号	2015－5－19	深圳	混合型基金	深圳市融智投资顾问有限责任公司
衍生资本柏运来股指量化第1期	2015－5－19	深圳	股票型基金	深圳衍生资本管理有限公司
创道投资—魔方1号	2015－5－19	济南	股票型基金	山东创道股权投资基金管理有限公司
歌斐诺宝母基金1号13期	2015－5－18	上海	股票型基金	歌斐诺宝（上海）资产管理有限公司
平安磐海资本旗舰1号	2015－5－15	深圳	股票型基金	平安磐海资本有限责任公司
申毅量化套利尊享O期	2015－5－15	上海	另类投资基金	上海申毅投资股份有限公司
申毅量化套利尊享K期	2015－5－15	上海	另类投资基金	上海申毅投资股份有限公司
凯石量化精英1号	2015－5－15	上海	股票型基金	上海凯石益正资产管理有限公司

产品简称	成立日期	发行地	投资类型	投资顾问
申毅量化套利尊享N期	2015-5-15	上海	另类投资基金	上海申毅投资股份有限公司
申毅量化套利尊享M期	2015-5-15	上海	另类投资基金	上海申毅投资股份有限公司
高溪量化对冲进取1号	2015-5-15	北京	股票型基金	北京高溪资产管理有限公司
申毅量化套利尊享L期	2015-5-15	上海	另类投资基金	上海申毅投资股份有限公司
汇升稳进1号	2015-5-15	南京	股票型基金	江苏汇鸿汇升投资管理有限公司
平安磐海资本旗舰2号	2015-5-15	深圳	股票型基金	平安磐海资本有限责任公司
西部利得—吸利2号	2015-5-15	上海	混合型基金	西部利得基金管理有限公司
汉卿投资量化稳进	2015-5-14	南昌	股票型基金	江西汉卿投资管理有限公司
知钱FOF2号	2015-5-14	北京	股票型基金	知钱（北京）理财顾问有限责任公司
正泽元多策略量化1号	2015-5-13	上海	股票型基金	上海正泽元资产管理有限公司
平安磐海量化稳健成长1号	2015-5-13	深圳	股票型基金	平安磐海资本有限责任公司
雀跃量化对冲进取1号	2015-5-13	深圳	另类投资基金	深圳市雀跃资产管理有限公司
涵德量化稳健	2015-5-13	北京	股票型基金	北京涵德投资咨询有限公司
裕灏西部金苹果1号	2015-5-13	上海	股票型基金	上海裕灏投资管理有限公司

续表

产品简称	成立日期	发行地	投资类型	投资顾问
环球巨富量化资管3号	2015-5-13	北京	股票型基金	环球巨富（北京）投资有限公司
龙旗天枢	2015-5-12	杭州	股票型基金	杭州龙旗科技有限公司
龙旗玉衡	2015-5-12	杭州	股票型基金	杭州龙旗科技有限公司
涵德量化稳健从基金3号	2015-5-12	北京	股票型基金	北京涵德投资咨询有限公司
杰询亮子量化1号	2015-5-11	上海	债券型基金	上海杰询投资管理有限公司
子午1号	2015-5-11	上海	股票型基金	上海子午投资管理有限公司
凯纳量化达鑫1号	2015-5-11	上海	股票型基金	上海凯纳璞淳资产管理有限公司
涵德量化稳健从基金2号	2015-5-11	北京	股票型基金	北京涵德投资咨询有限公司
念空多策略1号	2015-5-8	上海	另类投资基金	上海呈瑞投资管理有限公司
西部利得—吸利1号	2015-5-8	上海	混合型基金	西部利得基金管理有限公司
朴仕量化1号（朴仕投资）	2015-5-8	上海	股票型基金	上海朴仕投资管理有限公司
申毅量化套利7号	2015-5-8	上海	混合型基金	上海申毅投资股份有限公司
百堂先锋策略1期	2015-5-7	中国	另类投资基金	上海立章投资管理有限公司
涵德量化稳健从基金1号	2015-5-7	北京	股票型基金	北京涵德投资咨询有限公司
工银量化恒盛精选A类20期	2015-5-7	北京	股票型基金	富恩德（北京）资产管理有限公司

产品简称	成立日期	发行地	投资类型	投资顾问
壹财富量化1号	2015－5－7	深圳	混合型基金	深圳市壹财富投资有限公司
上海朱雀乙亥	2015－5－6	上海	股票型基金	上海朱雀资产管理有限公司
明丞桑田	2015－5－6	上海	股票型基金	上海明丞资产管理有限公司
悟空对冲量化6期	2015－5－5	深圳	股票型基金	深圳悟空投资管理有限公司
歌斐诺宝母基金1号12期	2015－5－4	上海	股票型基金	歌斐诺宝（上海）资产管理有限公司
东方点金2号	2015－5－4	上海	股票型基金	上海汇荣股权投资基金管理有限公司
鸿远量化1号	2015－4－30	上海	股票型基金	光大富尊投资有限公司
睿添富6号	2015－4－29	哈尔滨	另类投资基金	广西睿添富资产管理有限公司
摩旗多因子阿尔法量化3号	2015－4－29	上海	另类投资基金	上海摩旗投资管理有限公司
博信睿泽新三板私募	2015－4－28	杭州	股票型基金	杭州博信投资管理有限公司
申毅多策略量化套利3号	2015－4－28	上海	股票型基金	上海申毅投资股份有限公司
申毅量化套利种子1号	2015－4－28	上海	股票型基金	上海申毅投资股份有限公司
宽智—新时代量化对冲6号	2015－4－28	上海	股票型基金	上海宽智投资管理有限公司
申毅量化套利种子2号	2015－4－28	上海	股票型基金	上海申毅投资股份有限公司
对冲优选1期1号	2015－4－28	深圳	股票型基金	

续表

产品简称	成立日期	发行地	投资类型	投资顾问
道合 2 号量化	2015 - 4 - 27	深圳	股票型基金	深圳市道合投资管理有限公司
卓创 CTA 矶法 1 号	2015 - 4 - 27	淄博	股票型基金	山东卓创资讯集团有限公司
喜仁量化对冲 2 期	2015 - 4 - 24	上海	股票型基金	上海喜仁投资管理咨询有限公司
和正—珠江实业量化	2015 - 4 - 24	北京	混合型基金	北京和正投资管理有限责任公司
江西汉卿量化 2 期	2015 - 4 - 24	北京	股票型基金	
量鑫宏观对冲	2015 - 4 - 23	上海	另类投资基金	上海量鑫投资管理有限公司
振华刘宏量化对冲 2 号	2015 - 4 - 22	深圳	股票型基金	深圳市好莱鸟投资管理有限公司
上海朱雀丁未	2015 - 4 - 22	上海	股票型基金	上海朱雀资产管理有限公司
玖歌量化 1 号	2015 - 4 - 22	上海	股票型基金	上海玖歌投资管理有限公司
启态易方量化 1 期	2015 - 4 - 21	上海	另类投资基金	上海启态易方投资管理有限公司
君翼量化 1 号	2015 - 4 - 20	上海	股票型基金	上海君翼投资管理有限公司
歌斐诺宝母基金 1 号 11 期	2015 - 4 - 20	上海	股票型基金	歌斐诺宝（上海）资产管理有限公司
渝富趋势 6 号	2015 - 4 - 17	上海	另类投资基金	东航金控有限责任公司
曙光 1 号	2015 - 4 - 16	合肥	股票型基金	合肥久期量化信息科技有限公司
礼一投资杉杉 CTA 管理型 1 号	2015 - 4 - 16	北京	股票型基金	北京礼一投资有限公司

产品简称	成立日期	发行地	投资类型	投资顾问
和聚鑫盛 1 号	2015 - 4 - 15	苏州	股票型基金	苏州和正股权投资基金管理企业（有限合伙）
凯石量化选股 1 号	2015 - 4 - 14	上海	股票型基金	上海凯石益正资产管理有限公司
淘利策略 1 期	2015 - 4 - 14	上海	另类投资基金	上海淘利资产管理有限公司
鲁证双隆稳进	2015 - 4 - 14	上海	股票型基金	上海双隆投资有限公司
晋鼎资本弘达量化 1 号	2015 - 4 - 10	北京	股票型基金	晋鼎资本管理有限公司
上海量化多策略对冲 1 号	2015 - 4 - 10	上海	股票型基金	上海量化投资管理中心（有限合伙）
东海恒信量化 8 期	2015 - 4 - 9	青岛	股票型基金	青岛东海恒信投资管理有限公司
汇富永安科技 1 号	2015 - 4 - 9	杭州	另类投资基金	浙江永安科技有限公司
源实量化 1 号	2015 - 4 - 9	上海	股票型基金	上海源实资产管理有限公司
依摩量化 1 期	2015 - 4 - 8	杭州	另类投资基金	浙江中大集团投资有限公司
汇创—中浪量化 2 号	2015 - 4 - 8	宁波	股票型基金	宁波汇创投资咨询有限公司
涌现量化对冲 1 号	2015 - 4 - 7	上海	混合型基金	上海盈沃投资管理有限公司
歌斐诺宝母基金 1 号 10 期	2015 - 4 - 7	上海	股票型基金	歌斐诺宝（上海）资产管理有限公司
工银量化恒盛精选 D 类 17 期	2015 - 4 - 2	西安	股票型基金	
银极量化	2015 - 4 - 2	上海	另类投资基金	上海银极资产管理有限公司

产品简称	成立日期	发行地	投资类型	投资顾问
凯纳量化对冲 8 号	2015 – 4 – 2	上海	股票型基金	上海凯纳璞淳资产管理有限公司
汇盈股票量化	2015 – 4 – 1	上海	股票型基金	喆颢资产管理（上海）有限公司
友山常莳多策略对冲 1 号	2015 – 3 – 30	上海	另类投资基金	上海常莳投资管理有限公司
摩旗多因子量化 2 号	2015 – 3 – 30	上海	股票型基金	上海摩旗投资管理有限公司
安惠阿尔法量化	2015 – 3 – 27	北京	另类投资基金	北京安惠投资管理有限公司
工银量化恒盛精选 A 类 10 期	2015 – 3 – 25	西安	股票型基金	
泓信泓利量化对冲 2 期	2015 – 3 – 25	上海	另类投资基金	上海泓信投资管理有限公司
申毅多策略量化旗舰	2015 – 3 – 24	上海	混合型基金	上海申毅投资股份有限公司
宇义量化 1 号	2015 – 3 – 23	上海	股票型基金	上海宇义投资管理有限公司
滚雪球量化对冲 1 期	2015 – 3 – 23	深圳	另类投资基金	深圳市滚雪球对冲投资合伙企业（有限合伙）
歌斐诺宝母基金 1 号 9 期	2015 – 3 – 23	上海	股票型基金	歌斐诺宝（上海）资产管理有限公司
国海双隆增强策略量化对冲基金	2015 – 3 – 20	上海	另类投资基金	上海双隆投资有限公司
工银量化恒盛精选 D 类 16 期	2015 – 3 – 20	上海	股票型基金	上海银叶投资有限公司
龙旗扶翼第 6 期	2015 – 3 – 20	杭州	股票型基金	杭州龙旗科技有限公司
鸣石量化	2015 – 3 – 19	上海	混合型基金	上海鸣石投资管理有限公司

产品简称	成立日期	发行地	投资类型	投资顾问
日发资产量化对冲1号	2015 – 3 – 18	上海	另类投资基金	日发资产管理（上海）有限公司
悟空对冲量化4期	2015 – 3 – 17	深圳	股票型基金	深圳悟空投资管理有限公司
科技创新量化精选1期	2015 – 3 – 17	深圳	股票型基金	前海太行资产管理（深圳）有限公司
悟空对冲量化5期	2015 – 3 – 17	深圳	另类投资基金	深圳悟空投资管理有限公司
万得1号	2015 – 3 – 16	长沙	另类投资基金	湖南万得投资私募基金管理有限公司
理成定向5号	2015 – 3 – 16	上海	股票型基金	上海理成资产管理有限公司
时澍普润量化	2015 – 3 – 16	北京	股票型基金	北京时澍投资管理中心（有限合伙）
阳昊量化套利1号	2015 – 3 – 13	天津	另类投资基金	
金富量化策略3号	2015 – 3 – 12	深圳	股票型基金	深圳金富东方资产管理有限公司
量化进取型1号	2015 – 3 – 12	深圳	股票型基金	深圳市中投星火资本管理有限公司
若愚量化动态对冲2期	2015 – 3 – 12	上海	股票型基金	上海若愚资产管理有限公司
道朴1号	2015 – 3 – 11	上海	另类投资基金	
广信量化优选1期	2015 – 3 – 11	北京	股票型基金	北京泰创投资管理有限公司
上海朱雀珠玉紫	2015 – 3 – 10	上海	股票型基金	上海朱雀资产管理有限公司
歌斐诺宝母基金1号7期	2015 – 3 – 9	上海	股票型基金	歌斐诺宝（上海）资产管理有限公司

续表

产品简称	成立日期	发行地	投资类型	投资顾问
华泰庆余 CTA1 号	2015 - 3 - 6	上海	另类投资基金	上海庆余投资管理有限公司
鼎铭量化策略1号	2015 - 3 - 6	福州	股票型基金	福州鼎铭基金管理有限公司
中航天玑朱雀1号	2015 - 3 - 5	上海	另类投资基金	上海朱雀股权投资管理股份有限公司
星空量化1号	2015 - 3 - 4	北京	另类投资基金	冠通北纬投资顾问（北京）有限公司
盈沃19号	2015 - 3 - 4	上海	股票型基金	上海盈沃投资管理有限公司
工银量化恒盛精选 A 类5期	2015 - 3 - 3	西安	股票型基金	
因诺套利1号	2015 - 3 - 3	北京	另类投资基金	因诺（上海）资产管理有限公司
华泰长城期货庆余 CTA1 号	2015 - 3 - 2	上海	股票型基金	上海庆余投资管理有限公司
慧盈1号量化对冲基金	2015 - 3 - 2	深圳	股票型基金	深圳前海品格资产管理有限公司
昆盟资产量化5期	2015 - 3 - 2	上海	另类投资基金	上海昆盟资产管理有限公司
橙色期货量化1号	2015 - 3 - 1	北京	另类投资基金	北京橙色印象科技有限公司
淘利趋势套利12号	2015 - 2 - 27	上海	另类投资基金	上海淘利资产管理有限公司
弘金华银量化	2015 - 2 - 27	深圳	股票型基金	深圳市华银精治资产管理有限公司
南华淘利趋势套利1号	2015 - 2 - 17	上海	另类投资基金	上海淘利资产管理有限公司

产品简称	成立日期	发行地	投资类型	投资顾问
英卓量化期旺 1 期	2015 - 2 - 17	天津	另类投资基金	英卓（天津）投资合伙企业（有限合伙）
中鼎创富量化对冲 2 期	2015 - 2 - 16	新余	另类投资基金	新余中鼎创富投资管理中心（有限合伙）
众乐未名 1 号	2015 - 2 - 16	深圳	股票型基金	长丰众乐（深圳）投资咨询有限公司
宽智量化对冲 5 号	2015 - 2 - 16	上海	股票型基金	上海宽智投资管理有限公司
力泽量化 1 号	2015 - 2 - 16	深圳	股票型基金	深圳前海力泽基金管理有限公司
同谦双驱动对冲量化 1 号	2015 - 2 - 14	上海	另类投资基金	上海同谦资产管理有限公司
泰诚大通龙舞 3 号	2015 - 2 - 13	北京	股票型基金	泰诚大通（北京）投资基金管理有限公司
永兴量化对冲 5 号	2015 - 2 - 13	广州	股票型基金	广州永兴投资有限公司
润京汇金量化 1 号	2015 - 2 - 12	合肥	股票型基金	安徽润京资产管理有限公司
大树多策略量化 1 号	2015 - 2 - 12	广州	股票型基金	广州市大树投资管理有限公司
通和量化对冲 3 期	2015 - 2 - 11	西安	另类投资基金	大连通和投资有限公司
理成风景 15 号 B 期	2015 - 2 - 10	上海	另类投资基金	上海理成资产管理有限公司
理成风景 15 号 A 期	2015 - 2 - 10	上海	另类投资基金	上海理成资产管理有限公司
鲁证—双隆 CTA	2015 - 2 - 10	上海	另类投资基金	上海双隆投资有限公司
歌斐诺宝母基金 1 号 6 期	2015 - 2 - 9	上海	股票型基金	歌斐诺宝（上海）资产管理有限公司
大岩量化对冲 A 型	2015 - 2 - 6	深圳	另类投资基金	

续表

产品简称	成立日期	发行地	投资类型	投资顾问
工银量化恒盛精选 A 类 4 期	2015－2－6	北京	股票型基金	富恩德（北京）资产管理有限公司
大岩量化对冲 I 型	2015－2－6	深圳	另类投资基金	
大岩量化对冲 B 型	2015－2－6	深圳	另类投资基金	
友山银麒 3 号	2015－2－6	贵阳	混合型基金	友山基金管理有限公司
若愚量化动态对冲 1 期	2015－2－5	上海	另类投资基金	上海若愚资产管理有限公司
鹏华资产以太量化 12 号 1 期	2015－2－5	青岛	股票型基金	青岛以太投资管理有限公司
凯银资产优化策略	2015－2－5	杭州	股票型基金	凯银投资管理有限公司
指数量化 2 期	2015－2－4	深圳	股票型基金	深圳市金域蓝湾投资管理有限公司
近山量化定增套利 1 期	2015－2－4	上海	股票型基金	上海近山投资管理有限公司
凯纳量化 3 号	2015－2－4	广州	股票型基金	广东凯纳投资管理有限公司
指数量化 1 期	2015－2－4	深圳	股票型基金	深圳市金域蓝湾投资管理有限公司
简一套量化交易 1 号	2015－2－3	上海	股票型基金	
歌斐诺宝母基金 1 号 5 期	2015－2－2	上海	股票型基金	歌斐诺宝（上海）资产管理有限公司
上海量化多策略 2 号	2015－1－30	上海	另类投资基金	上海量化投资管理中心（有限合伙）
大数据对冲 2 号	2015－1－30	上海	股票型基金	上海量化投资管理中心（有限合伙）
大数据对冲 2 号 B	2015－1－30	上海	股票型基金	上海量化投资管理中心（有限合伙）
中信证券宏明 1 号	2015－1－30	北京	股票型基金	

产品简称	成立日期	发行地	投资类型	投资顾问
君裕 6 号	2015 - 1 - 30	北京	另类投资基金	华物（天津）投资管理有限公司
崇盛徽商中国梦 1 号	2015 - 1 - 30	合肥	另类投资基金	安徽崇盛投资管理有限公司
大数据对冲 2 号 A	2015 - 1 - 30	上海	股票型基金	上海量化投资管理中心（有限合伙）
赢华成功共赢 3 期	2015 - 1 - 28	上海	股票型基金	深圳前海赢华基金管理合伙企业（有限合伙）
淘利指数进取 6 号	2015 - 1 - 28	上海	另类投资基金	上海淘利资产管理有限公司
悟空利得 1 期	2015 - 1 - 28	深圳	另类投资基金	深圳悟空投资管理有限公司
河东定风波中国	2015 - 1 - 27	上海	另类投资基金	上海河东资产管理咨询有限公司
好菜鸟 CTA	2015 - 1 - 26	深圳	股票型基金	深圳市好菜鸟投资管理有限公司
歌斐诺宝母基金 1 号 4 期	2015 - 1 - 26	上海	股票型基金	歌斐诺宝（上海）资产管理有限公司
淘利趋势套利稳进 1 号	2015 - 1 - 22	上海	另类投资基金	上海淘利资产管理有限公司
银河凯纳量化对冲 2 号	2015 - 1 - 20	广州	另类投资基金	广东凯纳投资管理有限公司
牟合量化 1 期	2015 - 1 - 19	北京	股票型基金	牟合（北京）资产管理有限公司
歌斐诺宝母基金 1 号 3 期	2015 - 1 - 19	上海	股票型基金	歌斐诺宝（上海）资产管理有限公司
上海朱雀甲午	2015 - 1 - 17	上海	股票型基金	上海朱雀资产管理有限公司

续表

产品简称	成立日期	发行地	投资类型	投资顾问
领航共喜 6 号	2015 – 1 – 15	上海	另类投资基金	东航金控有限责任公司
永兴量化对冲 3 号	2015 – 1 – 14	广州	另类投资基金	广州永兴投资有限公司
睿添富 5 号	2015 – 1 – 12	南宁	另类投资基金	广西睿添富资产管理有限公司
富利量化高频 2 号	2015 – 1 – 9	大连	股票型基金	大连富利投资企业（有限合伙）
富利量化高频 1 号	2015 – 1 – 9	大连	股票型基金	大连富利投资企业（有限合伙）
东方量化 1 号	2015 – 1 – 8	杭州	另类投资基金	浙江普天投资管理有限公司
珺马 1 号	2015 – 1 – 8	上海	另类投资基金	上海珺容投资管理有限公司
上海量化事件驱动 1 号	2015 – 1 – 7	上海	另类投资基金	上海量化投资管理中心（有限合伙）
喜仁量化搏击	2015 – 1 – 6	上海	混合型基金	上海喜仁投资管理咨询有限公司
朱雀丙申投资	2015 – 1 – 6	上海	股票型基金	上海朱雀资产管理有限公司
歆享资产量化 1 期	2015 – 1 – 6	上海	股票型基金	上海歆享资产管理有限公司
中大投资正福量化	2015 – 1 – 6	杭州	另类投资基金	浙江中大集团投资有限公司
工银量化恒盛精选 D 类（12 期）	2015 – 1 – 5	哈尔滨	股票型基金	
东航金融 CTA 孵化	2015 – 1 – 5	上海	另类投资基金	东航金控有限责任公司
东航金融 – CTA 精英孵化	2015 – 1 – 5	上海	另类投资基金	东航金控有限责任公司
德骏量化对冲 1 号	2014 – 12 – 31	上海	另类投资基金	德骏达隆（上海）资产管理有限公司

产品简称	成立日期	发行地	投资类型	投资顾问
保银量化石榴	2014 – 12 – 30	北京	股票型基金	
凯石量化对冲 1 号	2014 – 12 – 28	上海	另类投资基金	上海凯石益正资产管理有限公司
尊嘉 ALPHA 尊享 AZ 期	2014 – 12 – 26	北京	另类投资基金	
博道全天候对冲 1 号	2014 – 12 – 26	上海	另类投资基金	上海博道投资管理有限公司
上海朱雀珠玉黄投资中心	2014 – 12 – 26	上海	股票型基金	上海朱雀资产管理有限公司
上海朱雀珠玉蓝	2014 – 12 – 26	上海	股票型基金	上海朱雀资产管理有限公司
金中和灵猫 1 号	2014 – 12 – 26	深圳	股票型基金	深圳市金中和投资管理有限公司
申毅量化套利 A 级	2014 – 12 – 26	上海	股票型基金	上海申毅投资股份有限公司
尊嘉 ALPHA 尊享 AY 期	2014 – 12 – 26	北京	另类投资基金	
尊嘉 ALPHA 尊享 AV 期	2014 – 12 – 26	北京	另类投资基金	
尊嘉 ALPHA 尊享 AX 期	2014 – 12 – 26	北京	另类投资基金	
尊嘉 ALPHA 尊享 AW 期	2014 – 12 – 26	北京	另类投资基金	
友山银麒 2 号	2014 – 12 – 25	贵阳	混合型基金	友山基金管理有限公司
理成风景专户 2 号	2014 – 12 – 24	上海	另类投资基金	上海理成资产管理有限公司
淘利趋势套利 7 号	2014 – 12 – 23	上海	另类投资基金	上海淘利资产管理有限公司

续表

产品简称	成立日期	发行地	投资类型	投资顾问
悟空绿城对冲量化1期	2014－12－19	深圳	另类投资基金	深圳悟空投资管理有限公司
歌斐诺宝母基金1号2期	2014－12－18	上海	股票型基金	歌斐诺宝（上海）资产管理有限公司
泓信泓利量化对冲1期	2014－12－18	上海	另类投资基金	上海泓信投资管理有限公司
乾道星和量化多策略7号	2014－12－18	北京	股票型基金	乾道星和资产管理有限公司
歌斐诺宝量化1号	2014－12－16	上海	另类投资基金	歌斐诺宝（上海）资产管理有限公司
淘利策略指数稳健3号	2014－12－15	上海	另类投资基金	上海淘利资产管理有限公司
珺容3期	2014－12－12	上海	股票型基金	上海珺容投资管理有限公司
睿鋐量化对冲1期	2014－12－10	北京	另类投资基金	
龙旗天璇量化对冲	2014－12－9	杭州	另类投资基金	杭州龙旗科技有限公司
长安量化19号	2014－12－9	西安	另类投资基金	福建道冲投资管理有限公司
龙旗紫微	2014－12－9	杭州	股票型基金	杭州龙旗科技有限公司
中大瀚沣量化对冲2号	2014－12－5	杭州	另类投资基金	浙江盈阳资产管理股份有限公司
博道进取量化2号	2014－12－5	上海	股票型基金	上海博道投资管理有限公司
兆信量化1期	2014－12－5	南京	另类投资基金	江苏省兆信资产管理有限公司
元普月月盈1号	2014－12－4	上海	债券型基金	上海元普投资管理有限公司
永安量化1号	2014－12－4	杭州	股票型基金	浙江普天投资管理有限公司

产品简称	成立日期	发行地	投资类型	投资顾问
汇创中浪量化1号	2014-12-3	宁波	股票型基金	宁波汇创投资咨询有限公司
盈融达量化对冲1期（2014）	2014-12-3	北京	另类投资基金	盈融达投资（北京）有限公司
金控中信量化对冲1号	2014-12-3	深圳	另类投资基金	深圳金控中信股权投资基金管理有限公司
礼一1期	2014-12-1	北京	另类投资基金	深圳礼一投资有限公司
工银量化恒盛精选D类（7期）	2014-12-1	哈尔滨	股票型基金	
安州量化2号	2014-12-1	广州	股票型基金	广州安州投资管理有限公司
尊嘉 ALPHA 尊享 AU 期	2014-11-28	北京	另类投资基金	
悟空对冲量化3期	2014-11-28	深圳	股票型基金	深圳悟空投资管理有限公司
道宁投资对冲1号	2014-11-28	哈尔滨	另类投资基金	
尊嘉 ALPHA 尊享 AR 期	2014-11-28	北京	另类投资基金	
尊嘉 ALPHA 尊享 AP 期	2014-11-28	北京	另类投资基金	
尊嘉 ALPHA 尊享 AQ 期	2014-11-28	北京	另类投资基金	
尊嘉 ALPHA 尊享 AT 期	2014-11-28	北京	另类投资基金	
尊嘉 ALPHA 尊享 AS 期	2014-11-28	北京	另类投资基金	
昆盟量化4期	2014-11-26	上海	另类投资基金	上海昆盟资产管理有限公司

续表

产品简称	成立日期	发行地	投资类型	投资顾问
睿添富 3 号	2014－11－21	南宁	另类投资基金	广西睿添富资产管理有限公司
亚微量化 1 号	2014－11－21	合肥	另类投资基金	安徽亚微资产管理有限公司
工银量化恒盛精选 D 类（11 期）	2014－11－21	哈尔滨	股票型基金	
亚微量化 2 号	2014－11－21	合肥	另类投资基金	安徽亚微资产管理有限公司
鲁创泰和 1 号	2014－11－20	青岛	另类投资基金	青岛鲁创投资管理有限公司
峪源量化多策略	2014－11－20	北京	股票型基金	乾道资本管理（北京）有限公司
盈沃 18 号	2014－11－19	上海	另类投资基金	上海盈沃投资管理有限公司
盛山母基金 1 号	2014－11－19	上海	另类投资基金	盛山资产管理（上海）有限公司
锝金 4 号	2014－11－18	北京	另类投资基金	上海金锝资产管理有限公司
弘酬稳赢	2014－11－18	北京	股票型基金	北京弘酬投资管理有限公司
恒泰融安量化对冲 4 号	2014－11－18	广州	另类投资基金	深圳市恒泰融安投资管理有限公司
歌斐诺宝母基金 1 号基石	2014－11－18	上海	股票型基金	歌斐诺宝（上海）资产管理有限公司
淘利策略指数稳健 2 号	2014－11－14	上海	另类投资基金	上海淘利资产管理有限公司
品今—量化 2 号	2014－11－14	北京	另类投资基金	品今（北京）资产管理有限公司

产品简称	成立日期	发行地	投资类型	投资顾问
淘利多策略量化套利3号	2014－11－12	上海	另类投资基金	上海淘利资产管理有限公司
淘利多策略量化套利5号	2014－11－12	上海	另类投资基金	上海淘利资产管理有限公司
淘利多策略量化套利6号	2014－11－12	上海	另类投资基金	上海淘利资产管理有限公司
摩旗多因子 Alpha 数量化对冲	2014－11－12	上海	另类投资基金	上海摩旗投资管理有限公司
歌斐诺宝母基金1号	2014－11－11	上海	股票型基金	歌斐诺宝（上海）资产管理有限公司
重阳量化对冲1号	2014－11－11	上海	另类投资基金	上海重阳投资管理股份有限公司
青骓量化江铜专享	2014－11－10	宁波	债券型基金	青骓投资管理有限公司
江西汉卿量化1期	2014－11－7	北京	股票型基金	
歌斐诺宝母基金1号1期	2014－11－7	上海	股票型基金	歌斐诺宝（上海）资产管理有限公司
新时代量化对冲1号	2014－11－4	上海	另类投资基金	上海宽智投资管理有限公司
海浦量化1号	2014－11－3	广州	另类投资基金	广东凯纳投资管理有限公司
睿添富2号	2014－11－3	南宁	另类投资基金	广西睿添富资产管理有限公司
赢华成功尊享1号	2014－10－28	上海	股票型基金	深圳前海赢华基金管理合伙企业（有限合伙）
厚道量化对冲1号	2014－10－28	杭州	另类投资基金	浙江厚道资产管理有限公司
海晟量化	2014－10－27	杭州	另类投资基金	浙江普天投资管理有限公司

续表

产品简称	成立日期	发行地	投资类型	投资顾问
系数 1 号	2014 - 10 - 24	上海	股票型基金	上海系数股权投资基金管理合伙企业（有限合伙）
系数 1 号 C	2014 - 10 - 24	上海	股票型基金	上海系数股权投资基金管理合伙企业（有限合伙）
尊嘉 ALPHA 尊享 AO 期	2014 - 10 - 24	北京	另类投资基金	北京尊嘉资产管理有限公司
系数 1 号 A	2014 - 10 - 24	上海	股票型基金	上海系数股权投资基金管理合伙企业（有限合伙）
系数 1 号 B	2014 - 10 - 24	上海	股票型基金	上海系数股权投资基金管理合伙企业（有限合伙）
尊嘉 ALPHA 尊享 AN 期	2014 - 10 - 24	北京	另类投资基金	北京尊嘉资产管理有限公司
尊嘉 ALPHA 尊享 AL 期	2014 - 10 - 24	北京	另类投资基金	北京尊嘉资产管理有限公司
尊嘉 ALPHA 尊享 AK 期	2014 - 10 - 24	北京	另类投资基金	北京尊嘉资产管理有限公司
艾亿新融步步赢	2014 - 10 - 24	北京	另类投资基金	北京艾亿新融资本管理有限公司
尊嘉 ALPHA 尊享 AM 期	2014 - 10 - 24	北京	另类投资基金	北京尊嘉资产管理有限公司
中大量化思维 1 号	2014 - 10 - 21	杭州	另类投资基金	浙江中大集团投资有限公司
领航黑驹 1 号 A	2014 - 10 - 21	上海	另类投资基金	东航金控有限责任公司
领航黑驹 1 号 B	2014 - 10 - 21	上海	另类投资基金	东航金控有限责任公司
东方比逊双头鹰 3 号	2014 - 10 - 20	深圳	另类投资基金	广东东方比逊基金管理有限公司
麦田量化	2014 - 10 - 20	东莞	另类投资基金	东莞市麦田投资管理有限公司

产品简称	成立日期	发行地	投资类型	投资顾问
银库优选对冲1期	2014 - 10 - 17	北京	另类投资基金	北京银库财富资产管理有限公司
联创量化对冲3号	2014 - 10 - 17	哈尔滨	另类投资基金	
嘉宜CTA基金6号	2014 - 10 - 10	汕头	另类投资基金	汕头市嘉宜投资管理有限公司
宁聚量化对冲1期宁聚专享1期	2014 - 10 - 10	宁波	另类投资基金	宁波宁聚资产管理中心（有限合伙）
宁聚量化对冲1期之宁聚专享6期	2014 - 10 - 10	宁波	股票型基金	宁波宁聚资产管理中心（有限合伙）
宁聚量化对冲1期之宁聚专享3期	2014 - 10 - 10	宁波	股票型基金	宁波宁聚资产管理中心（有限合伙）
鼎锋成长量化2期	2014 - 10 - 9	上海	另类投资基金	上海鼎锋资产管理有限公司
鼎锋成长量化2期A	2014 - 10 - 9	上海	另类投资基金	上海鼎锋资产管理有限公司
盈融达量化对冲进取2期	2014 - 9 - 26	北京	另类投资基金	盈融达投资（北京）有限公司
工银量化恒盛精选D类（8期）	2014 - 9 - 26	哈尔滨	股票型基金	
以太量化4号	2014 - 9 - 25	青岛	混合型基金	青岛以太投资管理有限公司
康腾量化对冲3号	2014 - 9 - 23	广州	另类投资基金	广州市康腾投资管理有限公司
博洋量化1号	2014 - 9 - 22	北京	另类投资基金	
善翔南华量化精选1号	2014 - 9 - 22	上海	另类投资基金	上海善翔资本投资管理合伙企业（有限合伙）
招商和致量化对冲	2014 - 9 - 22	深圳	混合型基金	招商证券投资有限公司
尊嘉 ALPHA 尊享 AD 期	2014 - 9 - 19	北京	另类投资基金	北京尊嘉资产管理有限公司

续表

产品简称	成立日期	发行地	投资类型	投资顾问
尊嘉 ALPHA 尊享 AH 期	2014 – 9 – 19	北京	另类投资基金	北京尊嘉资产管理有限公司
尊嘉 ALPHA 尊享 AC 期	2014 – 9 – 19	北京	另类投资基金	北京尊嘉资产管理有限公司
尊嘉 ALPHA 尊享 AE 期	2014 – 9 – 19	北京	另类投资基金	北京尊嘉资产管理有限公司
尊嘉 ALPHA 尊享 AA 期	2014 – 9 – 19	北京	另类投资基金	北京尊嘉资产管理有限公司
尊嘉 ALPHA 尊享 AB 期	2014 – 9 – 19	北京	另类投资基金	北京尊嘉资产管理有限公司
尊嘉 ALPHA 尊享 AJ 期	2014 – 9 – 19	北京	另类投资基金	北京尊嘉资产管理有限公司
尊嘉 ALPHA 尊享 AI 期	2014 – 9 – 19	北京	另类投资基金	北京尊嘉资产管理有限公司
尊嘉 ALPHA 尊享 AG 期	2014 – 9 – 19	北京	另类投资基金	北京尊嘉资产管理有限公司
银叶引玉 1 期	2014 – 9 – 19	上海	另类投资基金	上海银叶投资有限公司
尊嘉 ALPHA 尊享 AF 期	2014 – 9 – 19	北京	另类投资基金	北京尊嘉资产管理有限公司
盈融达量化对冲 1 期（中融）	2014 – 9 – 15	北京	另类投资基金	盈融达投资（北京）有限公司
中鼎创富 1 期	2014 – 9 – 15	新余	另类投资基金	新余中鼎创富投资管理中心（有限合伙）
嘉诚 2 期 CTA	2014 – 9 – 15	北京	另类投资基金	华物（天津）投资管理有限公司
淘利策略指数进取 2 号	2014 – 9 – 10	上海	另类投资基金	上海淘利资产管理有限公司
工银量化恒盛精选 D 类（9 期）	2014 – 9 – 9	哈尔滨	股票型基金	

产品简称	成立日期	发行地	投资类型	投资顾问
赋成量化 1 号	2014 - 9 - 9	合肥	股票型基金	安徽赋成资产管理有限公司
乾韬天邦投资	2014 - 9 - 4	北京	股票型基金	北京资舟投资基金管理有限公司
光环 1 号	2014 - 9 - 1	北京	另类投资基金	北京光环投资咨询有限公司
庸恳高傅量化 1 号	2014 - 9 - 1	上海	另类投资基金	上海庸恳资产管理有限公司
世诚量化对冲阿尔法	2014 - 8 - 31	上海	另类投资基金	上海世诚投资管理有限公司
安进 12 期	2014 - 8 - 29	北京	另类投资基金	盈融达投资（北京）有限公司
安进 12 期尊享 A 期	2014 - 8 - 29	北京	另类投资基金	盈融达投资（北京）有限公司
安进 12 期尊享 D 期	2014 - 8 - 29	北京	另类投资基金	盈融达投资（北京）有限公司
安进 12 期尊享 E 期	2014 - 8 - 29	北京	另类投资基金	盈融达投资（北京）有限公司
安进 12 期尊享 F 期	2014 - 8 - 29	北京	另类投资基金	盈融达投资（北京）有限公司
安进 12 期尊享 B 期	2014 - 8 - 29	北京	另类投资基金	盈融达投资（北京）有限公司
安进 12 期尊享 C 期	2014 - 8 - 29	北京	另类投资基金	盈融达投资（北京）有限公司
安进 12 期尊享 I 期	2014 - 8 - 29	北京	另类投资基金	盈融达投资（北京）有限公司
安进 12 期尊享 J 期	2014 - 8 - 29	北京	另类投资基金	盈融达投资（北京）有限公司

续表

产品简称	成立日期	发行地	投资类型	投资顾问
安进12期尊享G期	2014-8-29	北京	另类投资基金	盈融达投资（北京）有限公司
安进12期尊享H期	2014-8-29	北京	另类投资基金	盈融达投资（北京）有限公司
量化思维温氏1号	2014-8-28	成都	另类投资基金	四川量化思维投资有限公司
金汇信量化基金	2014-8-26	深圳	另类投资基金	深圳市金汇信资产管理有限公司
呼啸中融	2014-8-26	深圳	另类投资基金	深圳前海呼啸资本管理有限公司
若愚量化阿尔法拙愚1期	2014-8-25	上海	另类投资基金	上海若愚资产管理有限公司
富利步步为盈3号	2014-8-25	大连	另类投资基金	大连富利投资企业（有限合伙）
富利步步为盈2号	2014-8-25	大连	另类投资基金	大连富利投资企业（有限合伙）
悟空对冲量化2期	2014-8-25	深圳	股票型基金	深圳悟空投资管理有限公司
博道复合多因子量化1号	2014-8-21	上海	股票型基金	上海博道投资管理有限公司
友山佰利4号	2014-8-20	贵阳	另类投资基金	友山基金管理有限公司
永兴量化对冲2号	2014-8-20	广州	另类投资基金	广州永兴投资有限公司
云岭投资1号CTA	2014-8-19	上海	股票型基金	东航金控有限责任公司
新方程善翔量化CTA1号B	2014-8-15	上海	另类投资基金	上海善翔资本投资管理合伙企业（有限合伙）
新方程善翔量化CTA1号	2014-8-15	上海	另类投资基金	上海善翔资本投资管理合伙企业（有限合伙）
新方程善翔量化CTA1号A	2014-8-15	上海	另类投资基金	上海善翔资本投资管理合伙企业（有限合伙）

产品简称	成立日期	发行地	投资类型	投资顾问
永隆量化趋势	2014-8-13	上海	另类投资基金	上海呈瑞投资管理有限公司
证大金马量化1号	2014-8-8	上海	另类投资基金	上海证大投资管理有限公司
庸恳鸿鹄1号	2014-8-6	上海	另类投资基金	上海庸恳资产管理有限公司
新方程盈峰量化对冲基金	2014-7-29	深圳	另类投资基金	盈峰资本管理有限公司
联创量化对冲2号	2014-7-25	北京	另类投资基金	中改联创投资基金管理（北京）有限公司
盈融达量化对冲1期（外贸）	2014-7-24	北京	另类投资基金	盈融达投资（北京）有限公司
富利步步为盈1号	2014-7-23	大连	另类投资基金	大连富利投资企业（有限合伙）
上善御富量化阿尔法对冲	2014-7-23	深圳	另类投资基金	深圳市上善御富资产管理有限公司
以太量化2号	2014-7-22	青岛	股票型基金	青岛以太投资管理有限公司
龙旗扶翼第3期	2014-7-21	杭州	股票型基金	杭州龙旗科技有限公司
龙旗扶翼第1期	2014-7-21	杭州	股票型基金	杭州龙旗科技有限公司
龙旗扶翼第5期	2014-7-21	杭州	股票型基金	杭州龙旗科技有限公司
龙旗扶翼第2期	2014-7-21	杭州	股票型基金	杭州龙旗科技有限公司
龙旗扶翼量化对冲	2014-7-21	杭州	股票型基金	杭州龙旗科技有限公司
弈泰CTA3号	2014-7-10	上海	另类投资基金	上海弈泰资产管理有限公司
尊嘉 ALPHA 尊享Y期	2014-7-1	北京	另类投资基金	北京尊嘉资产管理有限公司
尊嘉 ALPHA 尊享X期	2014-7-1	北京	另类投资基金	北京尊嘉资产管理有限公司

续表

产品简称	成立日期	发行地	投资类型	投资顾问
呼啸国泰	2014－7－1	深圳	另类投资基金	深圳前海呼啸资本管理有限公司
尊嘉 ALPHA 尊享 W 期	2014－7－1	北京	另类投资基金	北京尊嘉资产管理有限公司
耀之冲量	2014－7－1	上海	股票型基金	上海耀之资产管理中心（有限合伙）
尊嘉 ALPHA 尊享 Z 期	2014－7－1	北京	另类投资基金	北京尊嘉资产管理有限公司
尚嘉部落量化 1 号	2014－6－30	武汉	股票型基金	武汉尚嘉部落投资管理中心（有限合伙）
盈峰梧桐量化	2014－6－27	深圳	另类投资基金	盈峰资本管理有限公司
融智新锐 2 期（嘉理进取）	2014－6－27	深圳	另类投资基金	深圳嘉理资产管理有限公司
诺德—富善致远 CTA6 期	2014－6－23	上海	另类投资基金	上海富善投资有限公司
汇创量化对冲 1 号	2014－6－20	汕头	另类投资基金	广东汇创资产管理合伙企业（有限合伙）
嘉泰量化对冲 1 期	2014－6－19	哈尔滨	另类投资基金	
盈融达量化对冲 7 期	2014－6－17	北京	另类投资基金	盈融达投资（北京）有限公司
双头鹰 1 号	2014－6－13	广州	股票型基金	广东东方比逊基金管理有限公司
钜瑞量化 1 号	2014－6－4	哈尔滨	股票型基金	
以太量化 1 号	2014－5－30	上海	股票型基金	上海以太投资管理有限公司
国信红岭	2014－5－22	上海	股票型基金	
量化思维 2 号	2014－5－21	成都	另类投资基金	四川量化思维投资有限公司

产品简称	成立日期	发行地	投资类型	投资顾问
工银量化恒盛精选 B 类（4 期）	2014－5－19	哈尔滨	股票型基金	
尊嘉 ALPHA 尊享 V 期	2014－5－16	北京	另类投资基金	北京尊嘉资产管理有限公司
尊嘉 ALPHA 尊享 U 期	2014－5－16	北京	另类投资基金	北京尊嘉资产管理有限公司
尊嘉 ALPHA 尊享 T 期	2014－5－16	北京	另类投资基金	北京尊嘉资产管理有限公司
尊嘉 ALPHA 尊享 S 期	2014－5－16	北京	另类投资基金	北京尊嘉资产管理有限公司
尊嘉 ALPHA 尊享 R 期	2014－5－16	北京	另类投资基金	北京尊嘉资产管理有限公司
通和量化对冲 2 期	2014－5－14	大连	另类投资基金	大连通和投资有限公司
中信富享 1 期	2014－5－14	北京	另类投资基金	
中信富享 2 期	2014－5－14	北京	另类投资基金	
中信富享 3 期	2014－5－14	北京	另类投资基金	
安进 3 期	2014－4－30	上海	另类投资基金	上海博道投资管理有限公司
嘉宜 CTA 基金 3 号	2014－4－29	汕头	另类投资基金	汕头市嘉宜投资管理有限公司
理成风景 7 号	2014－4－28	上海	另类投资基金	上海理成资产管理有限公司
万丰友方贯聚 1 期	2014－4－28	上海	另类投资基金	上海万丰友方投资管理有限公司
理成风景 8 号	2014－4－28	北京	另类投资基金	上海理成资产管理有限公司
自然道量化 1 期	2014－4－23	北京	股票型基金	上海自然道信息科技有限公司

续表

产品简称	成立日期	发行地	投资类型	投资顾问
工银量化恒盛精选 B 类（1 期）	2014 - 4 - 14	哈尔滨	股票型基金	
锝金 3 号	2014 - 4 - 4	北京	另类投资基金	上海金锝资产管理有限公司
博弈量化 2 号	2014 - 4 - 2	深圳	另类投资基金	深圳市博弈量化投资咨询有限公司
瀚鑫泰安量化套利 1 号	2014 - 3 - 28	深圳	另类投资基金	深圳市瀚鑫泰安资产管理有限公司
工银量化恒盛精选 D 类（5 期）	2014 - 3 - 24	哈尔滨	股票型基金	
富善安享套利 2 号	2014 - 3 - 21	上海	另类投资基金	上海富善投资有限公司
嘉宜 CTA 基金 2 号	2014 - 3 - 3	汕头	另类投资基金	汕头市嘉宜投资管理有限公司
工银量化恒盛精选 D 类（2 期）	2014 - 2 - 24	哈尔滨	股票型基金	
汇尊全球鹰神盾量化	2014 - 2 - 20	深圳	国际（QDII）基金	深圳市汇尊投资有限公司
旗隆稳增量化 2 期	2014 - 2 - 17	深圳	另类投资基金	深圳市旗隆投资管理有限公司
雷根 6 号	2014 - 2 - 7	上海	另类投资基金	上海雷根资产管理有限公司
工银量化恒盛精选 D 类（3 期）	2014 - 1 - 27	哈尔滨	股票型基金	
若愚量化阿尔法拙愚	2014 - 1 - 24	上海	另类投资基金	上海若愚资产管理有限公司
富善致远 CTA2 期	2014 - 1 - 21	上海	另类投资基金	上海富善投资有限公司
工银量化恒盛精选 D 类（1 期）	2014 - 1 - 20	哈尔滨	股票型基金	

产品简称	成立日期	发行地	投资类型	投资顾问
工银量化恒盛精选	2014 - 1 - 20	北京	股票型基金	中国工商银行资产管理部
富善致远 CTA3 期	2014 - 1 - 16	上海	另类投资基金	上海富善投资有限公司
富善致远 CTA1 期	2014 - 1 - 16	上海	另类投资基金	上海富善投资有限公司
融智天道 1 号	2014 - 1 - 8	深圳	股票型基金	深圳市天道对冲资本管理有限公司
道谊量化增强 1 期	2014 - 1 - 7	北京	另类投资基金	深圳道谊资产管理有限公司
国道量化基金 2 号	2014 - 1 - 2	上海	股票型基金	国道资产管理（上海）有限公司
汇誉量化	2014 - 1 - 2	太原	另类投资基金	山西汇誉投资管理有限公司
等市值权重定增目标 1 号	2014 - 1 - 1	拉萨	另类投资基金	西藏恒大资产管理有限公司
嘉宜 CTA 基金 1 号	2013 - 12 - 31	汕头	另类投资基金	汕头市嘉宜投资管理有限公司
品正量化对冲	2013 - 12 - 27	上海	另类投资基金	上海品正资产管理中心（有限合伙）
方正富邦基金—高程量化 1 号	2013 - 12 - 26	上海	另类投资基金	上海高程投资有限公司
大树量化专户基金	2013 - 12 - 10	广州	另类投资基金	广州市大树投资管理有限公司
尊富 1 号	2013 - 11 - 29	深圳	另类投资基金	深圳市富直资本管理有限公司
盈融达量化对冲 5 期	2013 - 11 - 21	北京	另类投资基金	盈融达投资（北京）有限公司
国道量化基金 1 号	2013 - 11 - 18	上海	股票型基金	国道资产管理（上海）有限公司

续表

产品简称	成立日期	发行地	投资类型	投资顾问
盈峰量化1号	2013－11－15	深圳	另类投资基金	盈峰资本管理有限公司
国联安泓湖CTA	2013－11－13	中国	另类投资基金	上海泓湖投资管理有限公司
博道量化对冲1期	2013－11－11	上海	另类投资基金	上海博道投资管理有限公司
西湖晓楼量化对冲2号	2013－11－8	哈尔滨	另类投资基金	
锝金2号	2013－11－1	北京	另类投资基金	上海金锝资产管理有限公司
淘利策略指数进取1号	2013－10－24	上海	另类投资基金	上海淘利资产管理有限公司
博普量化精选	2013－10－16	深圳	另类投资基金	深圳博普科技有限公司
龙旗盘古	2013－10－14	福州	股票型基金	杭州龙旗科技有限公司
悟空东略量化对冲1期	2013－9－26	北京	另类投资基金	深圳悟空投资管理有限公司
康腾量化对冲1号	2013－9－25	广州	另类投资基金	广州市康腾投资管理有限公司
通和	2013－9－17	大连	另类投资基金	大连通和投资有限公司
乾道星和量化2号	2013－9－16	宁波	另类投资基金	宁波乾道星和投资管理中心（有限合伙）
富善致远3号	2013－9－10	上海	另类投资基金	上海富善投资有限公司
盈峰量化	2013－9－9	深圳	另类投资基金	盈峰资本管理有限公司
橙色量化1期	2013－8－21	西安	股票型基金	西安壮志凌云信息技术有限公司
尊嘉ALPHA尊享Q期	2013－8－16	北京	另类投资基金	北京尊嘉资产管理有限公司
尊嘉ALPHA尊享N期	2013－8－16	北京	另类投资基金	北京尊嘉资产管理有限公司

产品简称	成立日期	发行地	投资类型	投资顾问
尊嘉 ALPHA 尊享 O 期	2013 - 8 - 16	北京	另类投资基金	北京尊嘉资产管理有限公司
尊嘉 ALPHA 尊享 P 期	2013 - 8 - 16	北京	另类投资基金	北京尊嘉资产管理有限公司
量化 1 号	2013 - 8 - 15	广州	股票型基金	广东宏亮投资管理有限公司
申毅量化套利尊享 F 期	2013 - 8 - 8	上海	另类投资基金	上海申毅投资股份有限公司
申毅量化套利尊享 G 期	2013 - 8 - 8	上海	另类投资基金	上海申毅投资股份有限公司
申毅量化套利尊享 I 期	2013 - 8 - 8	上海	另类投资基金	上海申毅投资股份有限公司
申毅量化套利尊享 E 期	2013 - 8 - 8	上海	另类投资基金	上海申毅投资股份有限公司
申毅量化套利尊享 B 期	2013 - 8 - 8	上海	另类投资基金	上海申毅投资股份有限公司
申毅量化套利尊享 C 期	2013 - 8 - 8	上海	另类投资基金	上海申毅投资股份有限公司
申毅量化套利尊享 D 期	2013 - 8 - 8	上海	另类投资基金	上海申毅投资股份有限公司
申毅量化套利尊享 J 期	2013 - 8 - 8	上海	另类投资基金	上海申毅投资股份有限公司
申毅量化套利尊享 A 期	2013 - 8 - 8	上海	另类投资基金	上海申毅投资股份有限公司
申毅量化套利尊享 H 期	2013 - 8 - 8	上海	另类投资基金	上海申毅投资股份有限公司
申毅量化套利	2013 - 8 - 8	上海	另类投资基金	上海申毅投资股份有限公司

续表

产品简称	成立日期	发行地	投资类型	投资顾问
富善致远 2 号	2013 - 8 - 7	上海	另类投资基金	上海富善投资有限公司
恒如 1 号	2013 - 8 - 6	上海	另类投资基金	上海恒如投资管理有限公司
理翔优化	2013 - 7 - 26	上海	股票型基金	上海品正资产管理中心（有限合伙）
礼一量化收益 1 期	2013 - 7 - 22	北京	另类投资基金	深圳礼一投资有限公司
博弈量化管理型 1 号	2013 - 7 - 9	深圳	另类投资基金	深圳市博弈量化投资咨询有限公司
圆融方德量化对冲	2013 - 7 - 8	深圳	股票型基金	深圳市圆融方德投资管理有限公司
天启螣蛇	2013 - 7 - 3	北京	股票型基金	北京天启德鑫资产管理有限公司
天治高溪量化对冲 1 号	2013 - 6 - 21	北京	另类投资基金	北京高溪资产管理有限公司
杉杉青雅量化对冲 1 期	2013 - 6 - 20	宁波	另类投资基金	青雅投资管理有限公司
弈泰日内 CTA1 号	2013 - 6 - 3	上海	另类投资基金	上海弈泰资产管理有限公司
睿策量化 1 期	2013 - 5 - 29	北京	股票型基金	北京睿策投资管理有限公司
富善致远 1 号	2013 - 5 - 12	上海	另类投资基金	上海富善投资有限公司
安苏 3 号	2013 - 5 - 7	上海	另类投资基金	上海安苏投资管理有限公司
尊嘉 ALPHA 尊享 L 期	2013 - 4 - 19	北京	另类投资基金	北京尊嘉资产管理有限公司
尊嘉 ALPHA 尊享 K 期	2013 - 4 - 19	北京	另类投资基金	北京尊嘉资产管理有限公司

产品简称	成立日期	发行地	投资类型	投资顾问
尊嘉 ALPHA 尊享 J 期	2013－4－19	北京	另类投资基金	北京尊嘉资产管理有限公司
尊嘉 ALPHA 尊享 M 期	2013－4－19	北京	另类投资基金	北京尊嘉资产管理有限公司
昆盟量化1号	2013－4－11	上海	股票型基金	上海昆盟资产管理有限公司
时节好雨1号－2	2013－4－11	上海	股票型基金	
天和复兴量化商品1号	2013－3－29	深圳	另类投资基金	深圳天和复兴科技有限公司
环球巨富量化1期	2013－3－29	北京	另类投资基金	环球巨富（北京）投资有限公司
旗隆稳增量化1期	2013－3－13	深圳	另类投资基金	深圳市旗隆投资管理有限公司
宁聚量化对冲1期	2013－3－13	宁波	另类投资基金	宁波宁聚资产管理中心（有限合伙）
旗隆股指2期（华润春雷98号）	2013－3－13	重庆	股票型基金	重庆市旗隆投资管理有限公司
天和复兴量化股指2号	2013－2－24	深圳	另类投资基金	深圳天和复兴科技有限公司
翼虎量化对冲2期	2013－2－9	深圳	另类投资基金	深圳市翼虎投资管理有限公司
金蕴23期（沛然数量化）	2013－2－5	深圳	股票型基金	深圳市沛然资产管理有限公司
金锝量化	2013－1－7	北京	另类投资基金	上海金锝资产管理有限公司
申毅量化对冲2号	2012－12－24	上海	另类投资基金	上海申毅投资股份有限公司
盈融达量化对冲1期	2012－12－20	北京	另类投资基金	盈融达投资（北京）有限公司

续表

产品简称	成立日期	发行地	投资类型	投资顾问
棕石量化套利	2012 - 11 - 25	广州	另类投资基金	广州棕石投资管理有限公司
言程序交易团队	2012 - 10 - 8	上海	另类投资基金	上海言起投资管理咨询有限公司
淘利多策略量化套利	2012 - 9 - 12	上海	另类投资基金	上海淘利资产管理有限公司
自然道熙德	2012 - 9 - 11	上海	股票型基金	上海自然道信息科技有限公司
上善若水 2 期	2012 - 9 - 1	深圳	股票型基金	深圳市上善若水投资合伙企业（有限合伙）
量化风华 1 号	2012 - 8 - 17	广州	另类投资基金	广州巡洋网络科技有限公司
安苏 2 号	2012 - 8 - 8	上海	另类投资基金	上海安苏投资管理有限公司
淘利趋势套利 1 号	2012 - 8 - 1	上海	另类投资基金	上海淘利资产管理有限公司
尊嘉 ALPHA 尊享 H 期	2012 - 7 - 20	北京	另类投资基金	北京尊嘉资产管理有限公司
尊嘉 ALPHA 尊享 F 期	2012 - 7 - 20	北京	另类投资基金	北京尊嘉资产管理有限公司
尊嘉 ALPHA 尊享 I 期	2012 - 7 - 20	北京	另类投资基金	北京尊嘉资产管理有限公司
尊嘉 ALPHA 尊享 G 期	2012 - 7 - 20	北京	另类投资基金	北京尊嘉资产管理有限公司
图灵量化 1 期	2012 - 7 - 10	上海	另类投资基金	上海从容投资管理有限公司
量化思维 1 号	2012 - 7 - 6	成都	另类投资基金	四川量化思维投资有限公司

产品简称	成立日期	发行地	投资类型	投资顾问
双隆量化套利基金2号	2012－6－21	上海	另类投资基金	上海双隆投资有限公司
双隆量化套利基金1号	2012－6－21	上海	另类投资基金	上海双隆投资有限公司
尊嘉 ALPHA 尊享C期	2012－6－15	北京	另类投资基金	北京尊嘉资产管理有限公司
尊嘉 ALPHA 尊享B期	2012－6－15	北京	另类投资基金	北京尊嘉资产管理有限公司
申毅对冲1号	2012－6－15	上海	另类投资基金	上海申毅投资股份有限公司
尊嘉 ALPHA 尊享A期	2012－6－15	北京	另类投资基金	北京尊嘉资产管理有限公司
尊嘉 ALPHA 尊享E期	2012－6－15	北京	另类投资基金	北京尊嘉资产管理有限公司
尊嘉 ALPHA 尊享D期	2012－6－15	北京	另类投资基金	北京尊嘉资产管理有限公司
悟空同创量化1期	2012－6－7	北京	股票型基金	深圳悟空投资管理有限公司
锝金1号	2012－5－25	北京	另类投资基金	上海金锝资产管理有限公司
国衍量化	2012－5－22	上海	另类投资基金	上海国衍投资管理合伙企业
懋良量化趋势1号	2012－5－17	上海	另类投资基金	上海懋良投资管理合伙企业（有限合伙）
双隆量化套利基金3号	2012－4－23	上海	另类投资基金	上海双隆投资有限公司
青骓量化对冲1期	2012－4－6	上海	另类投资基金	青骓投资管理有限公司
天马量化1期	2012－3－22	深圳	股票型基金	深圳市天马资产管理有限公司

续表

产品简称	成立日期	发行地	投资类型	投资顾问
淘利股指跨期对冲套利策略1号	2012 - 3 - 6	上海	另类投资基金	上海淘利资产管理有限公司
金泉量化成长1期	2012 - 2 - 8	深圳	另类投资基金	深圳市哲灵投资管理有限公司
悟空对冲量化	2012 - 1 - 1	深圳	股票型基金	深圳悟空投资管理有限公司
融新354号（广晟量化优选1号）	2011 - 8 - 15	广州	股票型基金	广东广晟财富投资管理中心（有限合伙）
佳和恒生	2011 - 5 - 23	深圳	股票型基金	深圳市佳和恒生投资发展中心（有限合伙）
领航合伙量化1期	2011 - 4 - 30	西安	股票型基金	西安领航科技投资管理有限合伙企业
民晟A号	2011 - 3 - 30	天津	另类投资基金	天津民晟资产管理有限公司
民晟B号	2011 - 3 - 30	天津	另类投资基金	天津民晟资产管理有限公司
民晟C号	2011 - 3 - 30	天津	另类投资基金	天津民晟资产管理有限公司
信合全球	2011 - 3 - 1	香港	国际（QDII）基金	倚天阁资产管理（香港）有限公司
在赢量化1号	2011 - 1 - 4	杭州	另类投资基金	杭州在赢投资管理有限公司
升阳2期	2010 - 9 - 17	北京	股票型基金	上海升阳资产管理有限公司
信合东方有限合伙	2007 - 12 - 31	深圳	另类投资基金	深圳市倚天阁投资顾问有限公司
新方程CTA		上海	股票型基金	元盛资产管理公司
长安基金ST股票量化		西安	股票型基金	

产品简称	成立日期	发行地	投资类型	投资顾问
品今—创富旗舰 3 号		北京	另类投资基金	品今（北京）资产管理有限公司
艾方量化对冲 1 号		哈尔滨	另类投资基金	
阿尔法动态量化套利 1 号		上海	另类投资基金	
华民创富		上海	股票型基金	
国投期货量化对冲 1 期		上海	股票型基金	
国投期货量化对冲自营盘		上海	另类投资基金	
昊嘉量化 1 号		上海	股票型基金	上海昊嘉投资咨询有限公司
朱雀投资阿尔法		上海	另类投资基金	上海朱雀股权投资管理股份有限公司
量化增利 1 号		福州	股票型基金	

资料来源：根据 Wind 咨询数据整理。

参 考 文 献

[1] 罗福立. 阳光私募基金选股择时能力研究 [J]. 经济论坛, 2012 (2).

[2] 苏胜强, 许月丽, 罗福立. 中国阳光私募基金的风险与收益关系研究 [J]. 开发研究, 2012 (3).

[3] 巩云华, 姜金蝉. 中国私募证券基金投资行为与市场波动的实证分析——以"阳光私募"为例 [J]. 中央财经大学学报, 2012 (2).

[4] 何诚颖, 蓝海平, 陈锐, 徐向阳. 投资者非持续性过度自信与股市反转效应 [J]. 管理世界, 2014 (8).

[5] 陈道轮, 陈强, 陈工孟. 阳光私募: 消亡现象与幸存者偏误 [J]. 上海管理科学, 2013 (10).

[6] 赵娇, 闫光华. 公募基金与阳光私募基金经理的管理业绩持续性实证分析 [J]. 科技经济市场, 2011 (12).

[7] 蒋卫华. 阳光私募投资分析 [J]. 时代金融, 2012 (2).

[8] 严武, 熊航. 阳光私募基金比公募基金更有利于基金经理投资能力的发挥吗? [J]. 当代财经, 2015 (7).

[9] 郭国峰, 郑召锋. 阳光私募择时能力的实证检验 [J]. 数量经济与技术经济研究, 2013 (5).

[10] 陈道轮, 陈强. 陈工孟. 阳光私募基金经理具有卓越的投资能力吗? [J]. 财经研究, 2013 (12).